KB148497

사기열전

사기열전

◉ 사마천 지음 | 김민수 편역

평단

차 례

차 례

하늘은 과연 착한 사람의 편인가?

백이 · 숙제

수양산에서 굶어 죽은 백이와 숙제

적어도 이 땅의 팔팔한 사람이라면 '백이佰夷 · 숙제叔齊' 이름 정도는 어디선가 들어보았으리라. 그렇다. 백이 · 숙제는 아주 까마득한 옛날, 중국에 있던 고죽국孤竹國이란 나라의 왕자였다. 이제 그 옛날의 이야기로 잠시 돌아가 보자.

고죽국의 임금은 이제 나이가 들어 왕위를 물려주어야 할 때가 왔다고 생각했다. 그래서 누구에게 왕위를 물려줄까 생각하다가 셋째인 숙제에게 넘겨주기로 했다. 아마 맏이인 백이보다 셋째인 숙제가 더 마음에 들었던 모양이다. 하지만 고죽국의 임금은 숙제가 왕위에 오르는 것도 보지 못한 채 세상을 떠나고 말았다.

"보위는 형님의 것이오. 제가 어찌 그 자리에 오를 수 있겠습니까?"

숙제는 형인 백이에게 보위를 내놓았다.

"그게 무슨 소리인가? 자네가 보위를 이어받는 것은 돌아가신 아바마마의 명령일세."

"그럴 수 없습니다. 보위는 맏이인 형님이 이어받아야 합니다."

"아바마마의 명령을 거역할 셈인가?"

백이는 숙제가 말을 듣지 않자 멀리 도망쳐 버렸다. 그러자 숙제도 보위를 버리고 백이를 따라서 도망치고 말았다.

'이런 세상에……'

남들은 보위를 차지하기 위해 형제끼리 서로 죽이며 피를 흘리는 일이 허다한데 이상한 일이었다. 고죽국 사람들은 할 수 없이 둘째아들인 중자中子를 임금으로 삼았다.

"들으니 서백창西伯昌(주나라 문왕文王의 이름)은 늙은이를 잘 부양한다고 하니 우리 그리로 가서 몸을 의지해보세."

오갈 데가 없게 된 백이와 숙제는 주나라를 찾아가기로 했다. 그러나 그들이 주나라를 찾아갔을 때 문왕은 이미 세상을 떠난 뒤였다.

"허허, 이거 우리 꼴이 우습게 되었네."

두 형제는 마주보며 쓸쓸히 웃음을 지었다. 주나라는 문왕의 뒤를 이어 그의 아들인 무왕武王이 임금의 자리에 올라 있었다. 무왕은 보위에 오르자마자, 아버지의 상도 채 끝내지 않았는데 은나라 주왕紂王을 치려고 전쟁을 일으켰다.

"세상에 이런 일도 다 있는가?"

백이와 숙제는 전쟁터로 떠나는 무왕의 말고삐를 잡고 매달렸다.

　　　　　　　　　　　　　　| 백이 · 숙제 |

"아버지의 장례도 다 치르지 않고 전쟁을 일으키려 하시니 어찌 효자라 할 수 있습니까? 또한 신하인 제후로서 천자를 시해弑害하려 하시니 이 어찌 어진 일이라고 할 수 있겠습니까?"

이게 무슨 소리냐 하면, 당시 은나라는 천자天子의 나라요, 주나라는 제후의 나라였다. 즉, 천자의 나라는 모든 제후국들의 추앙을 받는 나라이며 제후국과는 급이 달랐다는 정도로 이해하자. 그렇기 때문에 설령 은나라의 주왕이 폭군이라 하더라도 제후국인 주나라가 폭력으로 이를 제압하려고 하는 것은 어짊仁을 숭상하는 당시 중국에서는 명분도 없고 손가락질받을 만한 일이었다.

어찌 됐든 낯모르는 사람 둘이 무엄하게도 무왕의 말고삐를 잡고 길을 막으니 좌우의 신하들이 가만 둘 리 없었다. 그들은 즉시 칼을 빼들고 백이와 숙제를 내리치려 하였다. 이때 무왕의 군사軍師인 태공망 여상呂尙이 놀라서 말리고 나섰다.

"이 사람들은 의로운 사람이니 죽이지 마라."

태공망은 한눈에 백이와 숙제를 알아보았다. 두 사람은 태공망의 덕분으로 겨우 목숨을 건지게 되었다. 그러나 무왕은 결국 은나라를 치고 천하를 평정하니 온 천하가 그를 우러러보게 되었다. 그때도 아마 세상은 힘 있는 자의 편에 많이 섰던 모양이다. 그러나 어짊을 중시 여기는 사람들은 땅을 치며 탄식했다.

'부끄러운 세상이로다! 우리가 어찌 주나라의 곡식으로 먹고 살아가겠는가!'

백이와 숙제는 주나라의 백성이 된 것을 탄식하며 수양산으로 들어갔다. 그리고 그곳에 숨어 고사리를 캐어 먹으며 살다 굶어 죽었다. 그

때 백이와 숙제는 이런 노래를 지어 불렀다 한다.

> 저 산에 올라가 고사리를 뜯네.
> 포악한 방법으로 포악함을 반복한 무왕은
> 그 잘못을 깨닫지 못하네.
> 신농神農·우虞·하夏 나라 시대는 지나갔으니
> 우리는 어디로 가서 몸을 의지해야 하나?
> 아아, 남은 것은 죽음뿐,
> 우리 운명도 이제 다하였구나!

어떤 이는 말하기를, 하늘의 도는 공평하여 늘 착한 사람의 편에 있다고 한다. 백이와 숙제는 어짊을 쌓고 행동을 깨끗하게 하였으니 착한 사람이 분명하다. 그런데 하늘은 어찌하여 두 사람을 굶어 죽게 한 것인가?

공자는 70명의 제자 가운데서 안연顏淵만이 학문을 좋아한다고 칭찬했다. 그러나 그는 끼니를 자주 걸렀으며 술지게미나 겨밥 같은 거친 음식조차도 배불리 먹지 못하고 결국 젊은 나이에 죽고 말았다. 하늘이 착한 사람에게 복을 준다면 어찌 이런 일이 일어날 수 있단 말인가?

이에 반해 춘추시대 말기의 도적인 도척盜蹠은 어떤가? 그는 날마다 죄 없는 사람을 죽이고, 사람의 생간을 회쳐 먹은 포악한 인물이었다. 이 악랄한 도척은 수천 명의 무리를 이끌고 천하를 제멋대로 돌아다니며 말로 할 수 없는 못된 짓을 다하였으나, 천벌을 받기는커녕 오히려 장수하였으니 이는 그에게 과연 덕행德行이 있어서인가?

백이와 숙제는 주나라의 백성이 된 것을 탄식하며 수양산으로 들어갔다. 그리고 그곳에 숨어 고사리를 캐어 먹으며 살다 굶어 죽었다.

요즘 세상의 일을 보면 참으로 이해하기 어려운 점이 많다. 어떤 사람은 남에게 온갖 악행을 일삼으면서도 대를 이어 부귀영화를 누리는가 하면, 땅을 가려서 딛고, 적합한 때를 기다려서 말을 하며, 큰 길이 아니면 다니지를 않고, 공정한 일이 아니면 나서지를 않는데도 환난과 재앙을 만나는 사람이 수를 헤아릴 수 없이 많다. 이런 것이 하늘의 도, 즉 천도라고 한다면 그 천도는 과연 옳은 것인가? 그른 것인가?

파리는 천리마의 꼬리에 붙어 천 리를 간다

공자는 말하기를 "도가 같지 않은 사람과는 더불어 일을 꾀하지 않는다"고 했다. 또 "추운 겨울이 된 뒤라야 소나무와 잣나무가 시들어 떨어지지 않는다는 것을 알 수 있다"고도 했다. 세상이 흐려지면 비로소 깨끗하고 맑은 사람은 드러나 빛이 난다.

공자는 또 "같은 종류의 빛은 서로 비추어 주고, 같은 종류의 물건은 서로 어울린다" 하였으며, "구름은 용을 따라 생기고, 바람은 범을 따라 일어난다. 이처럼 성인이 나타나야 세상 만물도 다 뚜렷이 드러나게 되는 법이다"라고도 하였다.

백이·숙제가 비록 불우하게 일생을 마쳤으나 그들의 이름은 공자의 칭송하는 말을 얻어서 온 세상에 빛이 나지 않았는가. 안연이 학문을 매우 좋아하기는 하였지만, 파리가 천리마의 꼬리에 붙어 천 리를 갈 수 있듯이 그도 공자의 칭찬을 받아 더욱 드러나게 되었다.

산중에 은거하는 선비는 일정한 때를 보아 세상에 나아가기도 하고 물러나기도 한다. 그러나 이와 같은 사람들의 이름이 그대로 사라지고 세상에 널리 알려지지 않는 경우가 있으니 참으로 안타까운 일이다. 시골에 묻혀 사는 사람이 덕행을 가다듬어 세상에 이름을 알리려 해도 공자와 같은 성현의 덕으로 칭송되지 않는다면, 후세에 그 이름이 전해질 수 없다.

관중 · 포숙

관중과 포숙아의 두터운 우정

관포지교란 관중管仲과 포숙아鮑叔牙의 사귐에서 유래된 고사성어로, 우정이 돈독하고 아주 친한 친구 사이를 나타낼 때 쓰는 말이다. 관중은 포숙과의 사귐에 대해 이렇게 말하고 있다.

"내가 가난하게 살 때 포숙과 함께 장사를 한 일이 있었다. 나는 장사해서 얻은 이익을 나누어 가질 때 포숙보다 많이 가졌다. 그러나 포숙은 나를 탐욕스럽다고 여기지 않았다. 내가 가난한 것을 알았기 때문이다. 한번은 내가 일찍이 포숙을 대신해 일을 도모한 적이 있었다. 그런데 그만 그 일이 잘못되어 포숙을 궁지에 몰아넣고 말았다. 그러나 포숙은 나를 어리석다고 말하지 않았다. 사람에게 운運이란 것이 있어 유리한 때도 있고 불리한 때도 있음을 알았기 때문이다. 또 내가 벼슬을 할 때 세 번이나 임금에게 쫓겨난 일이 있었다. 그러나 포숙은 나를 못났다고 여기지 않았다. 내가 때를 만나지 못했음을 알았기 때문이다. 그런가 하면 내가 전쟁터에서 세 번 싸우다가 세 번 달아난 일이 있었다. 그러나 포숙은 나를 비겁하다고 여기지 않았다. 나에게 노모老母가 있다는 것을 알았기 때문이다. 나를 낳은 이는 부모이지만, 나를 알아준 이는 포숙이다."

젊은 시절부터 포숙은 관중의 현명함을 알아주었고, 그가 곤궁하여 자주 속였지만 포숙은 변함없이 잘 대해주었다. 친구의 사귐이 이 정도는 되어야 우정이라고 할 수 있지 않을까?

제나라 양공襄公 때의 일이다.

양공은 음탕하기 그지없는 임금으로 사생활이 극도로 문란하였다. 양공의 사생활이 이러하니 정치는 보나마나 썩어 문드러졌을 일이다. 그런 나라가 과연 오래 가겠는가. 양공의 아들인 규糾와 소백小白은 장차 제나라가 혼란에 빠질 것을 예상하고 있었다.

'이 곳에 남아 있다가는 장차 화를 당하겠구나!'

두 왕자는 다른 나라로 몸을 피했다. 이때 관중과 포숙이 같이 따라가게 되었다. 두 사람은 젊었을 때부터 아주 친하게 지내온 사이였다. 그러나 두 사람은 섬기는 주인이 각각 달랐다. 포숙은 소백을 주군으로 섬겼고, 관중은 소백의 형인 규를 주군으로 모시고 있었다.

마침내 제나라의 양공이 죽고 왕의 자리가 비게 되었다. 소백과 규두 왕자는 고국을 향해 부지런히 말을 몰았다. 먼저 제나라에 들어가는 사람이 왕위에 오를 수 있기 때문이었다. 그런데 가는 도중에 소백과 규 일행이 길에서 마주쳤다. 이때 관중은 소백 일행을 보고 물러나는 척하면서 번개같이 활을 잡아당겨 수레 위에 앉아 있는 소백을 쐈다. 그 순간 소백은 외마디 소리를 지르며 말에서 고꾸라졌다.

관중은 비로소 규를 모시고 제나라로 천천히 들어갔다. 그런데 이게 어찌된 일인가? 이미 죽은 줄로만 알았던 소백이 먼저 도착해 임금이 되어 있는 것이 아닌가. 관중을 비롯한 규 일행은 그만 앞이 캄캄해졌다. 그렇다면 화살을 맞고 말에서 떨어진 소백은 죽지 않았단 말인가. 그랬다. 관중이 쏜 화살은 소백을 명중시킨 게 아니라 사실 그의 허릿대를 맞췄을 뿐이었다. 소백이 규 일행을 안심시키려고 잠시 꾀를 썼던 것이다. 그리하여 소백은 환공桓公이 되었다. 훗날 춘추시대의 첫 패자가 되는 사람이 바로 그다.

'하늘이 우리를 버리니 어찌하랴!'

관중은 나라 바깥을 떠돌며 피해 다니다가 결국 환공 앞에 잡혀 오게 되었다.

"하하하, 오랜만이구나 관중. 나를 죽이려 하더니 꼴 좋게 되었구나. 어디 내 손에 죽어 봐라."

환공은 예전의 일을 떠올리며 칼을 빼들어 당장이라도 목을 베려 하였다. 그러자 포숙이 일어나 앞을 가로막았다.

"참으소서. 신하된 자로서 그 누가 자기 주인을 위하여 일하지 않겠습니까. 관중이 주공을 쏜 것은 그가 규를 주인으로 섬겼기 때문일 뿐입니다. 이제 주공께서 과거를 용서하시고 그를 쓰시면 관중은 마땅히 주공을 위해 활로 천하를 쏠 것입니다. 만약 주공께서 이 제나라만으로 만족하신다면 신 하나로 충분하리라 봅니다. 그러나 천하를 얻으려 하

관중과 포숙은 제나라 사람들로 둘은 절친한 친구이면서도 섬기는 주인이 달라 훗날 소백이 제나라 왕이 되었을 때 관중은 포로로 붙잡혀 목이 베일 처지였다. 이때도 포숙은 관중의 목숨을 구해준다.

신다면 반드시 관중이 필요합니다. 그런데 주공께서는 어찌 그까짓 허릿대 맞춘 일에만 집착하십니까?"

환공은 결국 포숙의 강력한 추천에 마음이 움직여 관중을 재상으로 등용했다. 포숙은 관중을 천거한 후 스스로 관중의 아랫자리에 들어가 일하는 겸손을 보였다. 그래서 세상 사람들은 훗날까지 관중의 재주를 칭찬하기보다는 포숙의 사람됨을 칭송하였다. 두 사람의 우정은 그렇게 지속되었던 것이다.

주는 것이 천하의 민심을 얻는 길

제나라 정사를 맡은 관중은 재주를 발휘하여 상업과 유통업을 발전시켰다. 재물을 축적하여 나라를 부유하게 하고 군대를 훈련시켜 강하게 만들었다. 또한 습붕과 같은 어진 신하를 추천하여 적시적소에 일을 맡기니 제나라의 국력은 날로 강성해졌다. 이에 환공은 관중의 공을 기려 '중부仲父'라고 불렀다. 중부란 어버이와 같은 존재라는 뜻이다.

어느날 환공이 조회에서 모든 신하들에게서 신년 축하를 받고 관중에게 물었다.

"과인은 중부의 가르침을 받아 국정을 쇄신하고 군사와 군량도 풍족하게 하였소. 물자가 풍부해지니 자연히 백성들도 예의를 알게 됐소. 이제 맹주盟主(동맹국의 우두머리)가 되어 천하의 권세를 얻고 싶은데 장차 어떻게 하면 좋겠소?"

관중은 곧 계책을 내놓았다.

"천자의 뜻으로 모든 제후를 모은 뒤 명령하되, 안으로는 왕실을 높이고 밖으로는 사방 오랑캐를 물리치십시오. 또한 난을 일으켜 천하를 어지럽히는 자가 있거든 다른 제후들과 함께 그 자를 토벌한다는 명분을 밝히십시오. 그러면 천하의 제후들이 우리를 따를 것입니다. 이것이 천하의 패권을 잡는 길입니다."

"그거 참 좋은 생각이오. 내 그리 해보겠소."

환공은 크게 기뻐하며 관중의 계책대로 천하 제후들을 불러들여 동맹을 맺자고 하였다. 그런데 이 자리에 약소국인 노나라가 참석하지 않았다. 제나라가 가끔 노나라를 침범하여 괴롭혔기 때문에 좋은 감정이 아니었다.

"이런 괘씸한……."

화가 난 제나라 환공은 노나라 장공을 불러들였다.

'허허, 이거 큰일났구나. 제나라 환공의 심사를 뒤틀리게 하였으니 장차 이 일을 어찌할꼬?'

노나라 장공의 얼굴에 근심이 가득했다. 막강한 힘을 자랑하는 제나라 환공이 불렀으니 아니 갈 수도 없는 노릇이었다. 이때 조말曹沫이라는 장군이 장공을 모시고 따라가겠다고 자원했다. 그는 지난날 제나라와 세 번 싸워 세 번 모두 패한 바 있는 사람이었다.

"그대는 세 번이나 제나라 군사에게 패한 사람이 아닌가? 제나라 사람들이 그대를 보고 비웃으면 어찌할 것인가?"

노나라 장공이 미덥지 못해 물었다.

"부끄러운 일을 세 번씩이나 당했으니, 이번에 가서 단번에 치욕을 되돌려 줄 생각입니다."

조말이 자신만만하게 대답했지만 장공은 왠지 마음이 놓이지 않았다. 마치 적진에 홀로 들어가는 느낌이었다.

드디어 노나라 장공과 제나라 환공이 마주하게 되었다. 둥둥둥 북소리가 세 번 울리자 제나라 습붕이 검은 소와 백마의 피가 가득 든 옥잔을 들고 올라와 무릎을 꿇었다. 습붕이 두 군주에게 삽혈(맹세할 때 입가에 짐승의 피를 바르는 의식)하려는 순간이었다. 눈 깜짝할 사이에 조말이 단상으로 뛰어올라와 환공의 목에 칼을 들이밀었다.

"지금 그대는 무슨 짓을 하려는 것인가?"

환공이 호통을 쳤으나 조말은 태연하게 입을 열었다.

"강대국이 약소국을 자주 침범하는 것은 도에 어긋납니다. 지난날 전투에서 빼앗은 우리 땅을 돌려주십시오. 그렇게 하지 않는다면 이 모임은 끝장날 것입니다."

환공은 일단 위기를 벗어나기 위해 조말의 요구를 들어주겠다고 약속했다. 그러자 조말이 단상을 내려가 신하의 자리로 돌아가 앉았다. 그의 안색은 조금도 변하지 않고 기상 또한 늠름했다. 환공은 위기를 벗어나기 위해 약속은 했으나 생각해보니 화가 치밀어 올라 견딜 수 없었다.

"중부, 이 약속은 지킬 수 없는 약속이오. 분이 치밀어서 견딜 수가 없소. 저 조말이라는 놈을 쳐죽이고 없었던 일로 하겠소."

그러나 관중이 정색을 하면서 말렸다.

"협박을 당해 할 수 없이 했다고 해도 약속은 약속입니다. 약속을 없었던 것으로 하고 상대를 죽인다면 신의를 저버리는 것입니다. 그뿐만 아니라 제후들의 신뢰를 잃게 되어 천하의 민심을 얻지 못하게 됩니다.

| 관중·포숙 |

약속대로 이행하십시오. 주는 것이 얻는 길입니다. 작은 이익을 탐하여 만족하시면 제후들의 신망을 잃게 되며 천하의 명성을 스스로 버리게 됩니다."

결국 환공은 관중의 말에 따라 지난날 빼앗은 땅을 노나라에 되돌려 주었다. 비록 협박을 당해서 한 약속이었지만 환공의 신의 있는 행동에 천하의 제후들은 고개를 끄덕였다. 그리하여 제나라와 동맹을 맺고자 하는 나라가 점점 더 많아졌다.

환공 7년에 드디어 제후들은 환공을 맹주로 추대하고 견 땅에서 의식을 치렀다. 그리하여 제나라 환공은 마침내 춘추오패春秋五覇(제후를 모아 그 회맹會盟의 맹주盟主가 된 자를 패자覇者라고 한다. 즉, 제나라 환공, 진晉나라 문공文公, 진秦나라 목공穆公, 송나라 양공襄公, 초楚나라 장왕莊王을 가리킨다) 중 첫번째 패자가 되었다.

공자는 관중을 소인이라 평하고

환공 41년, 마침내 관중이 병으로 쓰러졌다. 환공은 관중의 후임자를 정하는 것이 제일 급한 일이라 문병을 가서 관중에게 물었다.

"그대의 후임자로 포숙을 정하면 어떻겠소?"

그러나 관중은 고개를 흔들었다.

"포숙은 군자君子이기 때문에 정치를 못합니다. 그는 선악을 대하는 태도가 지나치게 분명합니다. 물론 선을 좋아하는 것은 훌륭한 일이나 그만큼 악을 미워하는 데 문제가 있습니다. 포숙은 나쁜 일을 한 사람을 평생 미워합니다. 그러니 누가 포숙 밑에서 견뎌내겠습니까. 이것이 포숙이 정치를 할 수 없는 결점입니다."

환공이 초조해서 다시 물었다.

"그럼 습붕은 어떻겠소?"

"습붕이면 무난하리이다. 그는 성격도 원만하고 공사公私도 잘 구분할 정도로 충실한 사람입니다. 그러나 안타깝게도 명이 길지 않을 듯싶습니다."

환공이 다시 물었다.

"역아易牙는 어떻겠소?"

관중이 손을 휘저으며 대답했다.

"주공이여, 더는 묻지 마소서. 역아뿐만 아니라 수조, 개방開方 이 세 사람을 결코 가까이하지 마소서."

"역아는 지난날 과인이 입맛을 잃었을 때 제 자식을 삶아서 과인에게 먹인 사람이오. 그는 자기 자식보다도 과인을 사랑한 사람인데, 그래도 의심해야겠소?"

"자식에 대한 사랑보다 큰 사랑은 없습니다. 그럼에도 그는 제 자식을 죽였습니다. 그런 사람이 임금에게 무슨 도움이 되겠습니까?"

"그렇다면 개방은 어떻소. 그는 위나라 공자면서도 자기 나라를 버리고 과인의 신하로 있는 사람이오. 더구나 그는 부모가 죽었어도 본국에 돌아가지 않았소. 그는 친부모보다 과인을 사랑하는 사람이잖소?"

"그는 부모에게 불효했습니다. 인륜을 저버린 사람이 폐하께 무슨 도움이 되겠습니까. 그가 주공 밑에 와 있는 것은 큰 욕심이 있어서일 겁니다. 가까이하시면 이 나라가 혼란해질 것입니다."

"그렇다면 수조는 어떻소?"

"수조는 스스로 거세去勢하여 폐께 아부한 인물입니다. 이 또한 인간으로서 도리가 아닙니다. 그를 신임해서는 안 됩니다."

환공은 말없이 관중의 집을 나와 궁으로 돌아갔다.

얼마 후, 관중이 자신을 천거하지 않았다는 말을 습붕에게서 전해 들은 포숙은 이렇게 말했다.

"세상 사람들에게 알려진 것처럼 관중을 천거한 사람은 바로 나였소. 관중은 나라에 대한 충성만이 있을 뿐, 친구나 자기 개인을 위해서 나랏일을 잘못 판단할 사람은 아니오. 만일 관중이 나에게 사구司寇(지금의 법무부 장관) 벼슬만 시켰더라면 내가 벌써 이 나라 간신을 다 내쫓아 버렸을 것이오. 그대는 어떻게 생각하오? 나도 이걸 생각하면 참 분하구려."

옆에서 이 말을 들은 역아는 포숙의 말에 얼굴을 붉힌 채 슬며시 물러났다.

드디어 관중이 세상을 떠났다. 그러나 환공은 관중의 말을 듣지 않고 수조와 개방, 역아를 중용하였다. 환공이 이들 간신에 둘러싸이니 어느덧 패자로서 면모는 사라지고 국력은 기울기 시작했다.

관중이 죽은 지 2년 후 겨울에 환공도 세상을 떠나고 말았다. 환공은 원래 대단한 호색가라 세 명의 부인 외에 많은 여인들을 첩으로 거느리고 살았다. 그런데 환공은 불행하게도 세 부인에게선 아들을 얻지 못하고 첩들의 아들만 여럿 두었다. 환공은 첩 중에서 정희 소생의 아들인 소를 태자로 세웠으나 그가 죽은 후 역아가 장위희와 작당하여 그녀의 소생인 무궤를 즉위시키려 하였다.

환공은 부인 세 명과 여러 첩들을 거느릴 정도로 호색가였다. 그러나 세 부인에게서 아들을 얻지 못하고 첩의 아들만 여럿 두어 그가 죽자, 곧바로 권력 투쟁이 벌어졌다. 아직 환공의 장례도 치르지 못한 상태였다. 두 달 동안 침실에 방치된 환공의 시체에서는 구더기가 들끓었다.

| 관중 · 포숙 |

이 소식이 퍼지자 궁중 안은 공자들간의 권력 투쟁으로 피가 튀기 시작했다. 아직 환공의 장례도 치르지 못한 상태였다. 그리하여 두 달 동안이나 침실에 방치된 환공의 시체에서는 구더기가 들끓었다. 이러한 혼란 후 제나라는 급속하게 국력이 약화되어 결국 패자의 권위를 잃고 말았다.

관중을 세상 사람들은 어진 신하라고 평했으나, 공자孔子는 그를 소인小人이라고 하였다. 이것은 관중이 주나라 왕실의 운명이 쇠한 상황에서 어진 환공을 도와 인의仁義 정치를 행하도록 힘을 기울이지 않고, 무력으로 천하를 다스리려는 동맹국의 우두머리로 이름을 떨치게 하였기 때문이다.

옛말에 '군주의 잘한 점은 더 잘하게 하고, 잘못된 점은 지적하여 바로잡아 주어야 군주와 신하가 서로 친하게 될 수 있다'고 하였는데, 아마도 이 말은 관중을 두고 한 말임이 틀림없는 것 같다.

안영

군자는 자기를 알아주는 자에게 뜻을 펼친다

월석보越石父라는 어진 사람이 있었다. 그는 어쩌다 죄인의 몸이 되어 오라에 묶인 채 끌려가게 되었다. 당시 제나라의 재상이었던 안영이 길 거리에서 우연히 이를 보게 되었다. 그래서 자기 수레의 왼쪽 말을 풀어 죗값으로 내주고 월석보를 자신의 수레에 태워 함께 집으로 돌아왔다.

집에 도착한 안영은 월석보에게 인사 한 마디 건네지 않고 내실로 들어가 버렸다. 그러자 잠시 후에 월석보가 안영에게 떠나겠다는 뜻을 전해왔다. 안영이 깜짝 놀라 옷과 관을 가지런히 하고 뛰쳐나와 사과하며 말하였다.

"제가 비록 어질지는 못하나 당신을 어려울 때 구해드렸습니다. 그런데 어찌하여 이렇게 빨리 떠나려 하십니까?"

그러자 월석보가 대답했다.

"그렇지 않습니다. 제가 듣건대 군자는 자기를 몰라주는 자에게는 뜻을 굽히지만 자기를 알아주는 자에게는 뜻을 펼친다고 합니다. 내가 묶여 있을 때 저 포졸들은 나를 몰라주는 자들이었습니다. 그러나 당신은 깨달은 바 있어 나를 구해주었으니 나를 알아준 것입니다. 그런데 나를 알아주면서도 이렇듯 예에 어긋나게 대해주신다면 이는 진실로 내가 묶여 있을 때보다도 못한 것입니다."

"그러고 보니 제가 그만 큰 무례를 범하고 말았습니다."

안영은 잘못을 깨닫고는 즉시 월석보를 귀한 손님으로 모셨다.

안영이 제나라 재상으로 있을 때였다.

안영이 외출하려는 모습을 마부의 아내가 문틈으로 엿보고 있었다. 그녀의 남편은 새상의 마부였는데, 커다란 차양을 받쳐들고 네 필 말에 채찍질을 하면서 의기양양하여 매우 만족스런 표정을 짓고 있었다. 시간이 지나 마부가 집으로 돌아오자 그의 아내는 침통한 얼굴로 입을 열었다.

"난 당신과 더는 살 수 없어요. 우리 헤어집시다."

"헤어지자니? 갑자기 그게 무슨 말이오?"

안영의 마부는 놀라서 그 까닭을 물었다.

"당신이 모시는 주인은 키가 6척도 못 되지만, 제나라의 재상이 되어 제후 사이에 이름을 드날리고 있습니다. 오늘 제가 그분의 외출하는 모습을 보니 뜻과 생각이 깊고 항상 겸손한 모습이었습니다. 그런데 당신은 키가 8척이나 되건만 마부 신세인데도 의기양양하여 교만에 차 있는

제나라 재상 안영은 키가 6척도 안 되지만 생각이 깊고 겸손했다. 재상의 마부인 남편은 키가 8척이나 되건만 의기양양하며 교만에 차 있었다.

| 안영 |

모습이었습니다. 그래서 소첩이 떠나고자 하는 겁니다."

그 일이 있은 후부터 마부는 겸손해졌다. 안영이 이상히 여겨 그 사유를 물으니, 마부가 사실대로 아뢰었다. 그러자 안영은 그를 추천하여 대부大夫로 삼았다.

죽은 임금의 시체 앞에서 곡하는 재상

안영은 재상 자리에 있으면서도 검소하여 반찬으로 두 가지 고기를 먹지 않았다. 물론 첩에게도 비단옷을 걸치지 못하게 했다. 조정에 나아가 임금 앞에서는 항상 신중하게 말과 행동을 하였고, 집에 들어와서도 몸가짐이 조신했다. 임금이 나라를 올바르게 디스리면 그 명령에 순종하였지만, 그렇지 않고 바르지 않은 명령이면 죽음을 두려워하지 않고 따르지 않았다.

제나라 장공莊公 때의 일이다.

어느 날 장공은 신하인 최저의 집에 들르게 되었다. 그런데 집 안에서 최저의 아내를 처음 본 장공의 눈썹이 저절로 치켜올라갔다.

'절세미인이로다. 최저가 어디서 저렇게 어여쁜 부인을 얻었을까?'

장공은 그만 넋을 잃었다. 그러지 않아도 미인만 보면 눈동자를 데굴데굴 굴리는 장공이 아니었던가. 기회만 엿보던 장공은 기어코 그녀와 정을 통하고 말았다. 그리고 이 일을 숨기기 위해 일부러 사람들 보는 앞에서 최저의 관을 벗겨 모욕을 주었다.

'어디 두고 보자!'

최저는 이를 부드득 갈며 장공에게 복수할 날을 기다렸다.

그러던 어느 날이었다. 장공의 귀에, 최저가 병이 났다는 소식이 날아들었다. 최저가 장공을 불러들이기 위해 함정을 파놓은 것이었다.

'와! 이거야말로 하늘이 내게 주신 기회가 아닌가?'

장공은 다시 한 번 최저의 아내와 정을 나눌 수 있는 절호의 기회라 여기며 무릎을 쳤다. 그러지 않아도 최저의 집에 찾아가고 싶어 안달이 났는데 말이다. 마침내 장공은 병 문안을 핑계삼아 최저의 집을 찾아갔다.

"너희들은 여기서 기다리고 있어라."

장공은 최저의 부인과 밀통하려는 생각에 그만 호위병을 문 밖에 세워두고 부인의 방으로 몰래 들어갔다. 이때 옆방에 숨어 있던 최저의 부하들이 무기를 손에 든 채 부인의 방으로 들이닥쳤다.

"웨, 웬놈들이냐?"

장공은 문을 박차고 나와 급히 정원으로 도망쳤다. 그러나 그는 멀리 못 가서 이내 잡히고 말았다. 장공은 창피했지만 위엄을 갖춰 소리쳤다.

"네 이놈들! 나, 나는 너희들의 임금이다. 저리 물러서지 못할까?"

그러나 최저의 부하들은 꿀 먹은 벙어리처럼 꼼짝도 하지 않았다.

"우리가 잡으려는 건 음탕한 도둑놈이지 임금이 아니다!"

그러면서 그들은 한꺼번에 달려들어 장공을 베어버렸다. 조정의 대신들이 뒤늦게 이 소식을 들었지만, 최저의 무서운 기세에 눌려 모두 문을 걸어 잠근 채 쉬쉬했다. 하지만 안영만은 서둘러 최저의 집으로 달려가 문 밖에서 통곡을 했다.

"임금이 나랏일로 죽었다면 신하 또한 충성을 다해 죽는 것이 당연한

장공은 신하 최저의 집에 우연히 들렀다가 최저 부인의 미모에 넋을 잃는다. 기회만 엿보던 장공은 기어이 그녀와 정을 통하지만, 결국 죽음을 면치 못한다.

일이로다. 하지만 사사로운 욕심으로 죽어 그럴 수도 없다. 그렇다 해도 임금의 총애를 받았던 사람이 장례조차 지내주지 않는다면 어느 누가 하겠는가."

안영의 충성스런 마음에 감동을 받은 최저가 나와 문을 열어주었다. 안영은 바로 달려들어가 시체 위에 엎드려 다시 한 번 통곡한 다음 예를 다하고 나왔다.

그때 최저의 부하가 말했다.

"이번 기회에 아예 안영도 없애버리는 것이 낫지 않습니까? 명령만 내리십시오."

그러자 최저가 말했다.

"안 된다. 안영은 지금 세상의 인심을 얻고 있다. 그를 없애면 천하가 나를 손가락질할 것이다."

안영은 최저에게 시해된 장공의 시체에 엎드려 곡하고 예를 다한 뒤에 나왔으니, 이것을 보고 어찌 '의를 보고도 행하지 않은 용기 없는 짓'이라고 할 것인가?

그 후 최저가 장공의 동생을 임금의 자리에 앉히니 바로 경공景公이다. 이제 조정은 최저의 손에 넘어가 있었다. 최저는 경공을 앞세워 조정 대신들을 한 사람씩 불러 충성 서약을 받았다. 대신들은 모두 벌벌 떨며 최저가 요구하는 대로 머리를 굽실거렸으나 안영만은 예외였다. 그는 얼굴색 하나 변함이 없이 꼿꼿이 서서 자신의 생각을 떳떳이 밝혔다. 안영의 높은 인품과 학식에 조정 대신뿐만 아니라 최저도 감탄했다. 안영은 임금이 바뀌었지만 재상으로 다시 등용되어 나랏일을 맡게 되었다.

안영은 임금에게 간언할 때에는 왕의 면전에서도 기탄 없이 직언했으니, 이것은 소위 '나아가서는 충성을 다할 것을 생각하고, 물러나서는 허물을 보충할 것을 생각한다'는 자세였을 것이다.

만약 안영이 지금 살아 있다면, 그를 위하여 말채찍을 잡는 비천한 일을 해도 좋을 만큼 흠모할 것이다.

스스로 화를 벗어나지 못한 말더듬이

한비

용의 비늘을 잘못 건드리면 죽임을 당한다

한비韓非는 타고난 말더듬이였다. 그 때문에 남 앞에서 말은 잘 못했지만 글재주 하나는 뛰어났다. 그와 같이 순자荀子를 스승으로 섬겼던 이사李斯도 자신의 글재주가 한비를 따르지 못한다고 늘 한탄할 정도였으니까.

한비는 한나라의 땅이 줄어들고 국력이 약해져 가는 것을 보고 너무 안타까워했다. 그래서 한나라 왕에게 글을 자주 올려 간언했으나 그의 의견은 받아들여지지 않았다. 한나라 왕은 어진 인재를 구하여 나라를 부유하게 하고 군대를 강하게 키워 나라를 튼튼히 하는 일에는 별로 관심이 없었다. 오히려 나라를 좀먹는 소인배(유학자)들을 등용하여 나라에 공을 세운 사람들보다 높은 벼슬을 주었다.

한비는 이들을 나라가 편안할 때는 명예를 좇고 서로 작당하여 이익을 챙기다가 나라에 위급한 일이 생기면 개인적인 이익을 위해 무사들을 이용하는 등 나라에는 별로 도움이 안 되는 사람들이라고 여겼다. 이런 신하들 때문에 청렴 강직한 인재들이 나라에 등용되지 않는 현실을 개탄하였다. 그리하여 옛날 왕들이 시행한 정치의 실패와 성공에 관한 내용을 살펴 10여 만 자의 글을 지었다.

특히 〈세난說難〉 편에 이러한 내용을 매우 자세하게 다루었다. 그러나 정작 자신은 진나라에 사신으로 갔다가 죽임을 당해 그 위험에서 벗어나지 못했다. 그는 〈세난〉 편에서, "유세가는 자신의 언변을 펼치기 위해 먼저 윗사람의 신뢰를 얻어야 하며, 상대방의 변화하는 심리상태를 정확히 파악해야 한다"고 했다. 그뿐만 아니라 상대방의 반응도 염두에 두어야 한다고 언급하면서 다음과 같은 이야기를 예로 들었다.

옛날에 이윤伊尹(본래는 요리사였으나 나중에 은나라의 재상으로 등용된다. 은나라 탕왕은 명재상 이윤의 도움으로 왕도정치를 폈다)이 요리사가 되고, 백리해百里奚(춘추시대 사람으로 진秦나라 목공穆公에게 인정받아 재상의 자리에 올랐다)가 포로가 된 것은 모두 군주에게 등용되기를 바랐기 때문이다. 이처럼 재능 있는 인재는 천한 일을 통해서 큰 일 찾는 것을 부끄러워해서는 안 된다.

송나라에 어떤 부자父子가 있었다. 어느 날 비가 와서 그 집 담장이 무너졌다. 그러자 그의 아들이 말했다.

"아버님, 담을 다시 쌓지 않으면 도둑이 들 것입니다."

이웃 늙은이 역시 아들과 똑같은 충고를 했다. 그날 밤 과연 부자의 집에는 도둑이 들어 많은 재물을 잃었다.

그런데 아버지의 반응은 달랐다. 자기 아들에 대해서는 매우 지혜 있다고 칭찬했으나, 이웃 늙은이에 대해서는 혹 자기 집 재물을 털어 간 도둑이 아닐까 하는 의심을 품었던 것이다.

예전에 정나라 무공武公은 호胡나라를 정복하기 위하여 자기 딸을 호나라 임금에게 시집보냈다. 그리고는 여러 신하들에게 물었다.

"과인이 이제 군사를 일으켜 국토를 넓히고자 하오. 칠 만한 나라가 어떤 나라인가?"

이때 임금의 속마음을 눈치챈 관기사關其思가 나서며 아뢰었다.

"호나라를 쳐야 합니다."

이 말을 들은 무공은 화를 버럭 냈다.

"호나라는 우리와 형제지국이다. 말이 되는 소리인가?"

그리고는 즉시 관기사를 붙잡아 처형했다.

호나라 임금은 이 소식을 전해 듣고, 역시 정나라는 형제의 나라라고 안심하여 특별한 방비를 하지 않았다. 그러나 무공은 이를 기회로 호나라로 쳐들어가 쉽게 나라를 빼앗고 말았다.

이 이야기에 나오는 관기사가 유세가라 한다면, 그는 윗사람의 의중을 정확히 파악했으나 바로 이 때문에 자신의 목숨을 잃은 것이라 할 수 있다. 그러니 상대방의 의중을 파악하는 지혜를 가지기가 어려운 것이 아니라 그 지혜를 어떻게 쓰느냐가 어려운 것이다.

옛날에 미자하彌子瑕라는 미소년은 위衛나라 군주의 총애를 많이 받았다. 그런데 위나라의 법에는 몰래 군주의 수레를 훔쳐 탄 자는 월형

(발꿈치를 베던 형벌)에 처한다는 조항이 있었다.

어느날이었다. 어머니가 병이 났다는 소식을 들은 미자하는 군주의 명령이라고 속이고 군주의 수레를 타고 나갔다. 즉각 위나라 군주에게 보고가 올라갔다. 그러나 군주는 미자하를 칭찬하며 말했다.

"효자로구나. 병이 든 어머니를 간호하기 위해 발꿈치를 베는 형벌도 두려워하지 않다니!"

그런 뒤 어느 날이었다. 군주가 미자하를 거느리고 함께 과수원에서 노닐고 있었다. 미자하 눈에 복숭아가 들어왔다. 미자하가 복숭아를 따먹어 보니 맛이 있었다.

"한번 드셔 보시옵소서. 굉장히 맛이 좋사옵니다."

미자하는 먹다 만 복숭아를 군주에게 바쳤다. 군주는 그에게서 복숭아를 받아들었다.

'얼마나 나에게 맛있는 걸 바칠 생각이었으면 제 입에 넣은 복숭아란 걸 까맣게 잊을까!'

군주는 미자하의 행동에 감탄할 뿐이었다.

그 후 세월이 흘러 어느 덧 미자하의 고운 얼굴빛이 쇠하였다. 그만큼 군주의 총애도 식게 되었다. 어느 날 미자하가 작은 죄를 짓게 되었다. 그러나 군주의 반응은 예전과 판이하게 달랐다.

"일찍이 이 자는 과인의 명령이라고 속여 내 수레를 타고 갔으며, 또한 제가 먹다 만 복숭아를 과인에게 주었도다. 괘씸하도다!"

미자하의 행동은 처음이나 나중이나 변함이 없었지만, 예전에는 어질다고 칭찬을 받았고 나중에는 벌을 받게 되었다. 그 원인은 군주의 마음이 변했기 때문이다.

한비는 〈세난〉을 통해 유세의 어려움을 세상에 알렸는데, 그 중 미자하의 예를 들면서 '유세자는 반드시 군주의 애증을 살핀 뒤에 설득해야 한다'고 강조했다.

군주에게 총애를 받을 때에는 신하의 지혜가 군주의 마음에 맞아 친밀해지고, 군주에게 미움을 받을 때에는 같은 지혜라도 군주의 마음에 맞지 않아서 벌을 받고 더욱더 소원해진다. 따라서 간언하는 유세자는 반드시 군주의 애증을 살핀 뒤에 설득해야 한다.

대체로 용이란 동물은 길들이면 그 등에 탈 수 있다. 그러나 턱 밑에 한 자 길이의 거꾸로 난 비늘이 있는데 사람이 이곳을 건드리면 용은 반드시 사람을 죽인다고 한다. 군주에게도 거꾸로 난 비늘이 있다. 유세하는 사람이 군주의 거꾸로 난 비늘을 건드리지 않는다면, 유세는 거의 성공했다고 할 수 있다.

| 한비 |

한비도 정작 화에서 벗어나지 못하고

어떤 사람이 한비의 저서를 읽고 진나라에 가지고 와 전했다. 진나라 왕은 한비가 지은 〈고분孤憤〉·〈오두〉(진보적 역사관으로 유가의 복고사상을 비판하였고 신흥지주계급에 손해를 끼치는 유생·협객·유세객·병역도피자·투기상인 등을 '오두' 즉 다섯 가지 좀벌레라고 폭로하였다) 두 편의 글을 보고 말했다.

"아아, 과인이 이 글을 쓴 사람과 만나 사귈 수만 있다면 죽어도 한이 없으련만!"

그러자 곁에 있던 신하 이사가 말했다. 그는 한비와 같이 순자를 스승으로 모셨던 사람이다.

"이 글은 한나라에 있는 한비라는 사람이 쓴 것입니다."

"그러하오? 그렇다면 이 사람을 얼른 데려와 만나봐야겠소."

진나라 왕은 한비를 제나라 사람으로 만들기 위해 급히 한나라에 쳐들어갔다. 이때 한나라 왕은 한비를 등용하지 않았으나 위기가 닥치자 이를 해결하기 위해 급히 한비를 사신으로 삼아 진나라에 보냈다.

한비를 만나 본 진나라 왕은 그를 매우 좋아했으나 믿고 등용하지는 않았다. 이사는 한비가 진나라 왕에게 등용되면 자신의 지위가 위태로워질 것이라고 생각하였다. 그래서 요고姚賈라는 신하와 함께 한비를 해칠 계획을 꾸몄다. 그들은 진나라 왕에게 이렇게 한비를 헐뜯었다.

"한비는 한나라의 여러 공자 중의 한 사람입니다. 지금 왕께서 천하를 손에 넣으려고 하시는데, 한비는 결국 자기 조국인 한나라를 위할 뿐 우리 진나라를 위해 일하지는 않을 것입니다. 이것은 사람으로서 당연한 심정입니다. 그러나 지금 왕께서 그를 등용하지 않고 오랫동안 우리나라에 머물게 했다가 돌려보낸다면 이는 스스로 뒤탈을 남기는 일이니 죄를 뒤집어 씌워 죽이는 것이 좋습니다."

진나라 왕은 이사의 말에 홀라당 넘어가 한비를 잡아 옥에 처넣게 했다. 이사는 '옳다구나!' 하고 쾌재를 불렀다. 그리고 관리를 시켜 한비에게 독약을 보내 스스로 목숨을 끊도록 했다.

옥 안에서 한비는 자신의 억울함을 왕에게 호소하려 하였지만 방법이 없었다. 결국 한비는 독약을 마시고 저 세상으로 갔다. 뒤늦게 자신이 한 일이 잘못된 것임을 알게 된 진나라 왕이 사람을 시켜 한비를 놓아주려 했으나 그는 이미 죽은 뒤였다.

신불해申不害(전국시대의 한韓나라 학자 · 정치가 · 사상가. 처음에는 정鄭나라의 하급관리로 일하다가 후에 한나라의 소후昭侯를 섬겨 재상으로서 15년간 나라를 태평하게 다스렸다. 신불해의 학설은 황로黃老의 학설을 근본으로 하나, 형명刑名을 주장하였다)와 한비는 모두 글을 남겨 후세에 전하니 그것을 배우는 사람이 많다. 그러나 한비는 〈세난〉 편을 지어 유세의 어려움을 세상에 알리고도 자신은 정작 그 화에서 벗어나지를 못했으니 오호라, 슬픈 일이다.

군명君命보다 군명軍命을 우선시하다

사마양저

출신은 미약했으나 병법은 심오했다

사마양저는 사마가 성이고, 양저가 이름이다. 혹시 헷갈리지 마시길 바란다. 전완田完의 먼 후손이라고 하는데, 전완은 원래 진나라의 공자로 성이 진씨였다고 한다. 그러나 제나라로 망명한 후 스스로 성을 전씨로 바꾸었다.

제나라가 진晉나라와 연燕나라의 침략을 받자, 제나라 왕 경공은 근심에 빠졌다. 그러자 안영이 전양저를 추천했다.

"양저는 전씨의 첩 태생이기는 하나 문장은 여러 사람의 마음을 흔들고 무예는 적의 기세를 꺾을 만합니다. 왕께서는 시험삼아 등용해보시옵소서."

경공은 안영의 말대로 양저를 불러 병법을 들어보고는 고개를 끄덕였다. 그리고 곧 그를 장군으로 삼아 연나라와 진나라의 군사를 막게 했다.

양저는 떠나기 전 경공에게 이렇게 말했다.

"왕께서 시골 군대의 무리 속에 섞여 있는 신을 발탁하여 대부大夫의 윗자리에 두었으므로 병사들이 따르지 않고 백성들 또한 믿지 않으니, 저는 권력이 미비한 미천한 존재에 불과합니다. 원컨대 왕께서 총애하시고 백성들의 존경을 받는 인물이 군대를 감독하게 하십시오."

경공은 고개를 끄덕이며 장고莊賈에게 함께 가도록 했다. 양저는 경공에게 하직 인사를 드린 후, 장고와 약속하였다.

"내일 정오에 군문軍門에서 만납시다."

다음날 양저는 먼저 군영으로 달려가서 해그림자를 보는 표목을 세우고 시각을 계산하는 물시계를 설치해놓고 장고를 기다렸다. 그러나 장고는 본래 교만한 사람이어서 마음속으로 양저를 업신여기고 있었다. 양저 장군이 이미 군영에 가 있으니 자신이 급하게 서두를 필요가 없다고 생각한 그는 친척들이 베푼 송별연에서 술을 마시고 있었다.

정오가 되어도 장고가 오지 않자 양저는 물시계를 쏟아버리고는 군영으로 들어가 군사들을 점검하고 군령軍令을 선포하였다. 장고는 약속 시간이 훨씬 지난 저녁때가 되어서야 군영에 도착하였다. 양저가 위엄을 갖추고 엄하게 물었다.

"당신은 어찌하여 작전시간을 어겼습니까?"

"친척들이 베푼 송별연 때문에 늦어졌소이다."

"장수란 작전 명령을 받는 순간부터 자기 집을 잊어야 하고, 군에 몸

담고 있으면 어버이도 잊어야 하며, 북소리가 급히 울리면 제 몸을 잊어야 합니다. 지금 적국이 나라 안에 깊숙이 침입하여 온 나라가 어지럽고 병사들은 국경에서 노숙하고 있습니다. 왕께서는 잠을 자도 자리가 편안치 않고 음식을 먹어도 맛있는 줄 모릅니다. 백성들의 목숨이 다 당신에게 달려 있거늘 어찌 송별연 때문에 늦었다고 말할 수 있습니까?'

양저는 장고를 크게 나무라고서 군정軍正(군법을 맡아 다스리는 군관)을 불러 물었다.

"군법에 작전시간을 어긴 자는 어떻게 처리하라고 되어 있소?"

"참형에 처하라고 하였습니다."

'이제 나는 꼼짝없이 죽게 생겼구나!'

장고는 군대를 장악하기 위한 양저의 병법에 자기가 희생양으로 걸려든 것임을 비로소 깨닫고 후회를 하였다. 장고는 경공에게 사람을 보내 자기가 죽게 되었음을 알리고 살려줄 것을 청했다. 그러나 양저는 경공에게 달려간 사람이 도착하기도 전에 장고의 머리를 베어 전군에 돌려 보였다. 그러자 비로소 전군의 병사들이 두려움에 벌벌 떨며 양저를 떠받들었다.

얼마 후, 장고의 사면장을 가진 경공의 사자가 급히 말을 달려 군영에 들이닥쳤다. 그러나 양저는 고개를 저었다.

"장수가 군영에 있을 때에는 왕의 명령이라도 받아들이지 않을 수 있소."

그리고 다시 군정을 불러 물었다.

"군영에서는 말을 달리지 못하게 되어 있다. 이를 어겼을 때는 어떻

비천한 신분으로 장군에 오른 양저는 병법을 발휘하여 군대의 기강을 바로잡는다.

| 사마양저 |

게 다스리라고 했는가?"

"참형에 처하라고 하였습니다."

이 말에 사자는 벌벌 떨며 몹시 두려워하였다. 그러나 양저는 고개를 저었다.

"왕의 사자를 죽일 수는 없지."

양저는 대신 사자의 하인과 수레 왼편의 마부가 기대는 나무와 왼쪽 말을 칼로 베었다. 그리고 양저는 사자를 왕께 보내 그대로 보고하라고 전하며 싸움터로 나갔다. 군대의 기강이 바로잡힌 것은 말할 것도 없었다.

병든 군사들도 분발하게 만든 병법

양저는 병사들이 훈련하고 행군을 할 때마다 어디서든 같이하였다. 또한 그들의 침식과 사소한 건강상태까지 일일이 확인하며 보살펴 주었다. 장군인 자기의 식량은 모두 가져다가 병사들과 고루 나누어 먹었으며, 자신은 가장 몸이 허약한 병사들의 몫과 비슷하게 먹었다. 병사들은 비로소 양저를 우러러보게 되었다.

양저는 군대를 다시 점검하며 이렇게 말했다.

"싸울 수 없는 병사들은 돌아가도 좋다."

그러나 병사들은 조금의 동요도 없었고, 오히려 병든 군사들까지도 싸움에 나가기를 자청하며 나섰다. 병사들의 사기는 하늘을 찌를 듯했다. 진나라 군영에서는 이 소문을 듣고 싸우기를 포기한 채 퇴각해 버렸다. 연나라 군사들도 황하를 건너서 도망치고 말았다. 양저는 그들을 추격하여 빼앗겼던 옛 땅을 되찾고 돌아왔다.

경공은 여러 대부들과 함께 교외로 나와 양저를 맞이했다. 경공은 양저를 크게 칭찬하고 대사마大司馬로 삼았다. 양저의 가문들은 제나라에서 더욱 존경을 받게 되었다.

후에 제나라의 위왕은 대신들을 시켜 고대의 《사마병법》을 연구하도록 하고, 양저의 병법을 그 책 속에 덧붙여 《사마양서병법》이라고 했다.

《사마병법》은 뜻하는 바가 심오하고 원대해서 하·은·주 3대의 왕자들조차도 그 뜻을 다 실천하지는 못하였을 것이다. 양저가 하찮은 소국 제나라를 위해 군사를 움직였으니, 어찌 《사마병법》에 보이는 겸양의 예절을 활용할 틈이 있었겠는가?

손무 · 손빈

미인도 병법에는 예외가 아니다

그 유명한 손자병법에 관한 이야기다. 손무(孫武)는 제나라 사람으로 병법에 아주 밝은 사람이었다. 그는 어느 날 병법을 가지고 오나라 왕 합려(闔閭)를 찾아갔다. 합려가 그를 보고 물었다.

"과인은 그대의 병법 13편을 다 보았소. 병법대로 실제 군대를 훈련시킬 수 있겠소?"

"좋습니다."

손무는 자신 있게 대답했다.

"여인들이라도 괜찮겠소?"

"좋습니다."

손무의 대답이 떨어지자 합려는 즉시 궁중의 부녀자 180명을 불러내었다. 손무를 시험해볼 요량이었던 것이다. 손무는 180명의 부녀자를 두 편으로 나누고, 왕의 총애를 가장 많이 받는 두 궁녀를 각 편의 대장으로 삼았다. 그리고 모든 이에게 창을 들도록 하고 명령을 내렸다.

"너희들은 가슴, 왼손, 오른손, 등을 알고 있는가?"

부녀자들이 안다고 하자 손무가 이렇게 말했다.

"'앞으로' 하면 가슴 쪽을 보고, '왼편' 하면 왼손 쪽을 보고, '오른편' 하면 오른손 쪽을 보고, ' 뒤로' 하면 등 뒤쪽을 보아라."

부녀자들이 대답했다.

"알겠사옵니다."

손무는 이렇게 군령을 선포하고 나서는, 부월(옛날 군법에서 사람을 죽이는 데 사용하던 도끼)을 쥐고서 여러 번 군령을 설명했다. 그런 다음 손무는 '오른편!' 하고 북을 쳐 군령을 내렸다. 그러나 부녀자들은 군령을 따르지 않고 깔깔거리며 웃기만 했다.

"군령이 분명하지 않고 명령에 익숙하도록 만들지 못한 것은 장군의 죄다."

손무는 자신의 잘못인 양 군령을 거듭 밝히고는 몇 번이고 되풀이해서 설명했다. 그리고 이번엔 '왼편!' 하고 북을 쳤다. 그러나 부녀자들은 여전히 웃어댈 뿐 아무도 움직이지 않았다.

"이것은 장군의 죄가 아니다. 이미 너희들이 군령을 명백하게 아는 마당에 군령대로 하지 않는 것은 병사들의 죄다."

손무는 이렇게 말하고 양편에서 대장을 맡고 있는 두 부녀자를 베려고 했다. 오나라 왕이 대臺 위에서 이를 지켜보다가 몹시 놀라 급히 사

합려는 궁중 부녀자 180명을 불러모은 가운데, 손무의 병법을 시험하는데, 손무는 그 자리에서 군령을 따르지 않는 부녀자 둘을 도끼로 베어 버린다. 이를 본 부녀자들이 자로 잰 듯 손무의 호령대로 움직였다.

람을 보내 명을 내렸다.

"과인은 이미 장군이 용병에 능하다는 것을 알았소. 과인은 이 두 궁녀가 없으면 밥을 먹어도 맛을 모르오. 제발 베지 마시오."

그러자 손무가 말했다.

"신은 이미 왕의 명을 받고 장수가 되었습니다. 장수가 군대 안에서는 왕의 명령을 받들지 않는 경우도 있습니다."

손무는 끝내 대장격인 두 부녀의 목을 베어서 왕이 지켜보는 가운데 궁녀들에게 돌려 보였다. 그리고는 그들 다음으로 총애를 받는 궁녀를 대장으로 삼고 다시 북을 쳤다. 그러자 부녀자들 모두 왼편, 오른편, 앞으로, 뒤로, 꿇어앉기, 일어서기 등의 명령을 자로 잰 듯이 호령대로 움직이며 감히 찍소리도 내지 못했다. 손무는 비로소 사자를 시켜 왕에게 보고했다.

"군대는 이미 정렬을 끝마쳤습니다. 왕께서 내려오셔서 시험해보셔도 좋습니다. 왕께서 원하신다면 그들은 불 속이라도 뛰어들 것입니다."

오나라 왕은 말했다.

"장군은 그만 훈련을 그치고 숙사로 돌아가라. 과인은 내려가 보기를 원하지 않노라."

손무는 말했다.

"왕께서는 한낱 병법에 적힌 말만을 좋아할 뿐 그것을 실제로 쓸 줄은 모르십니다."

그러자 합려는 마음이 움직여 마침내 손무를 장군으로 임명했다. 그 뒤, 오나라가 서쪽의 강력한 초나라를 무찌른 다음 수도 영을 차지하

　　　　　　　　　　　　　　| 손무·손빈 |

고, 북쪽으로 제나라와 진晉나라를 위협하여 제후들 사이에 이름이 알려지게 된 것은 모두 손무의 공이었다.

다리를 잘리고 병법서에 이름을 올리다

손무가 죽은 뒤 100여 년이 지나서 제나라 출생의 손빈이라는 병법가가 나타났다. 손빈은 손무의 후손이었다. 손빈은 일찍이 방연과 함께 병법을 배웠다. 그런데 방연이 먼저 출세하여 위魏나라에서 혜왕惠王의 장군이 된 후 몰래 사람을 보내 손빈을 불렀다. 방연은 자기보다 뛰어난 손빈의 재능을 늘 시샘하고 두려워했다. 아무리 노력해도 자신의 재능이 손빈을 따를 수 없다고 생각한 방연이 마침내 손빈을 없애려고 계획을 세운다.

방연은 손빈이 위나라에 도착하자 두 다리를 절단하는 형벌인 빈형에 처하였다. 그리고 얼굴에다 칼로 흠집을 내어 먹으로 죄목을 새겨 넣는 형벌인 자자형刺字刑까지 가했다. 손빈의 활동 반경을 제약하고 아예 얼굴을 들고 세상에 나돌아다니지 못하게 하려는 의도였다.

제나라 사자가 위나라에 오게 되었을 때, 손빈은 몰래 그 사자를 만나 구원을 요청했다. 제나라 사자는 손빈이 대단한 재주를 가진 사람이라 생각하고 수레에 몰래 태워 제나라로 데려갔다. 제나라 장군 전기田忌는 손빈의 재능을 인정하여 귀한 손님으로 예우해주었다.

당시 전기가 제나라의 공자公子들과 마차 경주를 자주 하고 있을 때였다. 손빈이 보니 말들이 각기 상·중·하 세 등급이었다. 손빈이 전기에게 말했다.

"장군께서는 내기를 크게 하셔도 좋습니다. 신이 장군이 이길 수 있
도록 하겠습니다. 먼저 장군의 하등마와 상대방의 상등마를 대결하게
하고, 장군의 상등마와 상대의 중등마를, 그 다음 장군의 중등마와
상대방의 하등마를 대결하게 하십시오."

세 번의 경마 결과, 전기는 한 번만 지고 두 번 승리를 거뒀다. 마침내
왕의 천금을 전기가 차지하게 되었다. 손빈의 재주에 감탄한 전기가 손
빈을 왕에게 추천했다. 손빈이 왕에게 병법을 설명하자 왕이 군사軍師
로 삼았다.

그 후 위나라가 조나라를 공격하자, 위급한 상황에 처한 조나라가 제
나라에 구원을 청해왔다. 왕이 손빈을 장수로 삼으려 하자, 손빈이 사
양했다.

"형벌을 받은 적이 있는 자가 장수가 됨은 옳지 않습니다."

그래서 왕은 전기를 장군으로 임명하고, 손빈을 군사로 삼아 휘장 친
수레 속에 앉아 작전을 구상하도록 했다. 전기가 군대를 이끌고 조나라
로 가려고 하자 손빈이 말했다.

"얽힌 실을 풀려고 할 때에는 주먹으로 쳐서는 안 되며, 싸움을 말리
려고 할 때도 주먹을 휘둘러서는 안 됩니다. 전쟁도 이와 마찬가지입니
다. 급소를 치고 빈틈을 찔러 위나라의 형세를 불리하게 만들면 저절로
물러날 것입니다. 지금 위나라는 조나라와 총력전을 펼치느라 날쌘 정
예군대는 모두 국외로 빠져나가고, 국내에는 힘 없고 지친 노약자들만
있을 것입니다. 그러니 장군께서는 어서 위나라의 수도인 대량을 치십
시오. 그러면 그들은 조나라 공격을 중단하고 자기 나라를 구하러 돌아

올 것입니다. 그때 지치고 쇠약해진 위나라를 기습하면 됩니다. 이것이야말로 일격에 조나라를 구원하고 위나라를 피폐하게 만드는 방법입니다."

전기가 그 계책을 따르니 위나라는 과연 조나라의 수도 한단邯鄲에서 물러났다. 제나라 군대는 계릉桂陵에서 위나라의 군사를 신나게 쳐부술 수 있었다.

배신한 친구를 죽이고 후세에 이름을 전하다

그로부터 13년 뒤, 위나라와 조나라가 함께 한韓나라를 공격했다. 한나라가 제나라에 위급함을 호소하니, 제나라에서는 전기를 장수로 삼아 구원군을 보내 곧장 대량으로 쳐들어가게 하였다. 위나라의 장수 방연은 그 소식을 듣고는 한나라 공격을 중지하고 본국으로 돌아갔으나, 제나라의 군사는 이미 위나라 국경을 지나서 서쪽으로 가고 있었다.

손빈이 전기에게 계책을 내놓았다.

"위나라 군사들은 본래 사납고 용맹스러워서 제나라를 가볍게 여기며 제나라 군사들을 겁쟁이라 부르며 깔보고 있습니다. 진실로 싸움을 잘하는 자는 불리한 형세를 유리하게 만드는 법입니다. 병법에 '승리를 얻고자 100리 되는 거리를 다투어 달려가면 상장군上將軍을 잃게 되고, 승리를 얻고자 50리의 거리를 다투어 달려가면 겨우 군사들의 절반만 도착한다'고 했습니다. 우리 제나라 군대가 위나라 땅에 들어서면 10만 개의 밥짓는 아궁이를 만들게 하고, 다음날에는 5만 개의 아궁이를

손무의 《손자병법》은 중국뿐 아니라 전 세계적으로 유명하다. 싸움이 끊이지 않았던 춘추전국시대에는 전쟁에 이기기 위해서 무엇보다 뛰어난 전략이 필요했다. 그 후 손빈의 뛰어난 전술로 제나라가 위나라의 군대를 전멸시켰다.

만들게 하며, 또 그 다음날에는 3만 개의 아궁이를 만들게 하십시오."

　방연은 제나라 군대를 추격한 지 사흘째가 되었을 때, 아궁이 숫자가 줄어든 것을 보고 희희낙락했다.

　"제나라 군대가 겁쟁이란 걸 진작부터 알고 있었지만, 우리 땅에 들어온 지 사흘 만에 도망친 병사가 반도 더 될 줄은 몰랐도다!"

　그리고는 보병들은 남겨두고 날쌘 정예부대들만 데리고 밤낮으로 제나라 군대의 뒤를 쫓아갔다. 손빈은 방연의 추격 속도를 헤아려 보니 날이 저물면 틀림없이 위나라의 마릉馬陵에 도착할 것이라 생각했다.

　마릉은 길이 좁고 막힌 데가 많으며 길 옆은 천길 낭떠러지여서 군사들을 숨겨두기에 알맞았다. 손빈은 큰 나무의 껍질을 벗겨내고 눈에 잘

띄도록 희게 칠한 뒤 '방연, 이 나무 아래에서 죽을 것이다'라고 써놓았다. 그리고는 제나라 군사 중에서 활을 잘 쏘는 사람들을 골라 길 양 옆에 매복시켰다. 그런 후 밤에 불빛이 보이거든 일제히 활을 쏘라는 명령을 내렸다.

밤이 되자 과연 방연이 큰 나무 아래에 이르러 흰 글씨가 새겨진 것을 발견하고는 불을 밝혀 글씨를 비추었다. 그 순간 제나라 군사들의 화살이 일제히 날아들었다. 위나라의 군사들은 혼비백산하여 흩어졌다. 방연은 자기의 지혜가 모자라서 손빈에게 당한 것임을 알아차리고, "결국 놈의 이름을 세상에 떨치게 하였구나!" 하고 울부짖으며 스스로 목숨을 끊었다.

제나라 군대는 이 승리의 기세를 몰아 위나라의 군대를 전멸시키고 위나라의 태자 신申을 포로로 잡아 돌아왔다. 이 일로 손빈은 천하에 이름이 드러나게 되었으며, 그의 병법이 세상에 널리 전해지게 되었다.

오기

출세를 위해 아내를 버리다

오기吳起는 위衛나라 사람으로 병법을 끔찍이 좋아했다. 그는 공자의
제자인 증자曾子에게서 배웠으며, 노나라 군주를 섬겼다. 제나라가 노
나라를 공격하자, 노나라에서는 오기를 장군으로 삼고자 했다. 그런데
오기의 아내가 제나라 여자여서, 노나라는 오기와 제나라의 관계를 의
심했다.

그러자 오기는 출세를 위해 아내를 죽여 제나라 편이 아님을 증명해
보였다. 마침내 노나라는 그를 장군으로 삼았다. 오기는 병사들을 이끌
고 제나라를 쳐서 대승을 거두었다.

노나라 사람 중 어떤 이는 오기를 이렇게 악평했다.

"오기란 자는 의심이 많고 잔인하다. 그의 집안은 원래 천금의 부자였지만 그가 젊었을 때 돈으로 벼슬자리를 구하러 돌아다니느라 그 많은 재산을 탕진했다. 마을사람들이 이를 비웃자, 그는 자신을 비웃는 사람들을 30여 명이나 죽이고 위衛나라를 도망쳐 나왔다. 오기는 어머니와 헤어지면서 자기 팔을 깨물어, '소자는 재상이 되지 않으면 결코 고국에 돌아오지 않을 것입니다'라고 약속했다. 그 뒤 증자를 섬겼는데, 얼마 뒤에 어머니가 죽었는데도 돌아가지 않았다. 증자가 이를 꾸짖으며 그를 파문하자 오기는 노나라로 가서 병법을 배워 노나라 군주를 섬겼다. 그런데 오기는 노나라 군주가 자기를 의심하자 출세를 위해 아내를 죽이면서까지 장군이 되었다. 노나라와 같은 작은 나라가 제나라와 같은 큰 나라와의 싸움에서 이겼다는 사실이 천하에 알려지면 곧 모든 제후들은 우리를 공격 대상으로 삼을 게 틀림없었다. 게다가 노나라와 위나라는 형제지간의 나라인데 오기를 중용한다면 위나라와 원수가 되는 게 아닌가."

이러한 소문을 들은 노나라 군주는 오기를 미덥지 않게 여겨 마침내 멀리하기 시작하였다.

은혜를 베푸는 것도 병법의 하나

이때 오기는 위魏나라 문후文侯가 현명하다는 말을 듣고 그를 섬기려 하였다. 문후가 이극李克에게 물었다.

"오기는 어떤 사람인가?"

"오기는 탐욕스럽고 여색을 좋아합니다. 그러나 군사를 부리는 일만큼은 사마양저도 따라가지 못합니다."

이 말을 듣고 위나라 문후는 오기를 장군으로 삼아 진秦나라를 쳐서 5개의 성을 함락시켰다.

오기는 장군이 되자 신분이 낮은 병사들과 같은 옷을 입고 식사를 함께 하였다. 잘 때에는 자리를 깔지 못하게 하였으며 행군할 때에도 말이나 수레를 타지 않고 자신의 식량은 직접 짊어지고 다니는 등 병사들과 함께 고통을 나누었다.

한번은 병사 가운데 등에 큰 부스럼이 나서 고통스러워하는 사람이 있었는데, 오기는 그 병사를 위해 고름을 입으로 빨아주었다. 병사의 어머니가 그 소식을 듣고는 통곡하자 옆에 있던 사람이 의아해 물었다.

"아들의 고름을 장군이 친히 빨아주었는데, 어찌 통곡합니까?"

그러자 오기의 어머니가 이렇게 말했다.

"그렇지 않습니다. 작년에 장군께서 그 애 아버지의 등창을 빨아준 적이 있었는데 그이는 감격한 나머지 용감하게 싸움터에 나가 싸우다 결국 죽고 말았습니다. 장군이 지금 또 아들의 등창을 빨아주었으니 자식도 죽기를 각오하고 싸우다 어딘가에서 분명히 전사할 게 틀림없습니다. 그래서 우는 것입니다."

험난한 지형보다 임금의 덕행이 보배

문후는 오기가 용병에 뛰어나고 청렴·공평하여 모든 병사들의 신망을 얻고 있으리라 믿었다. 그래서 그를 서하西河의 태수로 삼아 진나라와 한나라를 방비하도록 했다.

위나라 문후가 죽자 오기는 그의 아들 무후武侯를 섬기게 되었다.

어느날 무후가 배를 타고 서하를 내려가다가 주위 산세를 돌아보며 오기에게 이렇게 말했다.

"기막히도다, 산천의 험난함이여! 이것이 위나라의 보배로구나!"

이 말에 오기는 이렇게 말했다.

"나라의 보배는 임금의 덕행에 있는 것이지 지형의 이점에 있지 않습니다. 하나라의 걸왕桀王이 살던 곳은 황하와 제수濟水를 왼쪽에 끼고 대산泰山과 화산華山이 그 오른쪽에 있으며 이궐(용문산)이 그 남쪽에 있고 양장羊腸(태행산에 있는 고갯길)이 그 북쪽에 있었지만, 어진 정치를 베풀지 않아 은나라의 탕왕에게 쫓겨났습니다. 또 은나라 주왕의 나라는 왼쪽에 맹문산을 두고 오른쪽에 태행산, 북쪽으로는 상산을 두고 남쪽으로는 황하가 지나고 있었지만, 주왕이 정치를 함에 덕을 베풀지 않아 무왕에게 죽임을 당했습니다. 이렇게 보면 나라를 다스리는 데 중요한 것은 임금의 덕행에 있지 지형의 험난함에 있는 것이 아닙니다. 만약 임금께서 덕을 닦지 않으시면 앞으로 이 배 안에 있는 사람들도 모두 적이 될 것입니다."

무후가 무릎을 치며 말했다.

"옳은 말이로다."

오기는 왜 재상이 될 수 없었는가

오기가 서하의 태수로서 어진 정치를 편다는 칭송이 자자했다. 그런데 무후는 전문田文을 재상으로 임명했다. 그러자 재상의 자리에 오르지 못한 오기가 불쾌한 표정으로 전문에게 따졌다.

"국가의 공을 가지고 그대와 나를 비교해보으면 하오. 어떻소?"

전문이 대답했다.

"좋소."

오기가 물었다.

"장군으로서 병졸들에게 죽음을 무릅쓰고 싸우게 하고, 적국이 감히 우리를 넘보지 못하게 한 공에서는 나와 그대 중 누가 더 낫소?"

전문이 대답했다.

"내가 그대만 못하지요."

오기가 물었다.

"백성을 나라에 충성하게 하고 민심을 순화시키고 국고를 충실하게 한 공에서는 나와 그대 중 누가 더 낫소?"

"내가 그대만 못하지요."

다시 오기가 물었다.

"서하를 수비하여 진나라에게 공격할 틈을 주지 않고, 한나라와 조나라를 복종하게 만든 공에서는 나와 그대 중 누가 더 낫소?"

전문은 이번에도 이렇게 대답했다.

"내가 그대만 못하지요."

오기가 물었다.

"이 세 가지 점에서 그대는 다 나보다 못함에도 나보다 윗자리에 있는 것은 무슨 까닭이오?"

전문이 대답했다.

"왕이 아직 어려서 나라가 안정을 찾지 못하고, 신하들은 말을 들으려 하지 않으며, 백성들 또한 왕을 믿지 못하고 있소. 이런 시기에 그대와 나 어느 쪽이 재상으로 적합하겠소?"

오기는 한참을 곰곰이 생각하더니 말했다.

"나라도 그대에게 맡기겠소."

전문이 말했다.

"이것이 바로 내가 그대보다 윗자리에 있는 까닭이오."

오기는 비로소 자기가 전문만 못하다는 것을 깨달았다.

임금의 시체 위에 엎드려 죽은 오기

전문이 죽은 다음 공숙公叔이 그 뒤를 이어 재상이 되었다. 공숙은 위나라의 공주를 아내로 맞이하여 막강한 권세를 휘둘렀다. 하지만 오기가 늘 눈에 거슬렸다. 어느 날 주인의 속마음을 눈치챈 하인이 공숙에게 속삭였다.

"지조가 있고 청렴한 사람은 명예에 집착하는 법입니다. 오기의 사람됨도 이러하니 나리께서 먼저 무후께 이렇게 아뢰십시오. '오기는 현인입니다. 그런데 위나라는 약소국이고 강국인 진나라와 국경을 접하고 있으니 오기의 마음은 분명 위나라에 오래 머물지 않을 것입니다.

오기에게 공주를 아내로 주겠다고 시험해보십시오. 오기가 위나라에 남아 있을 생각이라면 이 명을 받아들일 것이고, 생각이 없다면 반드시 사양할 것입니다.' 그리고는 오기를 집으로 초대하여 오기가 보는 앞에서 공주가 나리를 깔보도록 만드십시오. 이를 보면 오기는 공주를 별로 좋지 않게 생각할 것이고, 그러면 틀림없이 임금의 명이라도 사양할 것입니다."

얼마 후 오기는 공숙의 집에 초대를 받았다. 그 자리에서 오기는 공주가 재상인 공숙을 깔보는 것을 보고 무후의 청을 사양하였다. 그 때문에 오기는 무후의 눈 밖에 나고 말았다. 오기는 불안해하다가 죄를 입을까 두려워 초나라로 갔다. 초나라 도왕悼王은 오기의 명성을 익히 들어 왔으므로 그가 오자마자 재상으로 중용했다. 오기는 초나라의 법령을 정비하고 군대 양성에 힘을 기울였다. 그가 주장하는 정치의 핵심은 나라를 부유하게 하고 군대를 강하게 만들어, 세 치 혀로 나라를 들었다 놨다 하는 유세객들의 입을 틀어막는 데 있었다. 그리하여 이웃나라들을 하나씩 점령해가니 제후들은 초나라가 점점 강성해지는 것을 두려워했다. 더구나 초나라에서 오기의 권력이 더욱 막강해지자 왕족들은 그를 해치려고 기회를 엿보았다.

도왕이 세상을 뜨자 기회를 엿보던 조정 대신들과 왕족들이 마침내 난을 일으켜 오기를 공격하였다. 도망치던 오기는 더 달아날 길이 없자 도왕의 시신 위에 엎드렸다. 오기를 공격하던 무리들이 오기를 활로 쏘아 죽였는데 그때 도왕의 시체에도 화살이 박히게 되었다.

도왕의 장례식이 끝난 후 태자가 즉위하여 영윤令尹(초나라의 최고 관직)에게 오기를 활로 쏠 때 왕의 시신에까지 화살을 쏜 자들을 모두 베

오기는 공자의 제자 증자에게서 학문을 배웠고, 노나라 군주를 섬겼다. 제나라가 노나라를 공격하자,
출세를 위해 아내를 죽이고 노나라 장군이 되어 제나라를 물리친다. 초나라 도왕이 오기의 명성을 듣
고, 재상으로 중용하지만, 도왕이 죽자 조정 대신들은 오기를 공격한다.

| 실전 병법의 최고수 |

어 죽이게 했다. 이로써 오기의 일에 연루돼 죽은 일족이 70여 집에 이르렀다.

세상에서 병법을 말하는 자들은 모두 《손자병법》과 《오기병법》을 말한다. 이 두 책은 세상에 많이 알려져 있으므로 서술하지 않고 그들의 행적과 계책에 관해서만 말하였다.

옛말에 "실행 잘하는 사람이 반드시 말을 잘하는 것은 아니며, 말을 잘하는 사람이 반드시 실행을 잘하는 것은 아니다"라고 했다.

손빈이 방연을 해치운 계략은 뛰어난 것이었으나, 그 전에 다리가 잘리는 형벌을 막지는 못했다. 오기는 무후에게 지형의 험난함이 임금의 덕행만 못하다고 말했지만, 초나라에서 행한 그의 정치는 각박하고 인정이 없어 목숨까지 잃었으니 어찌 슬픈 일이 아닌가?

죽어서도 눈을 감지 못한 복수의 화신

오자서

미녀 때문에 부자의 천륜마저 끊어버리고

오자서伍子胥는 초나라 사람으로 이름은 운員이다. 그의 아버지는 오사伍奢이고, 형은 오상伍尚이다. 그의 조상 중에 오거伍擧라는 사람이 초나라 장왕莊王을 잘 섬겨 오씨 집안은 초나라에서 명성이 높았다. 따라서 그 후손들은 초나라에서 이름 있는 가문이 되었다.

초나라 평왕平王에게는 건建이라는 태자가 있었다. 평왕은 오사를 태자의 태부太傅로 삼고, 비무기費無忌를 소부少傅로 삼는데, 비무기는 태자에게 충성을 다하지 않았다. 어느 날 평왕은 비무기를 불러 진나라로 가서 태자비로 삼을 여자를 맞이해오라고 하였다. 그런데 비무기는 진나라 공주가 미인인 것을 알고는 다녀와서 다음과 같이 말했다.

"진나라 여인은 절세 미녀입니다. 왕께서 먼저 진나라 공주를 왕비로 맞이하시고, 태자를 위해서는 다른 아내감을 구하게 하십시오."

그러자 여자를 밝혔던 평왕은 비무기의 아첨에 넘어가 진나라 미녀를 왕비로 맞이하였고 아들 진珍을 낳게 되었다. 그리고 태자 건에게는 다른 여자를 아내로 맞이하게 했다. 비무기는 진나라 공주의 일로 평왕에게 잘 보인 후에 태자를 버리고 평왕을 섬겼다. 그런데 그에게는 한 가지 큰 걱정이 있었다. 만일 하루아침에 평왕이 죽고 태자가 임금의 자리에 오른다면, 자기는 죽은 목숨이나 진배없었다.

그것을 두려워한 비무기는 자기가 살기 위해 태자 건을 모함하기 시작하였다. 그 때문에 평왕은 차츰 태자 건을 멀리하더니 끝내는 성보읍이라는 변방으로 보내 국경을 지키는 장수로 삼았다. 비무기는 그래도 안심이 되지 않자 계속 태자 건을 헐뜯었다.

"태자가 진나라 여인의 일로 분명 원한을 품고 있을 것입니다. 태자가 변방의 군대를 거느리게 된 후부터 나라 밖의 제후들과 사귀고 있습니다. 분명 반란을 일으킬 조짐입니다."

화가 난 평왕은 태자의 태부인 오사를 불러 자초지종을 캐물었다. 오사는 비무기가 태자를 헐뜯는 것을 알고 있었으므로 이렇게 간했다.

"왕께서는 어찌 하찮은 신하의 참소만 믿고 골육의 정을 끊으려 하십니까?"

그러나 의심이 많은 평왕은 비무기의 참소를 철석같이 믿고는 오사를 옥에 가두고 태자를 죽이라고 명했다. 겁에 질린 태자는 송나라로 달아났다.

| 오자서 |

운명을 달리 정한 두 형제

태자 건을 놓친 비무기는 계속해서 참소를 했다.

"오사에게는 두 아들이 있는데 모두 현명합니다. 지금 그들을 죽이지 않는다면 장차 초나라의 걱정거리가 될 것입니다. 그 아비를 인질로 삼아 아들을 불러들여 후환을 제거하십시오."

평왕은 비무기의 말에 고개를 끄덕이고는 오사에게 사신을 보내 말을 전했다.

"너의 두 아들을 불러들이면 살려주겠지만, 그렇게 하지 못하면 죽일 것이다."

옥에 갇힌 오사가 당당하게 말했다.

"큰아들 상은 사람됨이 어질어서 아비가 부른다고 하면 반드시 올 것이오. 그러나 자서는 다릅니다. 강건하고 모질어 치욕을 참고 능히 큰일을 도모할 것이오. 그 녀석은 이곳에 와도 가족이 모두 죽을 것을 뻔히 알기에 결코 오지 않을 것입니다."

왕은 이 말을 곧이 듣지 않고 오사의 두 아들에게 사람을 보냈다.

"지금 당장 달려오면 너희 아비를 살려주겠지만 그렇지 않으면 너희 아비를 죽이겠다."

소식을 들은 오상이 아버지에게 가겠다고 하자 동생 오운이 말렸다.

"초나라 왕이 아버지를 살려준다는 말은 새빨간 거짓말입니다. 아버지를 인질로 삼아 우리 가족을 모두 죽이려는 흉계입니다. 뒷날의 후환을 없애려는 것이지요. 지금 우리가 간들 아버지의 죽음에 무슨 보탬이 되겠습니까? 우리 모두 죽는다면 아버지의 원수를 갚을 길이 없습니다.

태자 건을 모시고 있던 오사가 비무기의 계략으로 옥에 갇히는 신세가 되자, 큰아들 오상은 아버지를 따라죽는 길을 택하고, 작은아들 오자서는 일단 몸을 피한 뒤 훗날 복수할 것을 기약한다.

차라리 다른 나라로 달아났다가 병력을 빌려 원수를 갚읍시다."

그러자 형 오상이 말했다.

"나도 그 사실을 안다. 그러나 아버지께서 목숨을 구하고자 나를 부르시는데, 어찌 나만 살 길을 구하겠느냐. 그렇게 목숨을 부지하고 있다가 훗날 아버지의 치욕도 씻지 못한다면 천하의 조롱거리가 될 뿐이다."

그리고는 오운에게 말했다.

"너는 몸을 피하거라. 너라면 아버지의 원수를 갚을 수 있을 것이다. 나는 아버지가 계신 곳으로 가서 아버지와 함께 죽음을 맞을 것이다."

이렇게 해서 오상은 순순히 왕의 사자를 따라갔고, 오자서는 송나라로 도망쳤다.

"장차 초나라의 군주와 신하들은 전란으로 고통을 받겠구나!"

오자서가 송나라에서 태자 건을 모시고 있다는 소식을 듣고 오사는 이렇게 말했다. 그러나 큰아들 오상은 초나라에 도착하자마자 아버지 오사와 함께 죽임을 당하였다.

오나라에서 때를 기다리다

오자서가 송나라에 도착했을 때 화씨華氏의 난(송나라 원공元公 때 송나라 대부인 화해華亥, 화정華定 등이 일으킨 반란)이 일어났다. 그는 태자 건과 함께 다시 정鄭나라로 도망쳤다. 정나라 사람들은 그들을 잘 대접해주었으나 태자 건은 다시 진晉나라로 떠났다. 작은 정나라는 자기에게 힘이 되지 못할 것이라고 여겼기 때문이다. 진나라 경공頃公이 말했다.

"정나라에서는 태자를 신임하고 있소. 태자가 정나라로 돌아가 안에서 나를 도와주고 내가 밖에서 공격하면 정나라를 멸망시킬 수 있을 것이오. 정나라가 멸망하면 태자를 그곳의 왕으로 봉하겠소."

태자는 진나라 경공의 말을 믿고 정나라로 돌아갔다. 그러나 그가 데리고 있던 종이 진나라와 내통한 사실을 밀고하여 죽임을 당하고 말았다.

태자 건에게는 승勝이라는 아들이 있었다. 해를 입을까 겁이 난 오자서는 승을 데리고 오나라로 달아났다. 그들이 소관昭關(초나라의 관문으로, 오나라와 초나라 사이에 있다)에 이르렀을 때 소관을 지키는 병사들이 그들을 붙잡으려고 하였다. 오자서는 승과 헤어져 혼자 도망쳤으나 거의 붙잡힐 지경에 이르렀다. 오자서가 강가에 이르렀을 때 강 위에서 한 어부가 노를 젓고 있는 모습이 눈에 들어왔다. 오자서가 다급히 간청하자 어부는 강을 건네주었다.

목숨을 건진 오자서는 배에서 내리면서 자기의 칼을 풀어 어부에게 주었다.

"이 칼은 백금百金의 가치가 나갑니다. 감사의 표시이니 받으십시오."

오자서의 말에 어부는 고개를 저었다.

"초나라에서는 오자서를 붙잡는 자에게 곡식 5만 석과 높은 벼슬을 준다고 하였소이다. 내 만일 이익을 탐한다면 어찌 이런 백금의 칼로 만족하겠소."

어부는 끝내 사양했다.

오자서가 오나라에 이르렀을 때는 왕 요僚가 막 정권을 장악하고, 공자 광光이 장군으로 있었다. 오자서는 공자 광을 통하여 오나라 왕을 알

오자서는 목숨을 구해준 어부에게 백금의 가치가 있는 검을 주었지만, 어부는 끝내 사양했다.

현하게 되었다.

한편, 초나라 국경 마을인 종리鍾離와 오나라 국경 마을인 비량지卑梁氏의 사람들은 모두 누에를 치며 살았는데, 이 두 마을의 여자들이 서로 뽕잎을 차지하려다가 싸움이 일어나게 되었다. 초나라 평왕은 크게 화가 났고, 두 나라는 군대를 동원하여 서로 싸우기에 이르렀다. 오나라에서는 공자 광에게 초나라를 치게 하였다. 공자 광이 초나라의 종리와 거소居巢를 함락시키고 돌아오자, 오자서는 오나라 왕 요에게 이렇게 권하였다.

"초나라를 무너뜨릴 수 있으니, 다시 공자 광을 보내십시오."

공자 광은 오나라 왕에게 이렇게 말했다.

"오자서의 아비와 형이 초나라에서 죽임을 당했습니다. 그가 왕에게 초나라를 치기를 권하는 것은 자신의 복수 때문입니다. 설령 초나라를 친다고 해도 아직은 멸망시킬 수 없습니다."

공자 광은 오나라 왕을 죽이고 왕위에 오르려는 속셈이 있는 자였다. 그것을 알아챈 오자서는 아직 나라 밖의 문제를 가지고 말할 시기가 아님을 깨닫게 되었다. 그래서 공자 광에게 전제專諸라는 사람을 추천하고 자신은 물러나 태자 건의 아들 승과 함께 초야에서 농사를 지으며 살았다.

그로부터 5년 뒤 초나라 평왕이 죽었다. 다음 왕으로 평왕이 태자 건에게서 가로챈 진나라 여자의 아들 진軫이 올랐으니 그가 바로 소왕昭王이다.

오나라 왕 요는 초나라의 국상을 기회로 군대를 보내 초나라를 습격하게 하였다. 공자 광은 도성이 비게 된 틈을 타, 전제를 시켜 오나라 왕 요를 찔러 죽이게 하고 왕위를 차지했다. 그가 바로 오왕 합려이다.

오나라의 힘을 빌려 초나라를 깨다

합려는 뜻을 이루자 오자서를 불러 행인行人(외무대신급 관직) 벼슬을 주어 함께 국사를 모의하였다. 한편 초나라에서는 대신 극완과 백주리가 죽임을 당하자, 백주리의 손자인 백비가 오나라로 도망쳐 왔다. 오나라에서는 백비를 대부로 삼았는데, 오자서의 천거로 등용된 것이었다.

어느 날 오나라 대부 피리가 오자서에게 조심스럽게 물었다.

"당신은 백비를 남다르게 대하는데, 무슨 특별한 이유라도 있는지요?"

오자서가 탄식하며 말했다.

"나는 초나라에서 아버님과 형님을 잃었고, 백비의 가족들 역시 초나라에서 억울하게 죽임을 당했소. 그대는 어부들이 이런 노래를 부르는 것을 들어봤소? '같은 병을 앓는 사람끼리는 서로 가엾게 여기고, 같은 근심거리가 있으면 서로 돕는다. 놀란 새는 함께 날아오르고 내려앉을 때도 같이 앉는구나. 호마胡馬(북쪽 오랑캐 말)는 북풍이 불면 울고, 월조越鳥는 고향 생각에 남쪽으로 둥지를 틀고 있네.' 이 노래가 나와 백비의 신세를 그대로 말해주는 것 같소."

이 말을 듣고 피리가 경고했다.

"이해합니다. 그러나 백비를 경계하십시오. 그의 눈은 독수리 눈과 같고 걸음걸이는 호랑이 같습니다. 관상을 보니 이런 인물은 틀림없이 명예욕이 강하고 잔인하며 공로를 독차지합니다."

그러나 오자서는 피리의 말을 마음에 담아두지 않았다.

합려는 왕위에 오른 지 3년 만에 군사를 일으켜 오자서와 백비에게 초나라를 치도록 했다. 합려가 초나라의 수도 영까지 치려고 하자, 장군 손무가 제지했다.

"전쟁으로 백성들이 지쳐 있으니 아직은 때가 이릅니다."

합려는 이 말에 수긍하고 철수했다.

그로부터 6년이 지나, 오나라는 그동안 사소한 전투에서 많은 승리를 거둬 기세가 충만했다. 합려가 오자서와 손무에게 말했다.

"과거에 그대들이 초나라의 수도 영을 함락하는 것은 아직 이르다고 했는데 지금은 어떻소?"

오자서, 손무 두 사람의 입에서 나오는 말은 같았다.

"초나라 장수 낭와는 탐욕스럽기 때문에 속국인 당唐나라와 채蔡나라가 원한을 품고 있습니다. 그러니 당나라와 채나라를 우리 편으로 끌어들인다면 영을 점령할 수 있을 것입니다."

합려가 두 사람의 계책을 받아들여 당나라·채나라와 손을 잡고 공격하니 초나라 소왕은 수도 영을 버리고 도주하여 운몽雲夢 땅으로 들어섰다가 다시 운나라로 달아났다. 그러나 초나라 평왕 때부터 악행을 저질렀기 때문에 민심은 소왕 편이 아니었다.

해는 저물고 갈 길은 멀구나

예전에 오자서에겐 신포서申包胥란 친구가 있었다. 오자서가 초나라를 탈출할 때 신포서에게 이렇게 말한 적이 있었다.

"내 반드시 돌아와 초나라를 뒤엎어 버릴 것이다!"

그러자 신포서가 맞받아쳤다.

"나는 반드시 초나라를 지킬 것이다!"

오나라 군사들이 초나라 영에 입성했을 때, 오자서는 초나라 평왕의 무덤을 파서 그의 시신을 꺼내 채찍으로 300번이나 내리쳤다. 신포서는 산중으로 도망가다 이 사실을 전해 듣고 오자서에게 사람을 보내 다음과 같이 말했다.

"아무리 원수를 갚는 일이라 해도 그대는 사람의 도에 크게 어긋나는 끔찍한 일을 저질렀다. 내가 듣기로 '사람이 많으면 하늘을 이길 수 있으나, 일단 하늘의 뜻이 정해지면 사람을 깨뜨릴 수 있다'고 한다. 그대는 일찍이 평왕의 신하로서 그를 섬겼던 자이다. 그런데 그 시신을 끔찍스럽게 욕보였으니 이보다 하늘을 거역하는 일이 어디 있겠는가?"

그러자 오자서가 말했다.

"당장 가서 신포서에게 전하라. 내가 살 수 있는 날은 점점 저물어 가는데, 아직 가야 할 길은 멀기만 하니 어쩔 수 없었다고."

영에서 탈출한 신포서는 진나라를 찾아가 구원을 청했다. 그러나 진나라는 초나라가 망해가는 것을 고소하고 있던 터여서 어림도 없었다. 그러자 신포서는 진나라의 궁전 뜰에 서서 칠일 밤낮을 통곡하였다. 그를 가엾게 여긴 진나라 애공哀公이 말했다.

"초나라는 비록 사람의 도리를 찾아볼 수 없었으나 이런 충신이 있으니 어찌 망하게 내버려둘 수 있겠는가?"

그리고는 전차 500대를 보내 초나라를 도와 오나라를 공격하게 하였다. 6월에 초나라와 진나라 연합군은 오나라 군대를 직稷 땅에서 무찔렀다.

한편 오나라 왕 합려가 초나라에 머물면서 소왕을 잡으려고 하는 사이, 합려의 사촌동생 부개가 오나라에서 왕위를 차지했다. 이 소식을 들은 합려는 초나라를 포기하고 자기 나라로 돌아와 부개를 물리치고 다시 왕위에 앉았고, 부개는 패하여 초나라로 도망갔다.

초나라 소왕은 오나라에 내란이 일어난 것을 알고는 이 틈을 타 영으로 돌아왔다. 초나라는 다시 오나라와 맞서 싸워 이기니, 오나라 왕은 자기 나라로 돌아가 버렸다.

복수전의 최후 승자

2년 뒤 합려는 오자서와 손무의 계책을 받아들여 서쪽으로는 초나라를 물리치고, 북쪽으로는 제나라와 진나라를 눌렀으며, 남쪽으로는 월나라 사람들을 굴복시켰다.

그로부터 4년 뒤, 공자孔子가 노나라의 재상이 되었다. 그리고 다시 5년 뒤에는 오나라가 월나라를 공격하였다. 그러나 월나라 왕 구천句踐이 고소姑蘇에서 오나라를 무찌르고 이 와중에 합려가 손가락 부상을 당하자 오나라 군사는 물러났다. 그 뒤 합려는 상처가 더 심해져 목숨을 잃게 되었다. 그는 태자 부차에게 이런 유언을 남겼다.

"너는 월나라 구천이 이 아비를 죽인 것을 잊지 마라."

부차는 다짐했다.

"결코 잊지 않겠습니다."

왕위를 이은 부차는 백비를 태재太宰(왕실의 내외 사무를 관장하는 관직)로 삼고 아버지의 복수를 위해, 스스로 고단한 잠자리를 택해 '섶에서 자며' 군사를 훈련시켰다. 2년 뒤 부차는 월나라를 공격하여 드디어 부초산夫椒山에서 승리를 거두었다. 월나라 왕 구천은 대부 문종文種을 사신으로 보내 백비에게 수많은 뇌물을 바치게 한 뒤 이렇게 빌게 했다.

"나라를 송두리째 오나라에게 바치고, 자신은 오나라 왕의 신하가 되며, 자신의 아내를 오나라 왕의 첩으로 바치겠습니다. 부디 받아주십시오."

월나라의 사신에게서 뇌물을 받은 백비가 옆에서 강력하게 거드니 오나라 왕이 이를 허락하려고 했다. 그러자 오자서가 나서서 간했다.

"월나라 왕은 괴로움과 어려움을 능히 이겨내는 사람입니다. 왕께서 지금 그를 죽이지 않는다면 뒷날 반드시 후회할 것입니다."

그러나 오나라 왕은 백비의 말을 좇아 월나라와 친교를 맺었다. 월나라 왕 구천은 '쓸개를 맛보며' 패배와 치욕을 스스로 상기하면서 복수심을 불태웠다.

'두고 보자. 내 반드시 이 치욕을 갚으리라!'

그로부터 5년 뒤, 오나라 왕은 제나라 경공景公이 죽자 군사를 일으켜 제나라를 공격하였다. 그러자 오자서가 이렇게 간했다.

"구천이 밥 먹을 때에도 두 가지 반찬을 먹지 않으며 백성의 아픔을 제 몸같이 아파하는 것은 장차 그들을 군사로 쓰려 하기 때문입니다. 구천이 죽지 않으면 틀림없이 오나라의 근심거리가 될 것입니다. 오나라 옆에 월나라가 있는 것은 마치 사람의 배와 가슴 속에 병이 있는 것과 같습니다. 이에 비하면 제나라는 기껏해야 팔에 생긴 부스럼에 지나지 않습니다. 그럼에도 왕께서는 먼저 월나라를 처치하지 않고 제나라를 치는 데 힘을 쓰고 계시니 어찌 잘못된 일이 아니겠습니까?"

그러나 오나라 왕은 오자서의 말을 듣지 않고 군사를 출병시켜 제나라와 전투에서 승리를 거두었다. 기세가 등등해진 오나라 왕은 잇따라 나라 밖으로 군대를 출병시켰다. 그 뒤로 오나라 왕은 오자서의 계책을 소홀히 대했다.

오나라 왕의 귀에는 월나라의 뇌물을 받아먹은 백비의 달콤한 말만 들렸다. 그래서 오나라 왕은 백비의 계책대로 월나라의 소수 병력과 연합하여 대병력을 이끌고 본격적으로 제나라를 공격했다. 오나라는 승리할수록 전력이 약화되니 월나라의 의도대로 점점 국력이 기울기 시작했다. 상황이 이러하자 오자서는 오나라 왕에게 월나라를 먼저 쳐야 한다고 다시 간하였다. 그러나 오나라 왕은 이 말을 듣지 않고 오자서를 제나라에 사신으로 보냈다.

오자서는 떠나기 전 아들에게 이렇게 말했다.

"나의 간언을 왕께서는 전혀 듣지 않는구나. 내가 보기에 오나라는 곧 망할 것이다. 너마저 오나라와 함께 망하는 것은 아무런 도움이 되지 못한다."

그리고는 아들을 제나라로 데리고 갔다가 포씨鮑氏에게 맡기고 혼자서 오나라로 돌아와 제나라 정세를 보고했다. 그런데 백비는 이를 빌미로 오자서가 제나라와 밀통한다는 누명을 씌웠다. 오자서를 의심하고 있던 오나라 왕은 사신을 보내 촉루라는 검을 내리며 이렇게 전했다.

"이 검으로 자결하라."

오자서는 하늘을 우러러 탄식했다.

"아, 슬프도다! 참소를 일삼는 신하 백비로 인해 나라가 어지러운데, 왕은 도리어 나를 죽이는구나. 나는 그의 아버지를 패자로 만들었고, 그가 왕이 되기 전 여러 공자들과 왕위를 다툴 때 목숨을 다해서 왕위에 오르게 하는 데 기여했다. 그가 왕위에 오른 후 나에게 오나라를 나누어주려 했으나 나는 받지 않았다. 그런데도 한갓 아첨만 하는 신하의 말만 듣고 덕망 있는 나를 죽이려 하다니!"

그리고는 집안 사람들에게 이렇게 유언했다.

"왕의 관으로 쓸 수 있게 나의 무덤 위에 가래나무를 심어라. 그리고 나의 눈을 빼내 오나라 동문東門 위에 걸어놓아라. 내 반드시 오나라가 망하는 것을 보리라."

그리고는 스스로 목숨을 끊었다.

오나라 왕은 이 말을 전해 듣고 분노하여 오자서의 시체를 말가죽 주머니에 넣어 강물에 던져버리게 했다. 오나라 사람들은 그를 가엾게 여겨 강가에 사당을 세우고 '서산胥山'이라고 이름지었다.

오자서가 죽은 후, 오나라 왕이 나라 바깥에서 계속 전쟁을 벌이는 사이 월나라 왕 구천은 기회를 틈타 오나라로 쳐들어왔다. 구천은 오나라의 태자를 죽이고 오나라 군사들을 무찔렀다. 오나라 왕이 이 소식을 듣고 급히 돌아와 월나라와 화친을 맺었으나 기울고 있는 나라를 다시 일으킬 수는 없었다.

9년 뒤, 월나라 왕 구천은 대병력을 이끌고 가 드디어 오나라를 치고 오나라 왕 부차를 죽였다. 태재 백비 또한 뇌물을 받고 자기와 내통하였다는 이유로 죽여버렸다. 이렇게 하여 오나라는 멸망하고 말았다.

원한을 품고 복수를 하고자 하는 사람은 정말 무섭다. 임금이라도 신하에게 원한을 품게 해서는 안 되거늘, 하물며 동등한 지위에 있는 사람끼리야 어떻겠는가.

일찍이 오자서가 그의 아버지를 따라 죽었다면 그 죽음은 땅강아지나 개미의 죽음과 무엇이 달랐겠는가. 작은 의를 버리고 큰 치욕을 씻어서 이름을 후세에 남겼으니 그 뜻이 비장하다. 추격병에 쫓기고 걸식을 하면서도 수치스럽게 생각지 않고 결국 복수의 뜻을 이뤘으니 장렬한 의기를 지닌 대장부가 아니면 누가 감히 이 일을 할 수 있겠는가!

공자

짧기만 했던 공자의 정치 시대

공자孔子는 노나라 양공襄公 22년, 그러니까 기원전 551년에 창평향 추라는 마을에서 태어났다. 그의 조상은 송나라의 왕족이었는데, 왕위 경쟁에서 밀려나 노나라로 왔다고 한다.

공자의 이름은 구丘이다. 공자가 이런 이름을 갖게 된 데는 사연이 있었다. 공자의 어머니가 이구산泥丘山에서 기도하여 공자를 낳았는데, 눈에 두드러지게 머리에 혹처럼 불룩 튀어나온 데가 있었다. 즉, 짱구였다. 그래서 언덕 구丘 자를 따서 구라고 이름지었으며, 어릴 때의 이름은 중니仲尼였다.

공자가 태어난 지 얼마 되지 않아 그의 아버지 숙량흘이 죽었다. 숙량흘은 64세였을 때 소녀티를 갓 넘긴 안징재와 결혼하였다. 그는 이미 결혼 경력이 있어 딸 아홉에 아들 하나를 두었는데, 그 아들이 절름발이여서 후계자로 마음에 차지 않았다. 그래서 안징재를 본 순간 아들 욕심이 생겨 결혼하여 공자를 낳았던 것이다.

그의 어머니는 나이 많은 사람과 결혼한 사실이 부끄러워 공자에게 아버지의 무덤이 있는 곳도 알려주지 않았다고 한다. 아버지의 묘소조차 몰랐던 공자는 그런 사실이 응어리로 남아 어릴 때에는 제사 그릇을 놓고 제사지내는 놀이를 하며 지내기도 했다. 어른이 된 뒤에는 가정 사정이 어려워 대부 계씨의 창고지기로 지냈다. 그후에는 목장에서 가축을 관리하는 일을 했는데, 공정한 일처리로 여러 사람들에게 인정을 받기 시작했다.

그러면서도 학문에 뜻이 있어 공부를 게을리하지 않았다. 공자는 좋은 스승이 있다는 소문을 들으면 천릿길도 마다하지 않고 찾아가 가르침을 청했다. 그렇게 수 년을 노력한 결과 공자 자신도 차츰 노나라에서 스승으로서 명성을 얻게 되었다.

공자는 주나라에서 예禮에 대해 배우고, 일행과 함께 노자老子를 방문하기도 했다. 그러면서 스스로 철학을 세워나가기 시작했다. 그의 철학의 핵심은 인仁이다. 공자가 주나라에서 돌아온 이후 그의 제자는 점점 많아졌다. 그는 자신의 철학을 현실 정치에 반영하려고 부단히 노력했다. 그러나 노나라의 질서가 계손씨, 맹손씨, 숙손씨 삼대부의 내란으로 무너지자 공자는 제나라로 갔다. 이때 그의 나이 35세였다. 공자는 제나라에서 대부 고소자高昭子의 가신家臣으로 지내게 되었다.

어느 날 제나라 군주 경공이 정치에 관해 공자에게 물었다. 이에 공자는 다음과 같이 대답했다.

"왕은 왕답게, 신하는 신하답게, 아버지는 아버지답게, 아들은 아들답게 본분을 다해야 합니다."

경공은 무릎을 치며 감탄하면서 이렇게 말했다.

"정말 그 말이 맞소. 군신君臣과 부자父子가 그 본분을 다하지 아니하면 군주 된 신분으로 내 어찌 입에 음식을 댈 수 있겠소."

그후 경공이 공자를 다시 불러 물었다.

"어떻게 해야 선정善政할 수 있겠소?"

공자가 대답했다.

"선정은 국비國費를 절약하는 데 있습니다."

경공은 대답에 만족하여 공자를 중용하려고 했으나 재상 안영이 반대했다.

"대개 유학자는 신하로 부리는 데에는 적당치 않습니다. 왜냐하면 그들은 공리공론만 일삼고 고집이 세며 이기적이기 때문입니다. 또한 관리로서도 부적당합니다. 왜냐하면 그들은 장례의식 등 허례허식을 백성들에게 강요하여 가산을 탕진하도록 만드는 등 백성들에게는 해악의 존재이기 때문입니다. 그들은 또 정치하는 사람을 나쁜 길로 빠뜨립니다. 벼슬을 구걸하려고 빚을 얻어 떠돌아다니면서 군주를 현혹하지요. 공자는 쇠약해진 주 왕실의 전통을 계승·전수하겠다며 옛 성인들의 가르침을 들먹이며 예복이니 의식의 행렬이니 조정의 예식 등에 대해 귀찮게 떠들어댑니다. 사람이 한평생 배워도 공자가 말하는 학문과 의식의 예를 습득할 수는 없습니다. 그러하오니 공자를 중용하여 나라의 풍속을 뜯어고치고 서민의 뜻을 바꾸는 것은 오히려 혼란만 초래할 뿐입니다."

그 뒤에도 제나라의 귀족들이 공자를 계속해서 모함했고, 경공 또한 적극적인 의지가 없었기 때문에 공자는 예禮에 대한 이야기는 꺼내지 않았다. 자신이 폐만 끼치는, 필요치 않은 존재임을 깨달은 공자는 제나라를 떠나 노나라로 돌아왔다.

성인은 당대 사람들의 질시를 받고

공자의 나이 42세 때 노나라에 또 내란이 일어났다. 그래서 공자는 정치적 뜻을 일단 접고 학문에 힘써, 시詩·서書·예禮·악樂에 관한 연구를 계속했다. 이후 문하생이 급속히 늘어나 먼 지방에서까지 찾아오는 사람이 적지 않았다.

공자가 학문 연구와 제자 양성에 몰두하는 사이 그의 나이는 어느덧 50세가 되었다. 그의 학문은 원숙한 경지에 이르고 제자들은 더욱 많아졌다. 그동안 공자는 자신의 철학을 정치에 반영시키고 싶다는 욕구를 한 번도 버린 적이 없었다.

이럴 즈음 공산불유라고 하는 반란자가 공자를 초청하였다. 누구보다도 나라를 소란스럽게 만드는 반란자들을 미워했던 공자의 반응이 의외였다.

"주나라의 문왕과 무왕은 풍과 호라는 조그만 땅에서 일어나 마침내 주 왕국을 건설했다. 나 역시 그를 찾아가 정치적 역량을 발휘하여 뜻을 이루고 싶다."

제자들에게 이렇게 말하면서 떠나려 하자 그의 제자 자로子路가 만류

공자는 유가의 창시자로 주나라에서 예를 배우고, 한때 노자를 방문한 적도 있다. 제자들을 데리고 각국을 돌며 유세를 폈는데, 나이 30에 제자 3,000명을 거느렸다.

했다. 그러자 공자가 말했다.

"그가 나를 만나고 싶어하는 것은 예사로운 일이 아니다. 나에게 정치를 맡긴다면 주나라 조정의 권위를 회복한 평왕처럼 일을 펼치고 싶다."

그러나 제자들의 간곡한 만류로 초청에 응하지 못했다.

그후 공자는 노나라에서 중도라는 고을의 읍재邑宰로 등용됐다. 공자는 1년 만에 중도를 모범적인 고을로 만들었다. 공자는 이 일로 인정을 받아 마침내 나라의 법을 총괄하여 다스리는 대사구大司寇가 되었다.

정공定公 10년(기원전 500년) 봄, 노나라는 제나라와 수호 조약을 맺었다. 그런데 그 해 여름, 제나라에서 대부大夫 여서가 경공에게 다음과 같이 경고했다.

"공자가 중용되면서 노나라는 날로 강성해지고 있습니다. 이웃나라에 현인이 있으면 제나라가 위험합니다."

공자를 잘 알고 있던 제나라 경공은 일리가 있다 싶어 노나라에 사신을 보내 정공을 친선 회담 명목으로 협곡峽谷으로 불러냈다. 노나라 정공이 호위대를 동반하지 않고 출발하려 하자 공자가 만류했다.

"문사文士의 회합에는 반드시 무사武士를 동반하고, 무사의 회합에는 반드시 문사를 데리고 가야 합니다. 옛부터 제후는 이웃나라를 방문할 때 항상 호위대를 거느리고 떠났습니다."

그리하여 노나라 정공은 공자와 함께 무사를 대동하고 회의 장소인 협곡으로 떠났다.

협곡의 회의장에는 단壇이 마련되어 있었다. 정공과 경공이 단상으로 올라가서 술을 주고받는 예禮를 마치자 제나라 관리가 나와 아뢰었다.

"양국의 우호를 경축하는 뜻에서 음악을 연주하겠습니다."

제나라 경공이 고개를 끄덕이자, 요란한 북소리가 울리며 창과 칼을 든 무용수들이 앞으로 나와 춤을 추기 시작했다. 공자는 위험을 직감하고 얼른 계단 위로 올라가 넓은 소매를 걷어올리고 말했다.

"친선 회담을 축하하는 마당에 오랑캐의 음악이라니, 너희들은 썩 물러나지 못할까!"

그러나 그들은 물러가지 않고 제나라 경공과 재상 안영의 눈치를 볼 뿐이었다. 이에 공자가 시선을 돌려 경공과 안영을 힐책하듯 주시하니 그제야 경공이 무용수들에게 물러가라고 손짓했다. 무용수들이 물러가자 제나라 관리가 다시 나와 청했다.

"그럼, 이번에는 궁중 음악을 연주할까 합니다."

다시 경공이 고개를 끄덕이자, 광대와 난쟁이들이 춤을 추며 나왔다. 이들 역시 노나라 정공을 해치려는 속셈이었다. 공자가 다시 한 번 강력하게 요구했다.

"비천한 몸으로 제후를 우롱하는 행위는 사형에 처해야 합니다. 당장 조처해주십시오."

그러자 광대와 난쟁이들은 그 자리에서 끌려나가 처형되었다.

제나라 경공은 공자를 도저히 당할 수가 없음을 깨닫고 제나라로 돌아가고 말았다. 경공은 조정에서 신하들을 꾸짖었다.

"공자는 군자의 도로 노나라 임금을 보필했다. 하지만 그대들은 오랑캐의 도로 과인을 가르쳐 군주로서 면목을 잃고 말았다. 어떻게 하면 떨어진 체면을 세울 수 있겠는가?"

한 신하가 앞으로 나와 아뢰었다.

"소인은 과오를 범하면 말로써 수습하지만 군자는 행동으로 수습해야 합니다. 그러니 주군께서 노나라 군주에게 사죄하시려거든, 행동으로 보상하셔야 합니다."

그래서 경공은 일찍이 노나라에서 빼앗았던 땅들을 되돌려주고 정공에게 사신을 보내 사죄의 뜻을 전했다.

대사구 공자는 노나라 정공을 위협하는 삼대부의 권한을 환수하여 군신간의 질서를 명확히 하여 노나라를 안정시켰다. 이 공으로 공자는 재상의 자리에 오르게 되었다. 이때 그의 나이 56세(정공 14년, 기원전 496년)였다.

끝없는 고행의 길

어느 날 자로가 보니 공자의 얼굴이 희색만면했다. 이에 제자가 비꼬듯 공자에게 한마디 던졌다.

"군자는 희로애락을 밖으로 드러내지 않는다고 하지 않으셨습니까?"

그러자 공자의 대답이 의외였다.

"군주의 신임을 받아 백성들 위에 서면 즐겁다는 말이 있지 않던가."

공자는 우선 노나라의 정치를 문란케 한 대부 소정묘를 처형하고 정치 개혁을 단행했다. 그 결과 재상이 된 지 석 달이 지나자, 상인들은 속임수를 쓰지 않고 정직하게 물건을 팔았고, 남녀가 길을 갈 때는 각각 다른 길로 다녔으며, 길거리에 떨어진 남의 물건에 손대는 사람이 없어졌다. 또한 노나라를 방문하고 싶어하는 외국인은 관리의 허락 없이 자

유롭게 출입했다.

공자의 정치력에 의해 날로 노나라의 규범이 잡혀간다는 소문을 들은 제나라 경공은 두려움에 사로잡혔다.

"이대로 공자를 놔두었다간 노나라가 천하의 패권을 차지할 것이다. 그렇게 되면 이웃인 우리 제나라에겐 큰 위협이 될 것이다."

그래서 제나라는 노나라를 무너뜨리려 내부 교란술을 썼다. 즉, 춤 잘 추는 미녀 80명을 명마 120마리와 함께 노나라로 보낸 것이다.

과연 제나라의 의도대로 노나라 정공과 계환자李桓子는 정사는 돌보지 않고 제나라에서 온 처녀들의 무용에 넋이 빠지니 나라의 기강이 해이해지고 문란해졌다. 이를 지켜보면서 공자는 시름에 빠져 마침내 노나라를 떠나기로 결심했다.

공자는 벼슬 자리를 내놓고 무거운 발걸음으로 고국 노나라를 등지고 위衛나라로 갔다. 그러나 이 나라에서도 질시하는 이들의 모함을 받아 오래 있지 못하고, 다시 발걸음을 옮겨 진陳나라로 향했다.

진나라로 가는 도중 광이라는 고을을 지날 때였다. 그런데 광의 고을 사람들이 공자 일행을 포위했다. 전에 양호라는 자가 광 사람들을 탄압한 적이 있었는데, 공자의 인상 착의가 양호와 비슷해 오인한 것이다.

공자가 포위를 당한 채 곤경을 겪기를 5일째. 그런데도 공자는 자신의 안위는 신경쓰지 않고 뒤따라오고 있는 제자 안회만을 걱정했다. 공자가 안회의 얼굴을 보자 비로소 안도의 한숨을 쉬면서 이렇게 말했다.

"나는 네가 피살된 줄 알았도다."

안회는 눈물을 글썽거리며 대답했다.

"선생님께서 살아 계신데, 어찌 제자가 죽을 수 있겠습니까."

두려움에 떠는 제자들을 보며 공자는 의연히 이렇게 말했다.

"문왕의 이상적인 정치를 전수해야 할 천명이 내게 있다. 이러한 막중한 책무가 있는데, 어찌 죽을 수 있겠는가. 천명대로라면 광 사람들이 나를 죽일 수 없을 것이다."

결국 광 사람들의 오해가 풀려 공자는 반겨주는 이 없는 고행의 발길을 계속할 수 있었다.

안회 · 자로

스승을 슬프게 한 제자, 안회

공자의 제자인 안회顔回는 노나라 사람으로 자는 자연子淵이며, 공자보다 서른 살이 적었다. 안연이 인仁에 대하여 묻자 공자는 이렇게 가르쳐 주었다.

"자기의 사사로운 욕심을 이기고 예의의 바른 길로 돌아가는 것이 인이다."

공자는 안연에 대해서 이렇게 말했다.

"어질구나, 회여! 한 그릇의 밥과 표주박 한 그릇의 물로 더러운 빈민굴에서 가난하게 살고 있으니, 남들은 수치스럽게 생각할 텐데 안회는 유유히 즐기는구나. 어찌 보면 안회는 질문하는 것이 없어 어리석은 것

같지만, 그의 사생활을 살펴보면 생활 자체가 도이다. 회는 결코 어리석은 사람이 아니다."

또 안회 앞에서 직접 칭찬한 적도 있었다.

"임금이 등용하면 벼슬하여 도를 행하고, 임금이 버리면 숨어 살면서 도를 즐길 수 있는 사람은 오직 나와 너뿐이로구나!"

학문에 몰두했던 안회는 스물아홉에 백발이 되더니 젊은 나이에 세상을 떠났다. 공자는 제자의 죽음에 통곡했다.

"안회가 내 문하에 들어온 뒤부터 제자들과 더욱 친근해졌는데……."

노나라 애공哀公이 공자에게 물었다.

"제자들 중 누가 가장 학문을 좋아합니까?"

공자가 대답했다.

"안회가 학문을 가장 좋아했습니다. 그는 화를 남에게 옮기는 일이 없었으며, 똑같은 과실을 두 번 다시 저지르지 않았습니다. 그런데 불행하게도 젊은 나이에 죽었습니다. 지금은 학문을 좋아하는 사람이 없습니다."

실천하는 양심, 자로

자로子路는 노나라 변卞 땅 사람으로 공자보다 아홉 살이 적었다. 자로는 심지가 곧았으며 성격이 거칠고 용맹했다. 그는 수탉의 깃으로 만든 관을 쓰고 수퇘지의 가죽으로 만든 주머니를 허리에 차고 다녔다. 공자의 문하에 들어오기 전, 그는 한때 공자를 업신여긴 적이 있었다.

그러나 공자가 예를 베풀어 서서히 자로를 바른 길로 인도하자, 스스로 유생의 옷차림을 하고 예물을 올려 공자의 제자가 되기를 청했다.

자로가 공자에게 물었다.

"정치의 도리는 무엇입니까?"

"백성들이 해야 할 도리를 앞장서서 하고 백성들의 일을 위해 힘써 노력하는 것이다."

다시 자로가 물었다.

"그 외에 더 해야 할 일은 무엇입니까?"

공자가 대답했다.

"시종일관 게을리하지 않아야 한다."

성격 급한 자로는 모든 의문을 한꺼번에 다 풀려는 듯 공자에게 이것 저것 다시 물었다.

"군자도 용맹을 좋아합니까?"

공자가 대답했다.

"군자는 의義를 가장 소중히 여긴다. 군자가 용맹함만을 좋아하고 의가 없으면 나라가 문란해지고, 소인이 용맹함을 좋아하고 의가 없으면 도적이 되느니라."

자로는 한 가지 교훈을 들으면 듣는 즉시 실천해야 직성이 풀리는 성격이었다. 마치 좋은 말을 실천하기도 전에 다른 새로운 교훈을 듣는 것을 두려워하는 것 같았다.

이런 자로의 성격을 공자는 늘 걱정했다.

"한마디의 말로 소송을 판결할 수 있는 사람은 자로일 것이다. 그는 나보다 용기가 있으나 그것을 적절히 사용할 줄 모른다. 내가 걱정하는 점은 바로 이것이다. 자로처럼 강직하고 용맹이 지나친 사람은 제 명대로 살다가 죽기 어렵다."

그러면서도 늘 다음과 같은 칭찬을 아끼지 않았다.

"다 떨어진 헌 무명 도포를 입고서 값비싼 옷을 입은 귀인과 대면하는 일이 있더라도 부끄러워하지 않을 사람은 자로이다. 도가 땅에 떨어진 세태에 자로가 도를 깨달은 경지를 비유해볼까? 그는 마루에 올라왔으나 아직 방에는 들어오지 못했다."

자로는 공자를 따라 천하를 돌아다녔다. 어느 날 노나라 대부 계강자가 공자에게 물었다.

"자로는 어진 사람입니까?"

공자가 대답했다.

"그가 어진 사람인지는 알지 못하겠습니다. 그러나 전차 천 대를 가진 나라에서 조세 업무를 맡아 다스릴 만한 정치적 역량은 있습니다."

자로가 위衛나라 포蒲 지방의 대부가 되어 공자에게 하직하러 왔을 때, 공자가 이렇게 충고했다.

"포 지방은 워낙 드센 무리들이 많아 다스리기 어렵다. 그러니 내 너에게 충고하노라. 너 자신 먼저 몸가짐을 공경하게 하면 그들의 용맹을 제어할 수 있고, 너그럽고 바르게 행동하면 민심을 얻을 수 있을 것이다. 이 두 가지를 명심하여 다스리면 임금의 은혜에 보답할 수 있으리라."

군자는 죽더라도 갓을 쓰고 죽는다

위나라 영공靈公에게는 총애하는 부인이 있었는데, 남자南子라고 불렀다. 영공의 태자 괴외는 남자를 살해하려다 실패하여 국외로 달아났다. 그리하여 영공은 태자를 폐하고, 손자인 첩輒을 그 자리에 세웠다. 영공이 죽자 위나라에서는 괴외의 아들 첩을 왕으로 세우니 그가 바로 출공出公이다.

출공이 왕위에 오른 지 12년 동안 그의 아버지 괴외는 국외에 살면서 나라 안으로 들어오지 못했다. 이 무렵 자로는 위나라 대부 공회의 읍재邑宰로 있었다.

대부 공회는 국외에 있는 괴외를 왕으로 모시고자 했다. 드디어 공회가 괴외와 함께 반란을 일으켜 성으로 쳐들어가니 출공은 노나라로 달아났다. 그리고 괴외가 임금이 되니 그가 장공莊公이다.

공회가 난을 일으켰다는 소식을 들은 자로는 그 소문을 듣자마자 달려갔다. 자로는 때마침 위나라 성문에서 나오던 자고子羔(공회의 가신)와 마주쳤다. 자고가 자로에게 말했다.

"출공은 달아나 버리고 성문은 이미 닫혔으니 돌아가는 것이 좋겠습니다. 공연히 정치적인 난에 말려들 수 있습니다."

그러나 자로는 굽히지 않았다.

"아니오. 녹을 얻어먹는 자는 주군의 환란을 피하지 않는 법이라오."

자로는 결국 성문이 열린 틈을 타 성 안으로 들어갔다. 마침 괴외가 공회와 함께 대臺로 올라왔다.

자로가 대 위를 올려다보며 소리쳤다.

"왕께서는 어째서 반역자 공회와 자리를 함께합니까? 청컨대 그를 제 손으로 죽이게 해주십시오."

괴외가 들어주지 않자 자로는 불을 놓아 대를 태우려고 했다. 괴외가 두려워 장수 두 명을 내려보내 자로를 공격하였다. 그들의 공격으로 자로의 갓끈이 끊겨졌다. 치명상을 입고도 자로는 이렇게 외쳤다.

"군자는 죽을 때에도 갓을 벗지 않는다."

자로는 갓끈을 다시 매고 죽었다.

공자는 위나라에서 반란이 일어났다는 소문을 듣고, "슬프다, 자로가 죽겠구나!" 하였더니, 과연 얼마 안 되어 자로가 죽은 것이다. 공자는 탄식하며 이렇게 말했다.

위나라의 임금 장공은 죽인 자로의 살덩이로 고기젓을 담가 공자에게 보냈는데, 공자는 자로의 지나친 용맹성이 화를 불렀다며 한탄했다.

"내가 자로를 제자로 얻은 뒤부터는 그가 세상의 악을 다 없앴는지 악한 말이 귀에 들리지 않았다."

얼마 뒤 위나라 장공의 사자가 공자를 찾아와 아뢰었다.

"이번에 새로 왕위에 오르신 임금께선 부자夫子(만인의 스승에 대한 존칭)를 매우 공경하며 사모하고 계십니다. 그래서 임금께서 특별한 음식을 부자에게 보내셨습니다. 자, 받아주십시오."

공자는 일어나 재배再拜하고 음식이 들어 있다는 단지를 받았다. 그 단지 뚜껑을 열어본즉 젓으로 담근 고기가 가득 들어 있었다. 공자가 그 고기젓을 보고는 제자에게 말했다.

"속히 뚜껑을 덮어라."

공자가 사자를 돌아보고 말했다.

"이것이 바로 나의 제자 자로의 살이구려!"

"그렇습니다. 부자께서 그걸 어떻게 아셨나이까?"

"그렇지 않으면 위후衛侯가 나에게 보낼 게 없지요."

공자는 제자들을 시켜 산에다 그 단지를 잘 묻게 했다. 늙은 공자가 탄식했다.

"내 항상 자로가 제 명대로 살지 못할까 염려했더니 결국 비명非命에 죽었구나!

그후 공자는 결코 젓으로 담근 고기를 입에 대지 않았다.

자신이 만든 법그물에 걸리다

상군

신하로 부릴 수 없으면 죽여라

상군商君은 위衛나라 왕의 여러 첩들이 낳은 공자公子들 중의 한 사람으로 이름은 앙이고, 성은 공손公孫이다. 공손앙은 젊었을 때부터 학문을 좋아하였으며, 위魏나라 재상인 공숙좌公叔座를 섬겨 작은 벼슬을 살았다.

공숙좌가 병에 걸렸으므로 위나라 혜왕惠王이 직접 병문안을 왔다.

"만약 공숙의 병이 낫지 않는다면 앞으로 나라의 일을 어떻게 하면 좋겠소?"

"제가 데리고 있는 공손앙은 비록 나이는 어리나 재능이 뛰어납니다. 왕께서는 그를 재상으로 삼아 나라 일을 한 번 맡겨보십시오."

그러나 왕은 아무 말도 하지 않았다. 왕이 가려고 일어나자, 공숙좌는 주위 사람들을 물리치고 속삭였다.

 "왕께서 공손앙을 등용하지 않으시려거든 차라리 그를 죽이십시오. 그가 국경 밖으로 나간다면 이 나라가 위태롭습니다."

 왕이 고개를 끄덕이고 떠나자 공숙좌가 공손앙을 불러 말했다.

 "조금 전 왕께서 재상이 될 만한 사람을 찾기에 나는 그대를 추천하였소. 그러나 왕이 내 말을 들어주지 않을 것 같아 그대를 중용하지 않으려면 죽이라고 했소. 신하 된 나로서는 먼저 임금께 충성을 다한 뒤에, 신하를 돌봐야 한다고 생각하였기 때문이오. 이제 그대는 빨리 몸을 피하는 것이 좋겠소. 그렇지 않으면 붙잡혀 죽음을 면치 못하게 될 것이오."

 공손앙은 위나라에서 중용되지 못하자 진秦나라로 떠났다. 마침 진나라 효공孝公은 부국강병을 위해 천하의 인재를 불러모으고 있었다. 위앙은 효공이 아끼는 신하 경감景監(성이 경景인 태감太監)의 천거로 왕을 알현하게 되었다

 위앙이 효공에게 꽤 오랫동안 나라를 다스리는 이치에 대해 이야기를 했는데, 효공은 이따금 졸면서 그의 말을 잘 듣지 않았다. 별로 마음에 와 닿는 이야기가 아니었기 때문이다.

 위앙이 물러가자 효공은 경감을 불러 꾸짖었다.

 "그대가 천거한 위앙이라는 자는 현실에 맞지 않는 이야기만 늘어놓았소. 도대체 그런 자가 어디에 쓸모가 있단 말이오?"

 경감이 돌아와 위앙을 책망하자 그는 태연히 이렇게 말했다.

 "제가 왕에게 이야기한 건 제왕帝王의 도였습니다. 그런데 왕께서는

그것에 관심이 없었습니다."

5일 뒤 다시 위앙이 효공을 뵙고 이야기했으나, 효공은 전보다 약간 귀를 기울이긴 했지만 역시 썩 내키지 않는 모습이었다. 위앙이 물러가자 효공은 또 경감을 불러 꾸짖었다. 다시 경감이 위앙을 책망하자 위앙은 이렇게 말했다.

"제가 임금에게 이야기한 건 왕도王道였습니다. 임금은 듣는 척했지만 감복하지는 않았습니다."

위앙의 간절한 부탁으로 경감이 세 번째로 효공을 뵙게 해주었다. 효공은 위앙의 이야기를 듣고는 고개를 끄덕거렸으나 당장에 그를 쓰지는 않았다. 회견이 끝난 뒤 위앙이 경감에게 말했다.

"제가 임금에게 이야기한 건 패도覇道였습니다. 반응을 보이는 것 같으니 다시 한 번 회견을 주선해주면 일이 이루어질 것입니다."

그리하여 네 번째 만남이 이루어졌다. 효공은 위앙의 이야기에 감복하여 저절로 무릎이 위앙 앞으로 다가들고 있는 것도 알지 못했다. 효공이 묻고 위앙이 대답하기를 여러 날째 계속했으나 효공은 전혀 싫증을 내지 않았다. 마침내 위앙이 물러나오자 경감이 기다리고 있다가 달려와 물었다.

"그대는 무엇으로 임금을 기쁘게 하였는가?"

"제가 그동안 임금께 태평성대를 베푼 제왕의 도와 왕도에 대해 설명했더니 좋기는 하나 그렇게 되기에는 너무 오랜 기간이 걸리므로 기다릴 수 없다고 했습니다. 그래서 오늘 부국강병으로 천하 패권을 잡는 패도에 대해 자세히 설명했더니 매우 흡족해하시더이다."

얼마가 지나 드디어 효공이 위앙을 중용했다. 위앙이 법을 엄정하고 가혹하게 변경하려고 하니 임금이 천하의 악평을 두려워하여 얼른 허락을 하지 않았다. 이에 위앙이 다시 설득했다.

"의심하면서 일을 하면 명성과 공을 드날릴 수 없습니다. 대체로 남보다 뛰어난 자는 본래부터 세상의 비난을 받게 마련이고, 비교할 수 없이 뛰어난 지혜를 지닌 자는 반드시 백성들에게 경멸을 받게 마련입니다. 우매한 자는 일의 성과에 대해 의심하지만, 지혜 있는 자는 일의 징조가 나타나기 전에 예견합니다. 백성들은 처음부터 일을 함께 계획할 수는 없으며, 오직 일이 이루어진 연후에 함께 즐길 수가 있는 것입니다. 높은 덕을 논하는 사람은 세상과 타협하지 않고, 큰 공을 성취하는 사람은 여러 사람과 모의하지 않습니다. 그렇기 때문에 성인은 진실로 나라를 부강하게 할 수 있으면 옛 법을 지키지 않으며, 진실로 백성을 이롭게 할 수 있으면 옛날의 예에 따르지 않습니다."

효공은 위앙의 말에 감복했다.

"위앙의 말이 옳도다."

효공은 위앙을 좌서장左庶長으로 삼고 드디어 법을 변경했다.

가혹한 법은 원수를 만든다

위앙의 법은 너무나 가혹하고 엄격했다. 열 집 또는 다섯 집을 통·반으로 묶은 뒤 서로 죄를 찾아내게 하고, 그렇지 않으면 한 집이 잘못했을 때 나머지 열 집이 똑같이 벌을 받는 연좌죄를 적용하였다.

또한 죄를 지은 사람을 알고서도 고발하지 않으면 허리를 자르는 벌

위앙의 법은 너무 가혹하여 한 집이 잘못하면 나머지 열 집이 똑같이 벌을 받는 연좌죄를 적용했다. 그러한 위앙도 진나라 군에 잡혀 처참한 죽임을 당한다.

을 주었으며, 고발하는 자에겐 적을 죽인 것과 똑같은 공을 세운 것으로 하였다.

농업을 본업으로 권장하고 상공업을 하는 자와 게으른 자는 모두 노예로 만들었으며, 종실 사람이라 할지라도 군사적 공이 없으면 족보에서 제외시켰다.

그런데 법령은 이미 갖추어졌으나 시행이 문제였다. 백성들이 새 법령을 믿지 않으려 할 것이기 때문이었다. 고심하던 끝에 위앙은 세 길이나 되는 나무를 도성 저잣거리에 세우고, 다음과 같은 방을 붙였다.

'이 나무를 북쪽 문으로 옮겨놓은 자에겐 10금을 주겠다.'

그러나 백성들은 오히려 이상하게 여겨 아무도 옮겨놓는 자가 없었다. 위앙은 다시 방을 붙였다.

'이것을 옮기는 자에게는 50금을 주겠다.'

그러자 한 사람이 나무를 북쪽 문으로 옮겨놓았다. 위앙은 즉시 그에게 50금의 상금을 주었다. 나라에서 백성을 속이지 않는다는 것을 보여주기 위함이었다. 그리고 마침내 변경한 법을 시행했다.

법은 위에서부터 지켜야 하는 것이다

법이 시행된 지 1년이 지나면서 백성들 중에 법이 너무 가혹하다고 불평하는 사람들이 늘어났다. 하루는 태자가 법을 어기자 위앙이 이렇게 말했다.

"법이 제대로 지켜지지 않는 것은 위에서부터 법을 어기기 때문이다."

위앙은 태자를 법대로 처벌하려고 했다. 그러나 태자이기 때문에 처벌할 수가 없어 그의 스승인 공자 건虔을 처형하고, 태사太師 공손고公孫賈의 얼굴을 벤 뒤 죄명을 먹으로 새겨넣는 형벌에 처했다. 이날부터 진나라 사람들이 모두 법을 따랐다.

법을 시행한 지 10년이 되었다. 진나라 백성들은 이제 법에 만족스러워하였고, 길에 물건이 떨어져 있어도 줍는 자가 없었다. 산에는 도적이 없어졌고, 집집마다 먹을 것이 풍족했고, 사람들의 마음 또한 넉넉했다. 과거에는 법령이 불편하다고 하였으나 이제는 오히려 편하다고 말하는 자까지 있었다.

"이런 자들은 모두 법을 문란하게 하는 자이다."

위앙은 이들을 모두 변방의 고을로 추방시켜 버렸다. 그 뒤로 백성들은 감히 법령에 관해 이러쿵저러쿵 입을 여는 사람이 없었다.

그후 백성들이 법령을 잘 따라 생활은 다시 넉넉해지고 병력이 강해졌다. 그뿐만 아니라 지방의 조직을 현縣으로 정비하는 등 내정을 개혁하니 진나라는 부강해졌다.

주나라의 천자가 종묘 제사에 쓴 고기를 진나라의 효공에게 보내니 (이 의식은 효공이 패자로 인정받는 것을 상징한다) 제후들이 모두 진나라에 와서 패자에 대한 예를 올렸다.

사람의 마음을 얻지 못하면 망한다

위나라가 손빈의 병법에 속아 제나라에 크게 패한 일이 있었다. 위앙은 이 기회를 이용하여 싸움에 진 위나라를 손쉽게 정벌했다. 위나라는 진나라에 화평의 조건으로 서하의 땅을 바치고 수도를 안읍에서 대량으로 옮겼다. 위나라 혜왕은 이렇게 후회했다.

"과인이 지난날 공숙좌의 진언을 듣지 않은 것이 한스럽다."

위앙이 위나라를 쳐부수고 돌아오자, 진나라에서는 그에게 상商 등의 15개 읍을 봉하고 봉읍지를 따 상군 또는 상앙이라고 불렀다.

상군이 진나라의 재상으로 있은 지 10년이 흘렀다. 그동안 군주의 종실과 귀족 중에 그를 원망하는 사람이 많아졌다. 현자 조량이 상군에게 경고했다.

"이름과 명성을 탐하는 자는 몰락한다고 했습니다. 남의 말을 스스로 반성하면서 듣는 사람을 귀가 밝다고 하고, 자기 자신을 잘 들여다보는 사람을 눈이 밝다고 하며, 자신을 이긴 사람을 강한 사람이라고 합니다. 순임금도 이렇게 말했습니다. '스스로 자신을 낮추면 존귀하게 된다'고. 당신은 순임금의 도를 좇아야 합니다. 상 땅의 부를 탐하시고 진나라의 정치를 독단으로 처리하여 백성들의 원망을 키우다가, 만일 진나라 임금이 하루아침에 세상을 떠나게 되면 당신을 해코지할 사람이 어디 한둘입니까. 잊지 마십시오, 망하는 것은 한순간에 다가옵니다."

그러나 상군은 부국강병의 공으로 우쭐해져 조량의 경고를 귀담아듣지 않았다.

그 뒤 다섯 달 만에 진나라의 효공이 세상을 떠나고 태자가 임금이 되

　　　　　　　　　　　　　　　　　　　　　　| 상군 |

니, 이 사람이 혜왕이다. 태자 시절 상군에게 치욕을 당한 진나라의 혜왕이 상군을 가만 둘 리 없었다.

상군이 쫓기는 몸이 되어 함곡관函谷關(진나라가 다른 나라와 왕래하던 길목) 아래의 여관에 하룻밤 머물기를 청했다. 여관 주인이 상군인 것을 알지 못하고 말했다.

"상군의 법에 의하면 여행증이 없는 자를 묵게 하면 처벌받습니다."

상군이 쓸쓸히 탄식했다.

"아, 내가 만든 법에 내가 걸려들었구나!"

그곳을 떠나 위나라로 가니 예전의 패배를 기억하고 있는 데다가 진나라의 보복이 두려워 상군을 진나라로 추방했다.

상군은 그의 영지인 상읍商邑에서 한때 군사를 일으켜 세력을 떨치는 듯했으나 진나라 군에 잡혀 죽음을 맞이했다. 진의 혜왕이 상군의 사지四肢를 네 마리 말에 붙들어 매어 찢어 죽이는 형벌인 거열형車裂刑에 처한 뒤 사지를 돌려 보이면서 경고했다.

"상앙처럼 배반하는 자가 되지 마라."

그리고 상군의 일가까지 모두 몰살시켰다.

상군은 천성이 잔인하고 각박한 사람이다. 그가 효공에게 제왕의 도로써 유세한 것을 살펴보면, 내용은 없고 허위의 설만 늘어놓았다. 나 사마천은 일찍이 상군이 지은 《상군서》에서 〈개색開塞〉·〈경전耕戰〉 등을 읽었는데, 그 내용이 본인의 행적과 비슷함을 알 수 있었다. 그가 결국 진나라에서 악명을 떨친 것은 그만한 이유가 있었다.

죽음으로써 유세를 완성하다

소진

천 리 밖의 근심보다 백 리 안의 근심을 먼저 해결하라

제나라에서 귀곡선생鬼谷先生(전국시대 종횡가)한테서 가르침을 받은 소진蘇秦은 배운 바를 써먹기 위해 수 년 동안 천하를 돌아다니며 유세했다. 그러나 슬프게도 그의 유세에 귀를 기울이는 사람은 아무도 없었다. 소진은 결국 초라한 행색에 빈털터리가 되어 집으로 돌아왔다. 이런 그를 보고 형제와 형수와 누이와 첩이 모두 비웃었다.

"이제 입과 혀를 그만 놀리고, 살 궁리나 하시지."

소진은 부끄러워 얼굴을 들지 못했다. 그래서 방문을 닫아 걸고 들어앉은 채 그동안 읽었던 책을 꺼내 들면서 한탄했다.

'글을 배웠다 한들 출세하지 못한다면 무슨 소용이 있겠는가!'

소진은 한탄하면서도 《주서周書》〈음부陰符〉(병법에 관한 서적)를 구해서 읽고 또 읽었다. 졸음이 오면 송곳으로 허벅지를 찔러가며 안간힘을 썼다. 그런 덕분에 그는 1년이 되어서야 독심술을 깨치고 책장을 덮으면서 말했다.

"드디어 천하의 군주들을 설득할 수 있는 묘한 이치를 깨닫게 되었도다!"

마침내 소진은 집을 떠나 주나라 현왕顯王을 만나 그를 설득하려고 하였다. 그러나 현왕의 신하들의 반대로 유세에 성공하지 못했다. 그래서 소진은 진秦나라로 갔다. 당시 진나라는 상앙을 죽인 후라서 혀를 놀리며 유세하는 자들을 싫어했으며 평판 또한 매우 좋지 않았다. 그러니 진나라에서도 등용되지 못할 수밖에. 그래서 조趙나라로 가 보았으나 그 나라에서도 소진을 탐탁하게 여기지 않았다.

이에 소진은 연燕나라를 찾아가 문후文侯(공公·후侯·백伯·자子·남男의 다섯 등급의 제후 중 두 번째 서열의 제후)를 설득했다.

"지금 천하 형세는 진秦나라에 기울고 있습니다. 그런데 연나라가 진나라의 침입을 당하지 않는 것은 가운데 있는 조나라가 버텨주고 있기 때문입니다. 실로 진나라는 연나라와 멀고 조나라는 연나라에 가까이 있습니다. 그러므로 진나라가 연나라를 친다 해도 진나라 군대가 움직이면 연나라가 쉽게 알 수 있어 미리 대비할 수 있을 것입니다. 그렇지만 조나라가 연나라를 치려고 마음만 먹으면 금방 연나라의 수도에 들이닥칠 것입니다. 대체로 백 리 안의 근심을 걱정하지 않고, 천 리 밖의 근심을 더 중하게 여긴다면 이보다 더 잘못된 계책은 없을 것입니다. 그러니 원컨대 왕께서는 조나라와 친교를 맺어 진나라와 대항한다면 연나라는 반드시 근심이 없어질 것입니다."

문후가 고개를 끄덕였다.

"그대의 말씀이 옳소."

문후는 곧 소진에게 수레와 황금과 비단을 주어 조나라로 가게 했다.

조나라에 당도한 소진은 자신의 합종책을 조나라 숙후肅侯에게 설명했다.

"임금의 가장 큰 임무는 백성을 편안하게 하고 나라에 우환이 없게 하는 것입니다. 그런데 이 두 가지는 친교할 나라를 선택하는 데에 달려 있습니다. 지금 천하 형세는 서쪽의 진나라와 동쪽의 제나라가 주도하고 있습니다. 승자와 패자가 확실치 않은 이때에 어느 한 편만을 드는 것은 위험 부담이 큽니다. 만약 조나라가 편드는 쪽이 승자가 된다 해도 승자의 다음 공격 대상은 조나라가 될 게 틀림없습니다.

신이 가만히 천하의 지도를 살펴보니, 제후들의 땅을 합하면 진나라의 5배가 되고, 제후들의 병사들을 헤아리면 진나라의 10배가 됩니다. 한韓·위魏·제齊·초楚·연燕·조趙의 6국이 하나로 단결하고 힘을 합해서 서쪽의 진나라를 친다면 반드시 깨뜨릴 수 있을 것입니다. 그러나 진나라를 섬긴다면 진나라의 신하 노릇을 해야 됩니다.

도대체 남의 나라를 깨뜨리는 것과 남에게 깨지는 일, 남을 신하로 부리는 것과 남의 신하가 되는 일을 어찌 같은 위치에서 논할 수 있겠습니까? 가만히 왕을 위하여 계책을 생각하옵건대, 6국이 하나로 단결하여 맹약을 맺어 진나라에 대항한다면 이보다 나은 계책은 없을 것입니다. 맹약은 이렇게 하십시오.

'만약 진나라가 초나라를 치면 제나라와 위나라는 각각 정예군사들을 파견해 초나라를 도우며, 한나라는 진나라의 군량 수송로를 끊는다. 조나라는 황하와 장수를 건너고, 연나라는 상산 북쪽을 지킨다. 역시 진나라가 한을 치든 위를 치든 이와 같은 내용으로 맹약을 맺는다. 제후들 가운데 이 맹약을 지키지 않는 자가 있으면 5개국 군대가 함께 그 나라를 징벌한다.'

이렇게 6국이 합종하면 진나라는 함곡관 밖을 감히 나오지 못할 것이며 조나라는 앞으로 패권을 차지할 수 있을 겁니다."

패권을 차지한다는 말에 숙후는 크게 기뻐하며 소진에게 수레 100대와 황금 2만 냥, 백옥 100쌍과 비단 1,000필을 주고 각 제후들과의 맹약을 추진하게 했다.

닭의 머리가 될지언정 소의 꼬리가 되지 마라

이때에 진나라 혜왕은 위나라를 쳐 위나라 땅을 빼앗은 후 승세에 힘입어 말머리를 한나라로 향하고 있었다. 소진이 먼저 한나라 선왕宣王을 찾아가 설득했다.

"한나라 군사들은 용감하고 요새는 튼튼하며 천하의 강궁强弓은 모두 한나라에서 만들어집니다. 게다가 왕께서는 현명하십니다. 그러한데 만약 진나라를 섬긴다면 진나라는 반드시 한나라 땅을 요구할 것입니다. 한 번 바치기 시작하면 계속 바쳐야 할 것인데, 한나라의 땅은 진나라의 욕심을 채워주기에는 부족합니다. 부족한 국토를 가지고 그칠 줄 모르는 그들의 요구를 받아들인다는 것은 이른바 원한을 사고 화를 부르는 짓입니다. 싸우지도 아니하고 땅은 다 깎일 것입니다.

신이 들으니, 항간에서 전해지는 속담에 '차라리 닭의 머리가 될지언정 소의 꼬리는 되지 마라'는 말이 있습니다. 지금 복종하여 신하로서 진나라를 섬긴다면 소의 꼬리와 무엇이 다르겠습니까? 강력한 군대를 갖고 계신 현명한 왕께서 오히려 소의 꼬리라는 오명을 뒤집어쓴다면 이보다 더한 부끄러움이 어디 있겠습니까?"

이 말에 한나라 왕은 얼굴이 붉게 상기되어 팔을 걷어붙인 채 눈을 부릅뜨고 칼을 어루만지며 하늘을 우러러 탄식했다.

"과인이 비록 어리석으나 결코 진나라에 고개를 숙이지 않겠소. 나 역시 합종을 맺은 조나라 왕을 좇아 그렇게 하리다."

소진은 이렇게 상대의 자존심을 건드리는 논법으로 잇따라 위나라 양왕과 제나라 선왕, 초나라 위왕에게 유세하니 모두 다 고개를 끄덕이며 한결같이 말했다.

"과인이 덕망이 부족하여 아직 현명한 가르침을 듣지 못했소. 이제 귀공께서 조나라 왕의 조칙을 갖고 가르쳐 주니 삼가 사직社稷을 걸고 합종의 계책에 따르겠소."

이렇게 하여 6국이 힘을 합하여 합종이 완성됐다. 마침내 소진은 합종 맹약의 우두머리가 되고, 6국의 재상을 겸임하게 되었다.

부귀하면 머리를 조아리고, 가난하면 업신여긴다

소진이 6국 맹약을 마치고 조나라 왕에게 돌아가는 도중에 낙양을 지나가게 되었다. 6국에서 받은 선물이 수레에 가득했고, 또한 6국에서 보낸 사신이 소진의 행차를 호위하여 따르니 모두 왕의 행차로 생각할 정도였다.

주나라 현왕은 이 소문을 듣고 예전의 푸대접이 마음에 걸려 소진이 지나가는 길을 쓸도록 하고, 사신을 보내 교외에 나가 맞이하게 했다.

소진의 형제와 아내와 형수가 눈을 돌려 소진의 행차를 감히 쳐다보지 못하고 수레 뒤에서 머리를 조아린 채 따라가니 소진이 웃으며 형수에게 물었다.

"전에는 거만하게 대하더니 어째서 오늘은 공손하십니까?"

형수가 몸을 굽혀 기어와서 머리를 땅에 대고 사과했다.

"시동생께서 지위가 높고 부자가 되었기 때문입니다."

소진이 탄식했다.

"아, 친척도 몸이 부귀하면 우러러보고, 가난하면 업신여기는구나! 가족이 이러하니 하물며 세상 사람은 오죽하겠는가. 그러나 만약 그때 내게 빈천을 면할 정도로 작은 땅이라도 있었더라면 내가 어찌 6국 재상의 인印을 찰 수 있었겠는가!"

그는 천금을 일족과 친구, 이웃들에게 다 나누어주었다.

소진이 조나라에 돌아오니 조나라 숙후는 그를 무안군武安君으로 봉했다. 그리고 6국 합종의 문서를 진나라에 보내니, 그 뒤 15년 동안 진나라의 군대는 감히 함곡관 밖을 넘보지 못했다.

외교술이 뛰어났던 소진도 한때 아무도 알아주지 않는 빈털터리 유세가였다. 그러나 6국 합종을 성사시키고 돌아오자 상황은 반전되었다. 주나라 현왕은 물론, 형제와 아내, 형수까지도 그에게 머리를 조아렸다.

| 소진 |

그 후 얼마가 지나 위나라가 맹약을 배신하고 진나라와 합세하여 조나라를 공격했다. 그러자 조나라 왕이 그 책임을 소진에게 돌리며 책망했다. 앞날이 두려워진 소진은 조나라를 떠나니 공들여 만들어놓았던 6국의 맹약은 흐지부지되고 말았다.

다시 한 번 혀끝을 놀려 맹약을 이어놓다

진나라 혜왕의 딸이 연나라 태자의 아내가 되었다. 이 해에 연나라 문후가 죽고 태자가 임금이 되니 이 사람이 이왕易王이다. 그런데 연나라가 국상國喪 중일 때 제나라가 쳐들어왔다. 이왕이 소진을 불러 책망했다.

"지난날 맹약은 순전히 선생의 말을 믿고 맺은 것이오. 그런데 지금 연나라가 동맹국 제나라에 침략을 당하니 연나라는 천하의 웃음거리가 되고 있소. 이 모두 선생 때문에 비롯된 일이니 선생이 제나라에 빼앗긴 땅을 도로 되찾아 주시오."

소진은 매우 부끄러워하며 물러났다. 소진은 제나라를 찾아갔다. 제나라 왕 앞에서 소진은 크게 두 번 절하고 엎드려 축하의 말을 하더니 고개를 들어 조의를 표하였다. 제나라 왕이 이상해서 물었다.

"어째서 축하의 말을 하자마자 조의를 표하시오?"

소진이 대답했다.

"신이 들으니, 굶주린 사람이 굶주려도 독초를 먹지 않는 이유는, 그것이 허기를 풀 수는 있지만 굶주려 죽는 것과 같은 재앙을 당하기 때

소진은 연나라에게서 빼앗은 10개의 성을 되돌려주면, 연나라의 분노를 풀고 왕이 패권을 차지하게 될 것이라며 제나라 왕을 설득했다.

문이라고 합니다. 지금 연나라가 쇠약하나 연나라 왕은 진나라 왕의 사위입니다. 왕께서 연나라 10개 성을 얻은 것은 축하해줄 만한 일이나, 대신에 강한 진나라를 원수로 만드는 불행을 자초했습니다. 지금 연나라와 진나라가 합세하여 제나라를 공격한다면 천하의 정예병사를 불러들이는 것이니, 이 어찌 독초를 먹는 것과 같은 이치가 아닙니까?"

제나라 왕이 듣고 근심하자 소진은 이렇게 말했다.

"일을 잘 처리하는 사람들은 '화를 복으로 전환시키고, 실패를 기회로 삼아 공을 성취한다'고 합니다. 즉시 연나라의 10개 성을 돌려주십시오. 그리하면 연나라의 분노를 풀고 진나라의 환심을 살 것입니다. 이것이야말로 원수를 없애고 친교를 맺는 길입니다.

또한 이 친교를 계기로 그들 두 나라를 다독거린다면 천하에 왕의 호령을 듣지 않는 자가 없을 것입니다. 그리하면 자연히 왕께서 천하의 패권을 차지할 것입니다."

소진의 말에 제나라 왕은 두말없이 연나라에서 빼앗은 10개의 성을 돌려주었다.

죽음으로써 참혹하게 원수를 갚다

연나라에 돌아오기 전 이런 소문이 소진의 귀에 들려왔다.

"나라를 제 혀 속에 집어넣고 이리 굴렸다 저리 굴렸다 하는 사람이 소진이다. 그는 장차 반란을 일으킬 게 틀림없다."

소진이 연나라에 돌아왔으나 왕은 소진이 지난날 가지고 있던 벼슬을 주지 않았다. 소진이 연나라 왕을 뵙고 말했다.

"공로가 있으나 벼슬을 받지 못함은 누군가 신을 모함했기 때문이라 생각합니다. 신이 늙은 어머니를 동주에 버려두고 온 것은 이 나라에 충성하기 위해서입니다. 그런데 이 충성이 연나라에선 죄가 되고 있습니다. 한번 여쭙겠습니다. 만일 지금 여기, 증삼曾參과 같은 효자, 백이와 같은 청렴한 사람, 미생尾生과 같은 신의 있는 사람이 있다고 합시다. 이 세 사람을 얻어 왕을 섬기게 한다면 어떻겠습니까?"

"그보다 좋을 것이 없지 않소?"

"그렇지 않습니다. 증삼과 같은 효자는 도리상 자기의 어버이를 버리고 밖에 나와서 하룻밤도 유숙하지 않을 것입니다. 하지만 신은 천릿길을 멀다 하지 않고 연나라에 와서 충성을 다했습니다. 백이와 같은 청렴한 자는 도리상 변절하지 않겠다 하여 타국의 정사에 일절 관계치 않고 수양산 아래에서 굶어 죽었습니다. 하지만 신은 천릿길을 멀다 하지 않고 연나라에 와서 충성을 다했습니다. 미생과 같은 신의 있는 자는 여자와 다리 밑에서 만나기로 약속하였다 하여 홍수가 났음에도 피하지 않고 다리의 기둥을 붙잡고 죽었습니다. 과연 저 말고 누가 천릿길을 가서 연나라를 위해 제나라의 강력한 군대를 물리칠 수 있겠습니까? 신은 소위 충성을 다함이 죄가 되어 벌을 기다리고 있는 것입니다."

"그대가 충성스럽다면 어찌 죄를 받는 일이 있겠소."

"그렇지 않습니다. 비유를 들어보겠습니다. 벼슬아치인 남편이 출장을 간 사이 객인客人과 밀통한 여인이 있었습니다. 남편이 돌아오자 그들 남녀는 독주를 만들어 첩을 시켜 남편에게 바치게 했습니다. 독주를 손에 든 첩은 남편에게 사실대로 말하면 그의 주모主母가 쫓겨날 것이 두려웠고, 말하지 않으면 주인을 죽이게 될 것이 두려웠습니다. 그래서 첩은 일부러 넘어져 술을 쏟아버렸습니다. 남편은 크게 화를 내며 그녀에게 매 50대를 쳤습니다. 첩은 한 번 쓰러져 술을 엎질러서 위로는 주인을 생존케 하고, 아래로는 주모를 쫓겨나지 않게 했습니다. 그러나 채찍질은 피하지 못했으니, 어찌 충성스럽다고 해서 죄가 없다고 할 수 있겠습니까? 대체로 신의 불행은 이 일과 비슷합니다."

연나라 왕이 고개를 끄덕이며 말했다.

"선생은 다시 옛 벼슬에 오르시오."

그리고 더욱더 그를 후하게 대우했다.

그런데 그후 소진은 연나라 왕의 어머니와 몰래 정을 통하게 되었다. 언젠가는 발각이 될 것 같아 먼저 왕을 찾아가 이렇게 제안했다.

"신을 역모죄로 몰아 제나라로 추방해주십시오. 그러면 제나라에서 연나라를 위해 은밀하게 일할 것입니다."

그래서 소진은 연나라에서 쫓겨나게 되어 제나라로 갔고, 제나라 선왕은 소진을 객경客卿(타국 출신의 대신)으로 삼았다.

제나라 선왕이 죽고 민왕이 즉위하자 소진은 민왕을 설득했다. 민왕에게 선왕의 장례를 후하게 지내어 효도를 드러내고, 궁실을 높이 짓고 궁궐의 정원을 크게 짓게 했던 것이다. 그러나 이것은 연나라를 위해 제나라의 살림을 궁색하게 만들고 나라를 약화시키려는 의도였다.

어느 날 소진과 왕의 총애를 다투는 자가 사람을 시켜 소진을 암살케 했는데, 다행히 소진은 치명상을 입었을 뿐 목숨은 건질 수가 있었다.

"암살범을 찾아내라! 반드시 잡아야 한다."

제나라 왕은 암살범을 잡으려 했으나 뜻을 이루지 못했다. 중상을 입은 소진은 일어나지 못하고 마침내 세상을 떠나게 되었다. 그는 눈을 감으며 마지막으로 제나라 왕에게 말했다.

"신이 죽거든 신의 시체를 거열형에 처하십시오. 그리고 소진이 연나라와 짜고 제나라에서 역모를 꾸몄다고 밝히십시오. 그러면 신을 죽인 자를 찾아낼 수 있을 것입니다."

소진이 세상을 떠나자 제나라 왕은 소진의 말대로 발표하였다. 그러자 과연 소진을 죽이려 했던 자가 자기가 죽였다고 말하며 나타났다. 제나라 왕은 그를 사로잡아 사형에 처했다. 연나라에서 이 소식을 듣고 말했다.

"제나라가 소진을 위하여 원수를 갚아주는 방법이 너무 참혹하도다."

몇 년이 지나 소진이 연나라를 위해 제나라를 피폐하게 만든 사실이 사실로 밝혀지게 되었다. 이에 제나라가 연나라를 크게 원망하니, 연나라는 매우 두려워하였다.

세상에는 소진에 관해 서로 다른 주장들이 많지만, 소진이 평민의 신분에서 등용되어 6국을 연결시켜 합종을 이끈 것은 그의 능력이 보통 사람들을 뛰어넘는다는 것을 보여준 것이다. 그래서 그의 경력과 사적을 시대순으로 서술하여 그 혼자만 나쁜 평가를 듣지 않도록 하였다.

감무

세 사람이 비방하면 효자도 살인자가 된다

감무甘茂는 장의張儀(일찍이 소진과 함께 귀곡 선생을 스승으로 섬기면서 유세술을 배웠다. 소진이 합종파의 대표적인 인물이라면, 장의는 연횡파의 대표적인 인물이다. 위魏나라 사람으로, 진나라가 천하를 통일하는 데 기여했다)의 천거로 진나라의 장수가 되었고, 진나라 무왕 때엔 촉나라를 평정시킨 공으로 좌승상이 되었다.

무왕 3년이 되자 왕은 한韓나라 정벌의 뜻을 밝혔다. 감무는 왕의 명을 받고 연합작전을 성사시키기 위해 위魏나라를 찾아갔으나 일부러 빈손이 되어 돌아왔다. 무왕이 눈이 휘둥그레져 물으니 감무가 차근차근 설명했다.

"신이 빈손으로 돌아온 이유를 비유하면 이렇습니다. 효자로 이름난 증삼曾參에 관한 이야기입니다. 증삼과 이름이 같은 자가 살인을 저질 렀습니다. 어떤 이가 증삼의 어머니에게 '아들이 사람을 죽였다'고 말 했습니다. 그러나 증삼의 어머니는 자식의 성품을 잘 아는지라 이를 믿 지 않았습니다. 그런데 그 소문을 전하는 사람이 세 사람이나 되자 그 어머니는 베 짜던 베틀을 내던지고 담을 넘어 달아났다고 합니다. 신이 중도에 돌아온 이유도 이와 같습니다. 신이 한나라 정벌을 위해 타국에 서 일을 벌이는 동안 신에 대한 거짓 소문을 퍼뜨리는 자가 세 사람이 넘습니다. 또한 신의 어짊이 증삼보다 못하고, 왕께서 신을 믿음이 증 상의 어머니가 자식을 믿는 것보다 못합니다. 게다가 신은 타국 출신의 신하입니다. 이와 같을진대, 왕께서는 신을 변함없이 믿어주시겠습니 까?"

진나라 왕은 고개를 끄덕이며 약속했다.

"과인은 헛소문을 퍼뜨리는 자의 말을 듣지 않기로 그대에게 맹세하 노라."

감무를 비방하는 무리들이 있었지만 마침내 진나라 왕은 마음의 동 요 없이 감무를 지원했다. 그리하여 감무는 한나라 의양을 함락시켰다. 이에 한나라 양왕이 신하를 보내어 강화를 청해왔다. 진나라와 한나라 의 친선은 감무로 인해 맺어지게 되었다.

진나라의 무왕이 죽고 소왕 때였다. 당시 초나라가 한나라를 공격한 일이 있었다. 소왕의 어머니 선태후가 초나라 여인이었으므로, 진나라 는 팔짱만 끼고 구경을 하였다. 다급해진 한나라 왕이 진나라 감무에게 사람을 보내 구해달라고 매달리니, 비로소 그는 소왕에게 나아갔다.

"만약 초나라가 한나라를 쳐서 합친다면 초나라는 반드시 두 나라의 군대로 진나라를 칠 것입니다. 앉아서 남이 치는 것을 기다리는 일과 내가 먼저 남을 치는 일, 어느 편이 더 유익하겠습니까?"

소왕이 머리를 끄덕이고 나서 군사를 보내 한나라를 구원하게 하니, 초나라의 군사가 물러갔다.

쓸 만한 사람이면 원수라도 등용한다

상수向壽는 선태후의 외척인 데다가 소왕과는 어릴 때부터 함께 자란 친구이므로 중용되었다. 그가 초나라 사절로 가니 초나라는 소왕과 상수의 친분관계를 생각해 그를 극진하게 대접했다.

상수가 진나라를 위하여 한나라를 치려고 하자 한나라는 소진의 동생 소대蘇代를 시켜 상수를 만나게 했다. 소대도 형처럼 천하를 떠돌아다니며 세 치 혀를 놀리는 유세가였다. 소대가 상수에게 말했다.

"사람들이 말하기를, '존귀하게 되는 까닭을 정확히 아는 자는 존귀하게 된다'고 합니다. 지금 공의 지혜와 능력은 감무보다 못합니다. 그런데도 진나라 왕이 공을 신임하는 이유는 타국 출신인 감무를 견제하기 위해서입니다. 그런데 만약 공께서 진나라 국익을 생각하지 않고 초나라와 가깝게 지낸다면 진나라 왕은 공을 멀리할 것입니다. 왜냐하면 초나라는 배신과 속임수를 밥먹듯 하기 때문입니다. 또한 그 친선정책 결과도 공 혼자 짊어져야 되므로 공이 존귀하게 되는 것과는 더욱 거리가 멀어지게 됩니다.

한나라는 공의 원수이기는 하지만 이미 감무에 의해 친선을 맺었습니다. 무리하게 공이 한나라를 치면 그 틈을 타 초나라가 진나라를 공격할지 모릅니다. 그러니 공께서 감무가 말한 것처럼 똑같이 한나라와 친선을 지키고 초나라에 대비하자고 말한다면, 공께서는 '외부에서 사람을 등용할 때에 쓸 만한 사람이면 원수도 꺼리지 않는다'는 칭송을 듣게 됩니다. 이래도 한나라를 치시겠습니까?"

"맞는 말씀입니다. 어찌 한나라와 친선하지 않을 수 있겠습니까."

진나라로 돌아온 상수는 한나라와의 친교에 대한 증거로 초나라가 한나라에서 빼앗은 영천 땅을 되돌려주게 했다. 감무가 반대했으나 그의 의견은 받아들여지지 않았다.

현명한 자가 중용되면 이웃나라가 위태롭다

'아, 여기 있다가는 큰 해를 입겠구나!'

상수에게 밀려난 감무는 제나라로 도망쳤는데 우연히 소대를 만났다. 소대는 한나라에서 유세를 마친 뒤 제나라에 머물러 있었다. 소대가 제나라를 위하여 유세를 하려고 진나라로 출발하려던 참이었다. 감무가 말했다.

"신은 이곳 제나라에 왔지만 몸을 의탁할 곳이 없습니다. 신은 이런 이야기를 들었습니다. 길쌈을 하는 가난한 여인과 부유한 여인이 있었습니다. 가난한 여인이 말하기를, '나는 촛불을 살 만한 돈이 없습니다. 그런데 그대의 촛불에는 다행히 빛이 있으니, 그대는 나에게 그 빛을

| 감무 |

나누어주십시오. 그러면 그대의 밝음에 손상을 끼침이 없이 나도 이익을 얻을 수 있습니다'라고 했다 합니다. 지금 신은 곤궁합니다. 그런데 당신은 외국 사절로 가는 높은 몸입니다. 이 몸의 처자가 진나라에 있으니, 군께서는 남은 빛으로 그들을 구제해주십시오."

소대가 허락하고 드디어 진나라로 들어갔다. 소대가 진나라 왕을 설득했다.

"제나라에 가 있는 감무는 비상한 인물입니다. 3대에 걸쳐 진나라에서 중용된 그가 진나라 지형이 험한지 평탄한지 모를 리 없습니다. 그런 그가 제나라에 한나라와 위나라가 맹약을 맺게 한 뒤 진나라를 친다면 이보다 더한 위험은 없을 것입니다."

진나라 왕이 근심 어린 표정으로 물었다.

"그렇다면 어떻게 하면 좋겠소?"

"왕께서는 후한 예물을 보내 그를 진나라로 불러들이는 것이 좋습니다. 그가 오게 되면 귀곡에 귀양보내 종신토록 나오지 못하게 하십시오."

진나라 왕은 소대의 말을 듣고 곧 벼슬과 예물을 보내 감무를 불렀으나 그는 제나라를 떠나지 않았다. 소대가 제나라 민왕에게 말했다.

"감무는 어진 사람입니다. 지금 감무가 진나라 왕의 벼슬과 예물을 사양한 것은 그가 왕의 신하 되기를 간절하게 원하기 때문입니다. 그러면 왕께서는 무엇으로 그를 예우하시렵니까?"

이 말을 듣고 제나라 왕은 감무에게 즉시 상경 벼슬을 내렸다. 이에 뒤질세라 진나라에서도 감무의 집안을 회복시켜 주고 그를 데려가기 위해 경쟁을 벌였다. 그러자 제나라는 감무를 사신으로 삼아 초나라로 보냈다.

초나라는 자국의 이익을 위해 감무가 진나라의 재상으로 오르는 것을 방해했다. 진나라가 천하 통일하는 데 큰 공을 세운 감무는 결국 위나라에서 죽음을 맞이한다.

이 당시 진나라는 초나라와 혼인관계를 맺고 있었다. 진나라 사자가 초나라로 와 감무를 데려가기를 청했다.

초나라 회왕이 범연에게 물었다.

"과인이 감무를 진나라 재상으로 추천하고자 하는데 어떻겠소?"

범연이 반대했다.

"안 됩니다. 대체로 현명한 자가 중용되면 이웃나라가 위태로운 법입니다. 감무는 장의의 변설 속에서도 휘말리지 않고 살아남아 열 가지 벼슬을 역임하는 등 진나라에서 3대 동안이나 중용된 사람입니다. 그런 그가 진나라 재상이 된다면 초나라에 득보다 손해가 된다는 건 뻔한 일입니다. 그러니 왕께서는 진나라 재상을 추천하시겠다면 상수를 추천하십시오. 상수는 진나라 왕과 가까운 사이로 어려서는 서로 옷을 나누어 입고, 장성해서는 수레를 함께 타고 다니며 일을 처리하고 있지 않습니까? 진나라 왕은 지금 상수와 사사로운 정을 떨치지 못하고 있습니다. 왕께서는 반드시 상수를 진나라 재상이 되게 하십시오. 감무보다 못한 상수가 진나라 재상이 되는 것이 초나라의 이익입니다."

이리하여 초나라가 사자를 보내어 재상을 추천하니, 과연 초나라의 생각대로 상수가 진나라 재상이 되었다. 감무는 끝내 진나라로 들어가지 못하고 위나라에서 죽고 말았다.

감무는 미천한 집안 출신으로 등용되어 제후들 사이에서 이름을 떨치고 제나라와 초나라에서 중용되었다. 그러나 당시 천하는 권모와 술수가 횡행하던 때라 주위 여건이 허락지 않아 안타깝게도 끝내 큰 포부는 펼치지 못했다.

백기 · 왕전

생매장당한 40만 군사의 원혼

백기白起는 용병술이 뛰어나 진나라 소왕을 섬겼다. 그는 진나라에 이웃한 조 · 위 · 한 나라의 군대를 물리쳐 이들 세 나라의 수십 개의 성을 빼앗았고, 남쪽 초나라로 진격해 수도 영을 함락시켰다. 초나라 왕은 동쪽으로 도망하여 수도를 진陳으로 옮겼다. 백기는 이 공으로 무안 군武安君이 되었다.

소왕 47년, 진나라는 다시 조나라를 공격했다. 조나라 왕이 염파廉頗를 장군으로 삼아 방어하자, 진나라 재상 응후는 천금을 뿌려 소문을 퍼뜨리며 적을 내분시키는 작전을 썼다.

"진나라가 두려워하는 이는 오직 조괄趙括이다. 그가 장군이 된다면 난공불락이다. 그러나 염파는 상대하기 쉽다. 그는 싸우자마자 진나라에 항복할 것이다.”

이때 명장 염파는 철옹성을 구축하며 수비작전으로 일관하여 진나라 군대의 공격을 막아내고 있었다. 조나라 왕은 떠도는 소문만 믿고 염파 대신 조괄을 장수로 삼아 진나라를 치게 했다. 그런데 조괄이 초나라 장군이 되는 것을 가장 반대한 이가 있었으니 바로 그의 부모이다. 조괄이 어릴 때 그의 아버지가 이런 말을 했다.

“아들은 너무 쉽게 전쟁을 입에 올린다. 만약 이 아이가 장군이 된다면 반드시 자신의 군대를 파멸시킬 것이다.”

남편의 이 말을 기억하고 있던 조괄의 어머니가 왕에게 간했다.

“제 아들은 아버지와는 전혀 다른 인물입니다. 공을 독차지하여 뽐내기가 거만하기 짝이 없습니다. 바라옵건대, 제발 이 아이에게 맡긴 장군의 인印을 거두어 주십시오.”

그러나 왕은 듣지 않았다. 그러자 조괄의 어머니가 말했다.

“정 그렇게 하시겠다면 혹 아들이 설사 임무를 다하지 못하더라도 이 어미를 연좌시켜 책하지 마시기 바랍니다.”

조나라 왕이 그 청을 받아들였다. 그후 조괄은 과연 어미의 예언대로 섣불리 군사를 출동시키다 진나라의 유인작전에 말려 식량 보급로도 끊기고 장평 땅에 갇히고 마는 신세가 되었다.

조나라의 병사들은 먹지 못한 지가 46일이나 되자 몰래 서로를 죽여서 먹는 지경에 이르렀다. 이 틈을 타 무안군은 조나라 군대를 공격하여 조괄을 죽이고 포로로 잡은 군사 40만 명을 죄다 구덩이에 생매장시켜 잔인하게 죽였다. 살아서 조나라로 돌아간 사람은 어린아이 240명

백기는 진나라 소왕 때의 장수로 뛰어난 용병술을 자랑한다. 특히 백기는 조나라를 공격하여 조괄을 죽이고 포로로 잡은 군사 40만 명을 구덩이에 생매장시켰다.

뿐이었다. 조나라 사람들은 무안군이 매우 두려워 벌벌 떨었다.

조나라 왕은 두려운 나머지 진나라 재상 응후에게 몰래 사람을 보내 무안군과 이간질을 시키니, 무안군은 날이 갈수록 소왕의 눈 밖에 벗어나게 되었다. 그러자 무안군은 병을 핑계 삼아 더는 싸움에 나아가지 않았다. 무안군이 없는 진나라 군대는 위나라와 초나라가 연합한 조나라 군대에 대패하였다.

소왕은 무안군을 다시 불렀다. 그러나 무안군은 병을 핑계로 나아가지 않았다. 이로 인해 무안군을 의심하게 된 소왕은 크게 화를 내며 사자를 시켜 그에게 칼을 내려보냈다. 받은 칼로 자결하라는 뜻이었다.

| 백기 · 왕전 |

무안군은 왕이 보낸 칼을 자신의 목에 대며 탄식했다.

"내가 하늘에 무슨 죄를 지었기에 이 지경에 이르게 되었는가?"

그는 잠시 후 다시 입을 열었다.

"내 본래 죽어야 마땅하도다. 장평 싸움에서 항복한 조나라 군사 40만 명을 생매장해 죽였으니 그 원혼이 어찌 나를 가만히 놔둘 리 있으리요!"

무안군은 말을 마치고 드디어 자결했다. 진나라 소왕 50년 11월의 일이다. 무안군은 죽었으나 사실 죽을 만한 큰 죄를 지은 것이 아니었으므로 사람들은 그를 가엾게 여겨 향읍鄕邑마다 모두 그의 제사를 지내주었다.

부자 3대는 있어도 장군 3대는 없다

왕전은 젊어서부터 병법을 좋아하였으며, 진나라 시황始皇을 섬기게되었다.

왕전은 조나라를 공격한 지 1년 만에 조나라를 무너뜨려 진나라 땅으로 편입시켰다. 다음 해에 연나라를 쳐 연나라 왕 희喜를 요동으로 몰아내고, 이어서 위나라를 쳐 평정했다. 진나라가 이미 삼진三晉(조·위·한)을 멸망시켰고 연나라 왕을 요동으로 달아나게 했으므로 다음은 초나라를 무너뜨릴 차례였다. 이때 시황제는 젊은 장군 이신李信을 불러 물었다.

"초나라를 치는 데 그대에게 얼마의 병사를 주면 되겠는가?"

"20만이면 충분합니다."

시황제는 이번에는 왕전에게 물었다.

"그대는 몇 만이면 되겠는가?"

그러자 왕전이 이렇게 대답했다.

"60만은 있어야 합니다."

시황제가 그 말을 듣고 비웃으며 말했다.

"왕장군도 이제 늙었구려. 저 용감한 이 장군을 보시오. 무엇을 그렇게 겁내오?"

드디어 시황제는 이신과 몽염에게 군사 20만 명을 주어 초나라를 치게 했다. 그런데 이신은 초나라의 기습에 대패해 부상병만 이끌고 진나라로 돌아왔다. 그제야 시황제는 왕전의 말이 옳았음을 깨닫고 왕전에게 사과한 뒤 다시 물었다.

"초나라가 지금 기세를 몰아 우리를 침략한다고 하오. 얼마면 저들을 깨뜨릴 수 있겠소?"

"전에 말씀드린 대로 꼭 60만 명이 있어야 합니다."

그러자 시황제가 고개를 끄덕였다.

"장군의 계책을 따르겠소."

결국 왕전은 60만 군사의 장수가 되었다. 그런데 왕전은 출전하기 전 시황제에게 그 대가로 수많은 봉읍封邑(임금에게서 받는 땅)을 요구했다. 그러자 시황제가 말했다.

"장군은 걱정 말고 갔다오시오. 나라를 살린 장군이 어찌 가난함을 면치 못하겠소?"

그래도 왕전은 뜻을 굽히지 않았다.

"왕의 장군이 되어 공은 많았으나 후(侯)로 봉해지지 못했습니다. 그래서 동산과 연못 등을 청하여 자손이나마 그 혜택을 편안하게 누리라는 뜻에서 이렇게 청하는 것입니다."

시황제는 크게 웃고 말았다.

그러나 왕전은 함곡관에 도착한 뒤에도 무려 다섯 번이나 사자를 보내어 봉읍을 계속해서 청하였다. 그러자 어떤 사람이 이렇게 말했다.

"장군의 요구가 너무 심한 거 아닙니까?"

왕전이 대답했다.

"그렇지 않소. 진나라 왕은 거칠고 포악하여 남을 믿지 않소. 그래서 군대의 지휘권을 모두 내게 맡겨두고도 왕은 틀림없이 나를 의심하고 있을 것이오. 내가 자손을 위해 많은 봉읍을 요구하는 것은 나에게 그 목적 외에 다른 뜻이 없다는 것을 알리기 위해서요. 이를테면 봉읍은 충성을 기약하는 담보물인 것이오."

초나라는 왕전이 이신을 대신하여 공격해온다는 소식을 듣고 즉시 전병력을 동원하여 준비를 하였다. 그러나 왕전은 나아가 싸울 생각은 하지 않고 성채를 견고히 하며 굳게 지키기만 했다. 초나라 군대가 자주 싸움을 걸어 왔으나 끝까지 응하지 않았다. 대신에 왕전은 날마다 군사들을 쉬게 하고 좋은 음식을 먹여 그들을 보살폈다. 왕전 자신도 친히 사졸들과 음식을 같이 먹었다. 얼마의 시간이 지나자 왕전은 부하를 보내 병사들을 시찰하게 한 후 이렇게 물었다.

"병사들이 놀고만 있던가?"

"너무 무료한 탓인지 돌 던지기와 뛰기 시합을 하고 있습니다."

왕전이 무릎을 치며 말했다.

"이러니 병사들의 체력이 안 좋아질 리 있으리요? 이제야 병사들을 쓸 수 있게 되었다."

마침내 왕전은 군대를 출동시켰다. 이때 초나라 군대는 진나라가 응전하지 않자 방심하고 군사를 이끌고 동쪽으로 철수하고 있던 중이었다. 왕전은 이 기회를 놓치지 않고 신속히 추격하여 초나라 군대를 크게 물리친 뒤 이 승세乘勢를 몰아 초나라로 쳐들어가 초나라 왕자 부추負芻를 포로로 사로잡고 마침내 초나라를 평정하여 진나라의 군현郡縣으로 편입시켰다.

또한 남쪽으로 백월百越의 군주를 정벌하기에 이르렀다. 왕전의 아들 왕분은 이신과 함께 연나라와 제나라의 땅을 평정했다.

진나라 시황제 26년에 천하를 모두 평정했는데, 왕씨와 몽씨의 공이 많아, 이 두 가문의 명성이 후세까지 남게 되었다. 진나라 2세 황제 때엔 왕전과 그의 아들 왕분은 모두 죽고, 또 몽씨도 자손이 끊겼다. 이때 진승陳勝이란 자가 조나라를 세워 진나라에 반기를 드니 진나라에서는 왕전의 손자 왕리를 시켜서 조나라를 치게 했다. 왕리가 마침내 진승을 거록성鉅鹿城에서 포위했다. 어떤 이가 말했다.

"왕리는 강대국 진나라의 명장이다. 지금 미약하기 짝이 없는 신흥국 조나라를 치니 결과는 보지 않아도 왕리의 승리다."

이때 지나가던 사람이 그 말을 듣고 말했다.

"그렇지 않소. 3대에 걸쳐 장군이 된 자는 반드시 망한다 했소. 조부와 아버지 대에 사람을 많이 죽여서 그 살벌한 기운이 후손에 전해지기 때문이오. 그러니 어찌 후손이 재앙을 당하지 않으리요. 바로 왕리가 3대째의 장군이오."

과연 얼마 안 되어 왕리는 조나라를 구원하러 온 항우項羽의 손에 잡히고 말았다.

백기는 이름이 천하를 진동시켰으나 자신의 환란은 구제하지 못하였다. 왕전은 자신의 일신의 안일만을 구하다가 죽었으니, 손자 왕리 때에 이르러 항우에게 잡힌 것 또한 마땅하지 않은가?

맹상군

개 짖는 소리와 닭 우는 소리로 위기를 모면하다

맹상군孟嘗君의 이름은 문文이고 성은 전田다. 문의 아버지 전영은 제나라 위왕威王의 첩에게서 태어난 아들이고, 제나라 선왕의 배다른 동생이기도 하다. 일찍이 전영은 사절로서 한나라와 위나라에 가서 한·위 나라를 제나라에 복종시키고, 그들 나라가 제나라 선왕을 맹주로 추대하게 만드는 등 공이 많았다. 그래서 선왕의 뒤를 이은 민왕 때에는 설薛 땅을 하사받고 설의 제후가 되었다.

문은 전영의 40여 명의 아들 중 천한 첩의 소생이었다. 그는 5월 5일에 태어났는데, 전영은 5월에 태어난 자식은 그 키가 지게문 높이로 자라면 부모를 해한다며 내다 버리라고 했다. 세상에 자식을 내다 버리라니……. 하지만 어느 어머니가 낳은 자식을 갖다 버리겠는가. 그래서 그 어미는 자식을 버리지 않고 몰래 길렀다. 나중에 이 사실을 안 문이 아버지에게 말했다.

"사람이 태어날 때 운명을 하늘에서 받는 것입니까, 아니면 지게문에서 받는 것입니까?"

아버지 전영이 묵묵히 있자, 문이 다시 물었다.

"사람의 운명을 하늘에서 받는다면, 군께선 무엇을 근심하십니까? 그렇지 않고 운명을 지게문에서 받는다 해도 근심할 필요가 없습니다. 사람의 키가 닿지 않도록 지게문을 높이면 되지 않습니까?"

"그만하라. 더 말하지 않아도 네 뜻을 알겠다."

그후 문이 아버지 전영에게 다시 말했다.

"위왕·선왕·민왕 3대의 임금이 다스리는 동안 군께선 정권을 잡고 계시지만 제나라 땅은 더 넓히지 못했습니다. 또한 군의 사가私家는 호화로움을 더해 후첩까지도 비단옷을 입고 다니지만 주위에 현명한 선비는 단 한 명도 없습니다. 이렇게 가다간 국가의 재물이 바닥날 것인데, 이런 죄를 짓고 군께선 몸을 온전히 보전할 수 있다고 생각하십니까? 저는 이 점을 걱정할 뿐입니다."

이 말을 듣고 전영은 드디어 문을 신임하여 집안일을 맡기고 빈객賓客을 접대하게 했다. 그후 전영이 죽자 문이 아비의 뒤를 이어 설 땅을 다스리니 이 사람이 맹상군이다. 맹상군은 사람을 불러들이고 같이 어울리며 지내기를 좋아했다.

맹상군이 빈객들을 신분 차별 없이 잘 대한다는 소문이 널리 퍼지자 그의 집에는 빈객들이 날로 늘어나 어느새 수천 명이나 되었다.

어느 날 저녁이었다. 맹상군이 빈객과 밥을 먹으려고 할 때 어떤 사람이 불빛을 가리는 바람에 갑자기 방 안이 어두워졌다. 이때 빈객이 "손님의 밥보다 주인의 밥이 더 좋다"고 하며 자리를 박차고 나가려 했다. 맹상군의 음식이 손님의 음식보다 나은 것을 감추려고 일부러 어둡게 한 것이라 오해한 것이다. 그러자 맹상군이 일어나 자기 밥그릇을 들고 빈객에게 가서 똑같은 음식임을 보이자 빈객은 부끄러워 스스로 목숨을 끊었다.

맹상군에 대한 명성은 적군인 진나라에까지 알려져 있었다. 진나라 소왕은 맹상군을 두 차례 초청한 끝에 진나라에 발을 들여놓게 했다.

소왕은 맹상군을 만나본 후로 그를 즉시 진나라 재상으로 삼으려고 했다. 그러자 어떤 사람이 반대를 하고 나섰다.

"맹상군은 현명하지만 그는 엄연한 제나라 혈족입니다. 그가 진나라 재상이 되더라도 제나라를 위해 일할 것이니, 진나라는 분명 위태로워질 것입니다."

이 말을 듣고 소왕은 맹상군을 가두고 죽이려고 했다. 옥 안에 갇혀 꼼짝없이 죽게 된 맹상군은 빈객을 시켜 소왕이 총애하는 첩에게 석방시켜 달라고 부탁하였다.

"좋소. 하지만 나도 부탁이 있소이다. 맹상군이 갖고 있는 여우 겨드랑이의 털로 만든 가죽옷을 주시오."

첩은 엄청난 요구를 하였다. 이 옷은 값이 천금이나 되고 천하에 둘도 없는 물건이었다. 그런데 이것은 맹상군이 진나라에 와서 이미 소왕에게 바친 뒤였으며, 다른 옷은 없었다.

맹상군이 전전긍긍하자 빈객 중 '개의 흉내를 내며 도둑질을 잘하는 자'가 나섰다.

"신이 여우 가죽옷을 구해오겠습니다."

그날 밤, 빈객은 개의 흉내를 내어 진나라 궁중 창고에 잠입한 뒤 소왕에게 바친 여우 가죽옷을 훔쳐 돌아왔다. 맹상군은 이것을 소왕이 총애하는 첩에게 바치게 했다. 그리하여 첩이 소왕의 마음을 움직여 비로소 맹상군은 풀려나게 되었다.

한편 소왕은 뒤늦게 맹상군에게 속은 것을 알고 추격군을 보내 그를 잡아오게 했다. 맹상군은 풀려나오자마자 밤새 말을 달려 함곡관까지 도망쳐 왔다.

그러나 함곡관의 문은 굳게 닫혀 있었다. 국경의 법으로는 첫닭이 울어야 비로소 문을 열게 되어 있었다. 맹상군의 뒤에서는 이미 추격군의 말발굽 소리가 요란하게 들려오는 듯했다.

맹상군은 어찌할 바를 몰랐다. 이때 같이 있던 빈객 중 평소 닭울음소리를 흉내내는 자가 하나 있었다. 그가 교묘하게 닭울음소리를 내자 근처에 있던 닭들이 따라 요란하게 울기 시작했다. 관문병들은 닭 우는 소리를 듣고 관문을 열었다. 그래서 맹상군은 무사히 국경을 통과하게 되었다. 진나라 병사들이 함곡관에 도착하였지만 맹상군 일행은 금세 국경을 빠져나간 뒤였다. 그들은 할 수 없이 되돌아갈 수밖에 없었다.

처음 맹상군이 개의 흉내를 잘 내는 좀도둑과 닭울음소리를 잘 내는 사람을 빈객으로 맞이하였을 때 다른 빈객들은 쑥덕거리며 그들과 같은 자리에 앉기도 꺼려했다.

그런데 맹상군이 진나라에서 위태로움에 처했을 때 이 두 사람이 나서서 그를 구하게 되니 비로소 다른 빈객들은 맹상군을 다시 보며 깊이

맹상군이 위기에 빠졌을 때 빈객 중 개 짖는 소리와 닭울음소리를 흉내내는 사람이 있어 위기를 모면하여 진나라를 탈출했다.

| 맹상군 |

따르게 되었다.

맹상군이 일행과 함께 제나라로 돌아오는 도중에 조나라를 지나게 되었다. 조나라 평원군은 그를 귀한 손님으로 맞아 대접했다. 그런데 평소 맹상군에 대한 소문을 듣고 있던 사람들이 구경하러 몰려나왔다가 그를 직접 보더니 이렇게 말했다.

"맹상군이 키가 훤칠한 대장부인 줄 알았는데, 가까이서 보니 작은 키에 좀스럽게 생겼구먼."

맹상군이 이 말을 듣고 화를 벌컥 내자 좌우에 있던 빈객들이 구경꾼 수백 명을 베고, 마침내 한 고을을 전멸시킨 뒤 길을 떠났다.

군주가 이익에 눈이 멀면 백성이 떠난다

제나라에 돌아온 맹상군은 재상이 되어 국정을 맡았다. 어느 날 풍환 馮驩이란 자가 맹상군이 빈객을 좋아한다는 말을 듣고서 짚신을 신고 찾아왔다.

"먼 길을 오시느라 수고가 많았구려. 그런데 선생은 나에게 무엇을 가르쳐 주시겠소?"

풍환이 입을 열었다.

"군께서 선비를 좋아한다기에 그저 찾아왔소이다. 이 몸을 당신에게 맡기고 싶소이다."

맹상군은 그를 대수롭지 않게 생각하고, 신분이 낮은 사람들이 머무는 숙소에서 지내게 했다. 그가 식객으로 있은 지 10일째가 되자 맹상군이 객사客舍의 책임자에게 물었다.

"손님이 무슨 일을 하던가?"

"풍환 선생은 가난해서 있는 거라곤 칼 한 자루밖에 없습니다. 그나마 새끼줄로 자루를 감은 보잘것없는 것이지요. 그런데 풍환 선생은 그 칼을 손으로 두드리면서, '장검이여, 돌아가자. 식사에 고기반찬이 없구나!'라고 노래를 부릅니다."

맹상군은 그를 중간 계층의 빈객이 머무는 객사로 옮겨주었다. 5일 뒤에 맹상군이 물으니 객사의 책임자가 대답했다.

"손님이 또 칼을 두드리며, '장검이여, 돌아가자. 밖에 나가려고 해도 수레가 없구나!'라고 노래를 부릅니다."

맹상군은 수레가 있는 더 좋은 객사로 옮겨주었다. 5일 뒤에 맹상군이 다시 물으니 객사의 책임자가 이렇게 대답했다.

"손님은 만족할 줄 모릅니다. 이번에는 '장검이여, 돌아가자. 살아갈 집이 없구나!'라고 노래를 부릅니다."

맹상군은 이 말을 듣고 불쾌하게 여겼다. 그후 1년 동안이나 풍환은 아무런 말도 하지 않았다. 맹상군의 식객은 점점 늘어나 3,000명이나 되었다. 맹상군은 자신의 영지인 설 땅의 사람들에게 돈을 꿔 준 뒤 그 이자를 거두어 식객을 접대해오고 있었다.

맹상군은 빈객을 접대할 돈이 떨어질 형편에 놓이자, 풍환에게 빌려준 돈을 거둬들이도록 설 땅으로 보냈다. 그런데 풍환은 원금만 거두고 원금에 대한 이자는 받지 않았을 뿐만 아니라, 형편이 어려워 이자를 못 갚는 사람들의 차용증서를 불태워 채무를 면제해주었다. 맹상군이 이를 듣고 화를 내며 당장 풍환을 불러오게 했다. 맹상군은 그를 보자마자 크게 꾸짖으며 도대체 어찌 된 일인지 풍환에게 물었다.

"원금도 갚을 능력이 없는 자에게 빚 독촉을 하면 10년이 지나도 회수할 가망이 없고 이자만 점점 많아질 뿐입니다. 그렇게 자꾸 재촉하면 사람들은 곧 도망갈 것입니다. 만일 이렇게 되면 위로는 군주가 이익을 탐하여 백성을 사랑하지 않는다는 평을 듣게 되고, 아래로는 백성들이 돈을 갚지 않으려 군주를 떠난다는 말을 듣게 됩니다. 이렇게 하는 것은 백성들을 격려하고 군주의 명성을 널리 떨치게 하는 일이 아닙니다. 그래서 유명무실한 차용증서를 불태워 없앰으로써, 백성들이 군주를 존경하고 군주의 명성을 드러나게 하려고 한 것입니다. 제가 무슨 잘못한 일이라도 있습니까?"

맹상군은 손뼉을 치며 잘했다고 칭찬을 했다.

부귀가 가면 벗도 떠나는 것이 세상의 이치다

세월이 흐르면서 맹상군의 이름은 나라 안팎으로 더욱 높아졌다. 그러자 제나라 왕은 맹상군이 정권을 마음대로 휘두를까 두려워 그를 파면했다. 거의 모든 빈객들은 이제 맹상군의 시대는 다 끝났다고 생각하며 그의 곁을 떠나버렸다. 풍환이 맹상군에게 말했다.

"제가 진나라에 들어갈 수 있게 수레 한 대만 주십시오. 그렇게 해주신다면 군을 제나라에서 다시 중용되게 하고 봉읍도 더 넓혀 드리겠습니다."

맹상군은 수레를 준비하여 그에게 주었다. 풍환은 수레를 타고 진나라로 들어가 왕 앞에서 이렇게 말을 꺼냈다.

"지금 서쪽의 진나라와 동쪽의 제나라는 자웅雌雄을 겨루고 있습니다. 천하의 선비들 또한 이 두 나라 중 어느 한 나라 편을 들기 위해 오고가는 것입니다. 그러나 두 나라가 양립하여 둘 다 수컷이 될 수는 없습니다. 실로 수컷이 되는 나라가 천하를 얻을 것입니다."

진나라 왕이 꿇어앉아 풍환에게 물었다.

"그럼 어떻게 해야 진나라가 수컷이 될 수 있겠소?"

풍환이 말했다.

"왕께서는 제나라에서 맹상군이 파면된 일을 알고 있습니까? 맹상군은 이 일로 제나라를 원망하고 있습니다. 그는 제나라를 천하에 알린 유능한 사람이니, 진나라에서 인재로 등용하십시오. 실로 맹상군만큼 제나라의 내부 실정을 잘 아는 사람도 없습니다. 그를 진나라에서 중용한다면 제나라 땅을 얻는 것은 누워서 식은 죽 먹기입니다."

진나라 왕은 매우 기뻐하며 수레 10대와 황금 2,000냥을 보내어 맹상군을 데려오도록 했다. 한편 풍환은 진나라 사신보다 먼저 제나라에 돌아와 제나라 왕을 이렇게 설득했다.

"지금 진나라 사신이 와 맹상군을 데려간다고 합니다. 제나라와 진나라가 자웅을 겨루고 있는 이때에 맹상군이 진나라로 가면 제나라가 위험합니다. 그러니 어서 맹상군을 다시 등용하십시오."

제나라 왕은 즉시 맹상군을 재상의 지위에 복직시켰다. 또한 옛 봉읍의 땅 외에도 1,000호의 땅을 더 보태주었다. 진나라 사자는 그 소식을 듣고 수레를 돌려서 돌아갔다. 풍환은 흩어졌던 빈객들을 다시 맞아들이려고 하였다. 빈객들이 맹상군의 문 앞에 도착하기 전이었다. 맹상군

맹상군의 집에는 항상 빈객들이 들끓었지만 그가 파면되자 빈객들은 모두 떠나갔다. 하지만 그가 다시 복귀하자 사람들은 다시 찾아들기 시작했다.

이 탄식하며 풍환에게 말했다.

"선생도 알듯이, 저는 그동안 3,000명이나 되는 빈객을 예를 다해 대접해왔습니다. 그런데 제가 파면되자마자 저를 버리고 가버렸다가 복직이 되었다는 소문을 듣고 이렇게 저를 찾아오고 있습니다. 내 그들의 얼굴에 침을 뱉어 크게 욕보일 것입니다."

그러자 풍환이 엎드려 절하고 말했다.

"군께서 실언하셨기 때문에 절하는 것입니다. 살아 있는 것은 반드시 죽게 된다는 것이 사물의 이치입니다. 부귀하면 선비가 많이 모여들고, 가난하면 벗이 적어지는 것은 세상의 이치입니다. 군께서는 혹시 아침에 저잣거리로 몰려가는 사람들을 보신 적이 없습니까? 이른 아침인데도 어깨를 서로 부딪치며 먼저 가기를 다툽니다. 그러나 해가 저문 뒤에는 팔을 휘저으면서 저잣거리는 돌아보지도 않습니다. 그것은 아침을 좋아하고 저녁을 싫어해서가 아닙니다. 저녁의 저잣거리에는 기대하는 물건이 없기 때문입니다. 군께서 벼슬을 잃었으니 객들이 다 떠나간 것입니다. 이것을 가지고 선비들을 원망하여 함부로 빈객들이 오는 길을 끊어서는 안 됩니다. 군께서 빈객을 예전과 같이 대우하기를 원합니다."

맹상군은 두 번 절하고 말했다.

"명에 따르겠습니다. 선생의 말씀을 들은 이상 어찌 가르침을 받지 않을 수 있겠습니까."

세상에 전하는 말로 맹상군은 귀한 손님이 찾아오는 것을 기쁨으로 여겼다 했는데, 아마도 그 이름이 헛되게 전해지는 것은 아닌 것 같다.

평원군 · 우경

세 치 혀가 백만 명의 군사보다 강하다

평원군平原君 조승趙勝은 조나라 여러 공자 중의 한 사람이다. 그는 빈객들을 맞아 같이 어울리기를 좋아하여 그의 문하에 모여든 빈객의 수가 수천 명이나 되었다.

어느 날 평원군의 애첩이 동네 절름발이를 비웃은 일이 있었다. 절름발이가 평원군을 찾아와 항의하며 그녀를 죽여 달라고 간청하였다. 그러나 평원군마저도 그를 비웃고 청을 들어주지 않았다. 그후 평원군의 빈객들이 조금씩 떠나가니, 그 수가 빈객의 절반을 넘었다. 평원군이 이를 이상하게 여겨 빈객 중 한 사람에게 물었다.

"나는 선비를 대우할 때에 아직까지 예를 잃은 일이 없소이다. 그런데 왜 이렇게 많은 선비들이 저를 떠나는 것입니까?"

"공자께서 절름발이를 비웃은 여인을 죽이지 않았기 때문입니다. 선비들이 공께서 여색을 사랑하고 선비를 천시한다고 생각하여 떠나는 것입니다."

그제야 평원군이 깨닫고 애첩의 목을 벤 후에 절름발이를 찾아가 그 목을 보이며 사과했다. 그 뒤로 선비들이 차츰차츰 모여들기 시작했다.

이 무렵 조나라에 평원군이 있다면 제나라에는 맹상군, 위魏나라에는 신릉군, 초나라에는 춘신군이 있었다. 사람들은 이 네 사람을 '사군자四君子'라 불렀는데, 이들은 서로 경쟁이나 하듯이 선비들을 불러모으고 있었다.

진나라가 조나라의 수도 한단을 포위하자, 조나라는 평원군을 시켜서 초나라에 구원을 청하게 했다. 평원군은 자신의 빈객 중 20명을 선발하여 수행 사절로 데려가려고 했다. 그런데 19명은 선발되었지만, 나머지 1명은 마땅한 사람이 없었다.

이때 문하에 모수毛遂라는 자가 평원군 앞으로 나와 스스로 자신을 추천했다. 평원군이 물었다.

"선생께서 내 빈객으로 있은 지 몇 해나 되었소?"

"3년입니다."

"현명한 선비가 세상에 있는 것을 비유하면, 주머니 속에 송곳이 있는 것과 같아서 그 끝이 금세 드러나 보이는 법이오. 그런데 선생이 내 빈객으로 있은 지 3년이 되었지만 그 누구도 아직 선생을 칭송한 일이 없었으며, 나 역시 그대의 이름을 들은 바가 없소. 이것은 혹시 선생께서 재능이 없다는 증거가 아니겠소?"

그러자 모수가 평원군의 말을 반박했다.

"그래서 신이 오늘에서야 공의 주머니 속에 있기를 청하는 것입니다. 만약 공께서 신을 좀더 일찍이 주머니 속에 있게 했더라면, 송곳 끝만 아니라 송곳의 자루까지 밖으로 나왔을 것입니다."

평원군은 마침내 모수와 함께 가기로 했다. 다른 19명은 드러내지는 않았지만, 서로 눈짓하며 스스로 자기를 추천한 모수를 비웃었다.

드디어 평원군이 초나라 왕 앞에서 합종의 이해득실을 따져 구원의 약속을 받아내려고 했다. 그러나 아침에 시작한 논의가 오후가 되어도 끝나지를 않았다.

이때 모수가 계단을 뛰어올라가 칼을 어루만지면서 소리쳤다.

"합종을 할 것이냐 말 것이냐, 이렇게 단 두 마디의 말이면 충분한데, 이걸 갖고 시간을 끈다는 것이 말이나 됩니까?"

초나라 왕이 모수를 꾸짖었다.

"어서 썩 내려오지 못할까? 나는 너의 주군과 말하고 있는데, 네가 뭘 안다고 여기까지 올라와 떠들어대느냐?"

모수는 칼을 어루만지며 앞으로 다가가 말했다.

"왕께서는 여기가 초나라이고, 주위에 초나라 사람이 많음을 믿고 큰 소리치십니다. 그러나 여기서부터 열 걸음 안에서는 아무것도 의지할 수 없습니다. 왜냐하면 왕의 목숨이 제 손에 달려 있기 때문입니다. 이렇듯 천하의 움직임은 사람 숫자에 있는 것이 아니라 바로 형세에 있는 것입니다. 은나라 탕왕이 70리의 땅으로 천하를 거느리는 왕이 되고, 주나라 문왕이 100리의 땅으로 제후들을 신하로 삼았던 것은 바로 형세에 의거하여 그 위엄을 잘 떨쳤기 때문입니다. 이에 비하면 초나라의 땅은 사방 5,000리이고, 창을 지닌 병사가 백만이나 됩니다. 이는 큰 장점이며, 이것이야말로 패자가 될 수 있는 바탕입니다. 그런데 지금 진나라는 초나라를 능욕하고 있습니다. 백기라는 하찮은 필부가 초나라 땅을 넘어와 가옥을 불사르고 수도까지 빼앗았습니다. 이 일은 초나라로서 백세의 치욕으로, 조나라도 이를 안타까워하고 있습니다. 그런데도 왕께서는 진나라가 밉지 않으시단 말입니까? 진실로 합종하려는 것은 초나라 때문이지 조나라 때문이 아닙니다. 그런데 어찌 왕은 소인을 꾸짖습니까?"

초나라 왕이 부끄러워하며 고개를 끄덕였다.

"참으로 옳으신 말씀이오. 삼가 이 나라 사직을 받들어 합종하겠소."

모수가 다짐받으려는 듯 말했다.

"이로써 합종이 맺어졌습니까?"

"맺어졌소."

모수가 초나라 왕의 좌우 신하들에게 말했다.

"말과 개와 닭의 피를 가져오시오."

모수가 피를 담은 구리 쟁반을 받쳐들고 꿇어앉아 초나라 왕에게 올리면서 말했다.

"왕께서 먼저 피를 드시고 합종을 결정해주십시오. 다음은 우리 주군, 그 다음은 제가 마시겠습니다."

이렇게 하여 합종의 약속이 맺어졌다. 그러자 모수가 왼손으로 쟁반의 피를 들고 오른손으로 19명을 손짓해 불렀다.

"그대들은 이 피를 당堂 아래에서 마셔야 하오. 그대들이야말로 정말 무능한 사람들이 아니오? 남의 힘에 의지하여 일을 이루려 하니 어찌

조나라의 모수는 초나라와 합종을 맺는 데 결정적인 구실을 한다. 모수의 세 치 혀는 결국 초나라의 백만군사보다 강했음을 만천하에 입증한 것이다.

무능하다 하지 않겠소?"

평원군은 마침내 초나라에서 도와주겠다는 약속을 받아내고 조나라로 돌아왔다. 평원군은 그 일을 회고하며 이렇게 말했다.

"내 감히 다시는 인물을 평가하지 않겠다. 내가 대단치 않게 생각했던 모 선생이 한 번 초나라에 가매 조나라를 대려大呂(주나라 왕실 종묘에 있던 큰 종)보다도 무겁게 만들었다. 모 선생의 세 치 혀는 초나라의 백만군사보다도 강하지 않던가! 내 감히 다시는 선비를 안다고 말하지 않으리라."

그리고 드디어 평원군은 모수를 상객上客으로 모셨다.

나라가 망하면 포로가 될 수밖에 없다

평원군이 조나라로 돌아간 뒤, 초나라에서는 춘신군을 장수로 삼아 조나라를 돕도록 했다. 위나라에서도 신릉군을 보내 조나라를 돕도록 했다. 그런데 초나라와 위나라의 구원군이 오기도 전에 진나라 군사들이 조나라에 들이닥쳐 수도인 한단이 함락될 위기에 빠졌다.

그러나 평원군은 나라의 운명보다는 집안 식솔들의 안전에만 신경을 썼다. 이에 이동李同이라는 문객門客이 평원군 앞에 나와 간하였다.

"당신은 나라가 망하는 것이 걱정되지도 않습니까?"

"나라가 망하면 나는 포로가 될 터인데 어찌 그런 말씀을 하시오?"

이동이 다시 입을 열었다.

"지금 조나라의 수도 한단의 백성들은 먹을 것이 없어서 서로 자식을 바꾸어 먹고 있는 실정입니다. 그런데 당신의 집에는 쌀과 고기가 남아돌고 있으며, 후궁들은 물론 노비들까지 비단옷을 입고 있습니다. 나라가 망한다면 당신이 이런 것들을 어떻게 누리겠습니까? 지금 당장, 부인과 아랫사람들을 병사들과 같이 일하게 하십시오. 그리고 가지고 있는 것을 풀어서 병사들을 먹이십시오. 그러면 어려운 처지에 있는 병사들이 군주의 은혜에 크게 감격해할 것입니다."

평원군이 이동의 말을 따르니, 죽음을 각오한 3,000명의 군사들을 얻게 되었다. 이동이 드디어 3,000명과 함께 진나라 군대를 향해 나아가니, 진나라 군사들은 3,000리 밖으로 잠시 물러났다. 때마침 초나라와 위나라의 구원군이 도착하자, 진나라의 군대는 물러가고 조나라는 가까스로 멸망 위기에서 벗어날 수 있었다.

결과가 똑같다면 앉아서 당할 필요가 없다

우경虞卿은 유세를 하는 선비이다. 그는 짚신을 신고 어깨까지 덮는 챙이 큰 우산 같은 삿갓을 쓰고 조나라로 와서 효성왕을 설득했다. 효성왕은 우경의 말을 한 번 듣고는 황금 2,000냥과 흰 옥 한 쌍을 선물로 주었으며, 두 번째 만나서는 조나라 상경上卿(재상)으로 삼았다. 우虞가 성인지라 관직 명칭을 붙여 우경이라 불렀다.

조나라가 장평長平 전투에서 진나라에게 패하자 효성왕은 화친이냐, 항전이냐를 놓고 고민했다. 이때 누창樓昌이란 장수가 화친론을 주장하자 우경이 반대했다.

"누창이 화친을 말하는 이유는 화친하지 않으면 조나라 군대가 반드시 패한다고 생각하기 때문입니다. 그러나 화친을 하고 안 하는 것은 진나라의 의사에 달린 것이지 조나라의 의사에 달린 것은 아닙니다. 또 왕께서 보시기에 화친을 하면 진나라가 공격을 멈출 것 같습니까, 그렇지 않다고 보십니까?"

왕이 대답했다.

"진나라는 끝까지 힘을 다해 우리를 무너뜨릴 것 같소."

그러나 조나라 왕은 우경의 말을 받아들이지 않고 진나라에 화친을 청했다. 이후 조나라는 진나라 계책에 말려들어 장평에서 대패하고 수도 한단까지 포위당해 천하의 웃음거리가 되었다.

조나라는 6개 현縣을 진나라에 떼어주기로 하고, 왕이 진나라에 들어가 사과하는 치욕적인 조약을 맺고서야 간신히 진나라의 포위에서 풀려날 수 있었다. 조나라 왕이 돌아와 진나라와의 약속대로 이행하려

하니 우경이 또 반대했다.

"일단 화친을 성사시켜 눈앞의 위기에서 벗어날 수 있었으나 화친은 결국 자멸하는 길입니다. 차라리 6개 현을 합종의 대가로 천하 제후들에게 나누어 주고 그들의 신뢰를 얻어 진나라를 치는 것이 조나라에 유리할 것입니다. 가만히 앉아 땅을 떼어주어서 자신을 약화시키고 진나라를 강하게 만드는 것과 비교한다면 어느 것이 더 유리합니까? 더구나 왕의 땅은 한정되어 있지만 진나라의 요구는 그침이 없습니다. 한정된 땅을 가지고 그칠 줄 모르는 요구를 만족시켜 주다 보면 언젠가 조나라는 없어질 것입니다."

우경은 화친을 주장하는 신하들 앞에서 끈질기게 항전의 논리를 펴 조나라 왕을 설득하려고 했다.

큰 고통이 오히려 이름을 남기게 하다

조나라 왕이 어찌하면 좋을지 고민하고 있을 때, 진나라의 동정을 엿보기 위해 갔던 누완樓緩이라는 신하가 돌아왔다. 조나라 왕이 누완에게 화친을 할 것인지, 항전을 할 것인지에 대해 자문을 했다.

누완이 사양하며 말했다.

"신이 판단할 수 있는 일이 아닙니다."

왕이 그 이유를 묻자 이렇게 대답했다.

"왕께서 혹시 저 공보문백公甫文伯의 이야기를 들으셨습니까? 옛날 공보문백이 노나라에서 벼슬을 살다가 죽으니 그를 따라 규방 안에서 자살한 여자가 두 명 있었습니다. 공보문백의 어머니가 그 이야기를 듣고도 곡하지 않으니 그 집 종이 이상히 여겨 이유를 물었습니다.

이에 그 어머니가 대답하기를, '아들의 스승인 공자가 노나라에서 쫓겨났을 때 아들은 스승을 따라가지 않았다. 그런데 지금 아들이 죽으니 그를 위하여 자살한 여인이 두 사람이나 된다. 이런 결과는 아들이 자신의 주군에겐 박하고 여인에겐 후하게 대했기 때문이다. 그래서 울지 않은 것이다'라고 말했다 합니다. 이 말을 그 어머니가 하면 어진 어머니라고 하겠습니다만, 아내가 이 말을 한다면 반드시 질투심이 많은 아내라고 세상 사람들은 말할 것입니다. 이런 까닭에 말의 내용은 같지만 말하는 사람이 다르면 곧 듣는 사람의 마음도 다르게 생각되는 것입니다.

지금 방금 신이 진나라에서 돌아왔으니, 성을 주지 말라고 한다면 그것은 좋은 계책이 아니라 할 것이고, 성을 주라고 한다면 왕께서 신이 진나라와 내통한다고 생각하실 것입니다. 이것이 두려워 감히 대답하지 못하는 것입니다. 그러나 왕께서 굳이 물으신다면 신은 진나라에 6개 성을 떼어주고 화친을 하는 것이 낫다는 생각입니다."

우경이 이 말을 전해 듣고 조나라 왕을 찾아가 아뢰었다.

"신은 땅을 주지 말라고 한 것이 아니라, 다만 진나라에 주지 말라고 한 겁니다. 왕께서는 6개 성을 제나라에 뇌물로 주십시오. 그러면 제나라는 이익에 어두워 조나라와 합종하고 진나라를 칠 것입니다. 이는 왕께서 6개 성을 제나라에 주고 그 보상을 진나라에서 받는 격입니다. 그리하여 제나라와 조나라는 진나라에 대한 원한을 갚을 수 있고, 천하에 조나라가 일을 잘 처리하는 능력이 있음을 보이게 될 것입니다."

"좋소."

조나라 왕이 우경의 권고대로 제나라와 합종하려고 했다. 그때 마침 위나라가 조나라에게 합종을 먼저 청해와 위와 조는 합종을 맺었다. 그 뒤 진나라의 재상 범수가 자신의 원수인 위제魏齊(위나라의 재상을 지냄)를 넘겨달라고 조나라에 협박을 해왔다.

범수는 원래 위제 밑에 있던 사람이었으나 그에게 매질을 당한 후로 진나라로 도망쳐 재상이 된 인물이다. 조나라 왕이 협박에 못 이겨 위제를 넘겨주려고 하자, 위제는 우경을 찾아가 몸을 의탁했다. 우경은 위제를 위해 스스로 부귀영화를 포기한 채 그를 데리고 몰래 조나라를 떠나 대량大梁으로 갔다. 그후 우경은 이국 땅 양나라에서 어려운 생활을 했다.

위제가 자결한 후 우경은 이루지 못한 뜻을 책으로 엮었다. 위로는 《춘추春秋》에서 따오고 아래로는 근세를 살핀 것으로, 〈절의節義〉, 〈칭호稱號〉, 〈췌마〉, 〈정모政謀〉 등 모두 8편이다. 그는 이 책에서 국가가 얻는 것과 잃는 것을 따지고 비판했다. 세상 사람들은 그 책을 《우씨춘추虞氏春秋》라고 한다.

평원군은 드넓은 하늘을 힘차게 날아가는 새처럼 높은 기상을 가진 인물이었다. 그러나 나라를 다스리는 큰 이치를 살필 줄 몰랐다. 속담에 '이로움에 사로잡히면 지혜가 흐려진다'는 말이 있다.

평원군은 그릇된 말에 지나치게 빠져 장평 전투에서 조나라 군사 40만이 산 채로 매장되게 하였고, 수도 한단까지 거의 함락되는 지경에 이르게 했다.

우경은 사태를 헤아리고 정황을 추측하여 조나라를 위한 계책이 매우 뛰어났다. 그러나 위제와의 정의 때문에 마침내 대량에서 큰 고통을 겪었다. 평범한 사람도 그 옳고 그름을 알 것인데, 하물며 어진 우경이 그것을 몰랐겠는가! 그러나 우경이 큰 고통을 당하지 않았더라면 책을 지어 후세에 자기 이름을 알리게 할 수는 없었을 것이다.

결단하지 않으면 화를 입는다

춘신군

적은 용서하지 말고, 때는 잃지 말아야 한다

춘신군春申君은 초나라 사람으로 이름이 헐歇이고 성이 황黃이다. 그는 여러 나라를 돌아다니며 견문을 넓히고, 초나라에서 경양왕頃襄王을 섬겼다. 경양왕은 그가 말을 잘한다고 생각하여 진나라에 사신으로 보낸 적이 있었다.

황헐이 진나라에 있을 때 진나라가 초나라를 친다는 정보를 입수하게 되었다. 그는 곧 진나라 소왕에게 글을 올려 초나라 공격을 중지하도록 요청했다.

"적은 용서하지 말아야 하고, 때는 잃지 말아야 한다는 옛말이 있습니다. 오나라가 망한 것은 가까운 적인 월나라를 두고 먼 나라인 제나라를 치다 월나라에 당한 것입니다. 이러할진대 진나라도 가까이 있는 한나라와 위나라를 두고 초나라를 쳤다가는 틀림없이 어려움에 처하게 될 것입니다. 차라리 초나라와 친선을 맺고 한나라와 위나라를 치면 한나라와 위나라는 망할 것이며, 당연히 그 연합국인 연나라와 조나라는 위태롭게 되고, 나중에는 제나라뿐만 아니라 초나라까지 흔들면 4개국은 공격을 당하기 전 항복할 것입니다."

글을 읽고 난 진나라의 소왕은 흡족하여 곧 초나라 공격을 중지시키고 초나라와 친선을 약속했다. 황헐이 초나라에 돌아와 우호의 약속을 보고하니, 초나라 왕은 다시 황헐과 태자 완完을 진나라에 보내어 우호의 인질이 되도록 했다.

그 뒤 초나라 경양왕이 위독하게 되었다. 볼모로 진나라에 잡힌 태자 완은 진나라에서 발을 동동 굴렀다. 태자 완이 경양왕이 죽은 후에 초나라로 돌아간다면 배다른 형제들이 왕의 자리에 오를 게 뻔하기 때문이었다. 그렇게 되면 도로아미타불이었다. 황헐은 태자와 사이가 좋은 진나라 재상 응후를 만나 설득했다.

"태자를 입국시켜 왕이 되게 한다면 그 공은 다 응후의 것이며, 태자는 그 공을 잊지 못해 응후와 진나라를 극진하게 섬길 것입니다."

응후는 황헐의 말을 듣고 고개를 끄덕였다. 그리고 곧 진나라 왕에게 가서 황헐의 말을 전했다. 그러나 진나라 왕은 얼른 결정을 내리지 않고 시간을 질질 끌었다. 속이 타는 것은 황헐과 태자였다. 할 수 없이 황헐은 태자를 변장시켜 초나라에 보내고 자신은 진나라에 남았다. 태자가 완전히 진나라 국경을 벗어날 때쯤 되어 황헐은 진나라 왕에게 나아가 이 사실을 자백했다.

"초나라 태자는 이미 돌아갔습니다. 죽음을 각오하고 한 일이니 어떤 처분이라도 달게 받겠습니다."

진나라 소왕은 화가 잔뜩 나서 그를 사형시키려고 했다. 이때 응후가 나서서 말했다.

"황헐이 신하된 도리로서 자신을 내던져 군주를 위하여 죽고자 한 행동입니다. 초나라의 태자가 왕이 되면 황헐을 반드시 등용할 것입니다. 그러니 죄를 묻지 말고 그를 돌려보내서 진나라와 친교를 맺게 하는 것이 좋을 줄 압니다."

그래서 진나라 왕은 응후의 말을 듣고 황헐을 초나라로 돌려보냈다.

세상에는 뜻하지 않은 화禍와 복福이 찾아온다

황헐이 초나라에 돌아온 지 3개월 만에 경양왕이 죽고 태자 완이 즉위하니, 그가 바로 고열왕考烈王이다. 고열왕 원년에 왕은 황헐을 재상으로 삼고 춘신군에 봉하였으며, 회수淮水의 북쪽 땅 12현을 하사했다. 그 뒤 15년이 지나서 춘신군은 제나라의 침략에 대비해 회수의 북쪽 땅 12현을 반납하고 제나라와 가까운 옛날 오나라의 터에 성을 쌓고 그곳을 자신의 도읍으로 정했다.

조나라가 진나라와의 장평 싸움에서 대패하고 수도인 한단이 함락의 위기에 처하자 초나라에 구원을 청하였다. 이에 춘신군이 군대를 몰고가 진나라의 포위를 풀어주었다. 춘신군이 재상으로 있은 지 8년에는 북쪽으로 노나라를 쳐 멸망시켰다. 이 무렵, 초나라는 다시 강성해졌다.

춘신군이 재상으로 있은 지 22년 만에 각 제후들과 합종하여 연합군을 이끌고 진나라를 치려 했으나 오히려 함곡관에서 크게 패하였다. 이 일로 초나라 고열왕은 춘신군을 책망했고, 춘신군은 점점 정권에서 소외되었다. 또한 이때에 위나라가 허許 땅을 갈라 진나라에 바치니 초나라 수도 진陳과 진나라는 더욱 가깝게 되어 위협을 느끼지 않을 수 없었다. 이에 초나라는 수도를 다시 수춘壽春으로 옮겼는데, 이후로 초나라의 국력도 점점 약화되어 갔다.

한편 초나라 고열왕에게는 아들이 없었다. 춘신군이 이를 걱정하여 많은 여인을 바쳤으나 그래도 왕의 소생이 생기지 않았다. 그러자 아이가 생기지 않은 원인이 여자에게 있는 게 아니라 왕에게 있다는 소문이 퍼졌다.

이원李園이라는 자가 이를 알고 먼저 자신의 여동생을 춘신군에게 바쳤다. 이원은 여동생이 춘신군의 총애를 받아 임신한 것을 알고 드디어 그의 여동생과 모의했다. 이원의 여동생은 춘신군을 설득했다.

"나리께서 초나라 재상으로 국정을 맡은 지 오래되었으니 그동안 왕의 친척과도 많은 원한을 진 셈입니다. 만약 왕이 죽게 된다면 나리의 몸이 위험하게 될 것입니다. 미래를 확실하게 해두고 싶으시면 첩을 초나라 왕에게 바치십시오. 그러면 왕은 반드시 첩을 총애할 것입니다. 첩이 하늘의 도움을 입어 아들을 낳게 되면 바로 나리의 아들이 왕으로 될 것이니, 초나라를 송두리째 얻게 되는 일입니다. 나리의 몸이 위험하게 되는 것과 미래를 확실히 해두는 일 중 어느 것이 더 좋은 선택이 겠습니까?"

춘신군은 매우 그럴듯하다고 생각되어 마침내 여인을 초나라 왕에게

초나라의 이원은 춘신군에게 여동생을 첩으로 바친 뒤, 여동생이 임신하자 고열왕의 첩으로 바칠 것을
모략한다. 그리고 여동생이 아들을 낳자, 이원은 권력의 중심에서 춘신군을 제거하는 데 앞장선다.

| 춘신군 |

바쳤다. 과연 일은 이원의 계략대로 되었다.

춘신군의 애첩이자 이원의 여동생이 아들을 낳으니 초나라 왕은 아들을 태자로 삼고 그녀를 왕후로 삼았다. 마침내 이원이 초나라 왕의 신임을 받으니, 이원은 초나라 정권을 좌지우지했다. 그리고 이원은 태자의 출생 비밀을 알고 있는 춘신군을 죽이려고 했다. 그러나 이목이 많아 함부로 실행에 옮기지 못하고 은밀히 협사(俠士, 대장부다운 기상을 지닌 사람)를 길렀다.

춘신군이 재상으로 있은 지 25년째 되던 해에 고열왕이 병에 걸렸다. 이때에 춘신군의 문객 중 주영이라는 자가 춘신군에게 말했다.

"세상에는 뜻하지 않게 복이 올 수도 있고, 또 뜻하지 않게 화(禍)가 올 수도 있습니다. 지금 군께서는 그런 세상에 살고 있고, 기대할 수 없는 군주를 섬기고 있습니다. 이렇게 불확실한 세상에 살면서 군을 지켜줄 뜻밖의 사람이 없어서야 되겠습니까?"

춘신군이 말했다.

"무엇을 뜻하지 않은 복이라고 하오?"

"군께서 초나라 재상이 되신 지 20여 년, 이름은 상국(相國)이라고 하나 사실은 초나라 왕이나 다름없는 권력을 쥐고 있습니다. 병든 고열왕이 죽어도 어린 군주를 내세워 나라 정치를 좌지우지할 수 있지 않습니까? 또한 왕이 장성하면 정권을 돌려주거나, 그렇지 않으면 그대로 왕과 같은 권력을 누리면서 초나라에서 부귀영화를 누릴 수 있을 것입니다. 이것을 뜻하지 않은 복이라고 말한 것입니다."

"그러면 무엇을 뜻하지 않은 화라고 하오?"

"이원은 군을 원수로 여기고 있습니다. 그래서 몰래 협사들을 기른

지 오래입니다. 초나라 왕이 죽으면 이원은 틀림없이 궁중에 먼저 들어가 권력을 잡고, 다음으로 군을 죽여서 입을 봉할 것입니다. 이것이 뜻하지 않게 다가올 화입니다."

"그러면 무엇을 뜻밖의 사람이라고 하오?"

"군께서는 신을 낭중郎中(경호의 책임을 맡은 벼슬)의 지위에 임명하십시오. 초나라 왕이 죽으면 이원이 반드시 궁중에 들이닥칠 것입니다. 그때 신이 기다리고 있다가 이원을 죽이겠습니다. 이것이 군을 지켜줄 뜻밖의 사람입니다."

그러나 춘신군은 이원과의 사적인 정 때문에 주영의 말을 듣지 않았다. 주영은 후환이 두려워 도망쳐 버렸다.

이로부터 17일 후, 고열왕이 죽자 과연 주영의 예언대로 이원은 먼저 궁궐에 들어와 협사들을 숨겨놓았다. 그리고 조정에 들어오는 황헐을 기다렸다가 찔러 죽였다. 그리고는 사람들을 보내 춘신군의 집안 사람들까지 모조리 죽였다.

이원이 자신의 여동생과 춘신군의 사이에 난 아들을 왕으로 세우니이 사람이 유왕幽王이다.

처음에 춘신군이 진나라에서 소왕을 설득하고 인질로 잡혀 있던 초나라 태자 완을 돌아오게 한 것은 얼마나 뛰어난 지혜인가. 그러나 나이 들어 이원에게 당하고 만 것은 사리판단이 어두워진 탓일 것이다. 사람들의 말에 '마땅히 결단을 내려야 할 때에 결단을 내리지 못하면 도리어 화를 만나게 된다'고 하였는데, 이는 춘신군이 주영의 말을 받아들이지 않았음을 두고 한 말일까?

죽기를 각오하면 용기가 솟아난다

인상여 · 염파

옥박이냐 보옥이냐, 돌도 다듬기 나름이다

초나라 사람 중에 변화卞和라는 이가 있었다. 그는 어느 날 보배로운 옥을 발견했는데, 그 이름을 '화씨벽和氏璧'이라 했다. 이 화씨벽이 보옥이란 평가를 받기까지에는 이런 과정이 있었다.

변화가 산에서 옥박(다듬지 않은 거친 구슬)을 발견하여 초나라 여왕에게 바쳤다. 그런데 감정결과 돌이라는 판정이 나왔다. 이에 왕이 크게 노하여 변화의 왼쪽 발을 베어버리게 했다. 그후 무왕武王이 즉위하자 다시 변화가 그 옥박을 바쳤다. 감정결과는 마찬가지였다. 이에 변화는 자신의 오른쪽 발마저 잘리고 말았다.

문왕文王이 즉위한 후 변화는 너무 억울한 나머지 옥박을 발견한 산

163

에서 사흘 밤낮을 통곡했다. 문왕이 이 소문을 듣고 변화의 옥박을 다듬게 해보니 천하의 둘도 없는 보옥이었다. 그리하여 이 보옥을 '화씨벽'이라고 이름붙였던 것이다.

그런데 그 화씨벽이 조나라 혜문왕의 손에 들어오게 되었다. 진나라 소왕이 이 소문을 듣고 사신을 보내 진나라의 15개 성과 화씨벽을 바꾸자고 요청하였다.

조나라 왕은 근심했다. 화씨벽을 주자니 진나라에 속아 15개 성은 받지 못할 것이 뻔하고, 화씨벽을 안 주자니 진나라가 공격해올 것이 뻔했기 때문이다. 그렇다고 진나라에 가서 답변할 마땅한 인물도 없었다.

이때 조나라 환관의 우두머리인 목현이 자기가 데리고 있던 인상여藺相如라는 사람을 추천하였다. 인상여가 혜문왕 앞에 불려나왔다. 인상여가 혜문왕의 심중을 헤아리고 이렇게 말했다.

"진나라가 성을 주는 대신 화씨벽을 달라고 요청했는데, 조나라에서 허락하지 않으면 잘못은 조나라에 있게 됩니다. 그러나 조나라가 화씨벽을 주었는데도 진나라가 성을 주지 않으면 잘못은 진나라에 있게 됩니다. 이 두 가지 계책을 비교하여 보니, 차라리 허락하셔서 잘못된 책임을 진나라에 지우는 것이 좋겠습니다."

"그럼 누구를 사자로 보내면 좋은가?"

"마땅한 사람이 없다면 신이 화씨벽을 받들고 가겠습니다. 만약 성을 받는다면 화씨벽을 진나라에 줄 것이지만, 성을 받지 못한다면 신은 어떻게 해서든 화씨벽을 다시 갖고 돌아오겠습니다."

그래서 조나라 왕은 인상여에게 화씨벽을 주어 진나라에 사신으로 보냈다.

인상여가 진나라 왕에게 화씨벽을 바치니 진나라 왕은 흡족한 미소를 띠면서 좌우 신하들에게 화씨벽을 보였다. 인상여가 진나라 왕의 표정을 보니 조나라 왕에게 성을 내줄 의사가 없는 것 같았다. 인상여가 앞으로 나아가 말했다.

"화씨벽에 흠이 있습니다. 신이 그걸 알려드리겠으니, 돌려주소서."

진나라 왕이 이 말을 믿고 인상여에게 돌려주자 인상여는 화씨벽을 받자마자 기둥에 기대섰다. 그리고 머리털이 갓을 밀어올릴 만큼 성을 내며 말했다.

"우리 왕께선 대왕이 탐욕스러워 화씨벽만을 빼앗고 성과 교환하려는 생각이 없음을 미리 알고 있었습니다. 그런데도 신은 말하기를, '평범한 사람도 사귈 때는 서로 속이지 않는 법인데, 하물며 대국이 속이겠습니까! 또 한낱 구슬 한 개 때문에 진나라와의 우호를 저버리는 건 옳지 않습니다'라고 아뢰어 이렇게 화씨벽을 가져오게 된 것입니다. 그런데 신이 화씨벽을 얻은 대왕의 표정을 보니 조나라에 성을 보상할 의사가 없음을 알게 되었습니다. 그래서 신이 다시 화씨벽을 제 손에 넣은 것입니다. 만약 대왕께서 신을 협박하여 화씨벽을 빼앗고자 한다면, 신의 머리는 지금 이 화씨벽과 함께 기둥에 부딪쳐 부서질 것입니다."

인상여는 기둥을 노려보며 손에 쥔 화씨벽을 깨뜨리려고 했다. 진나라 왕은 화씨벽이 깨질까 두려워 곧 담당 관리를 불러서 지도를 펼치게 한 다음 손가락으로 가리키면서 말했다.

"여기서부터 15개의 도성을 조나라에 주어라."

그러나 인상여는 진나라 왕이 거짓말로 속여서 화씨벽을 빼앗으려는 줄 알고 있었다. 그래서 이렇게 조건을 달았다.

"화씨벽은 천하의 보물입니다. 조나라 왕께서도 이 구슬을 보내실 때 5일 동안 목욕재계하여 예를 치렀습니다. 그러니 대왕께서도 5일 동안 목욕재계하시고 '구빈九賓의 예'(천자가 귀빈을 접대하는 예)를 조정에 베푸십시오. 그러면 신이 비로소 화씨벽을 올리겠나이다."

할 수 없이 진나라 왕이 인상여의 청대로 하겠다고 하자, 인상여는 수행원을 시켜 비밀리에 화씨벽을 조나라에 돌려보냈다.

진나라 왕이 구빈의 예를 마치고 다시 인상여를 불러들였다. 인상여

천하에 둘도 없는 보옥을 조나라의 혜문왕이 가지게 되자, 진나라의 소왕이 진나라의 15개 성과 화씨벽을 바꾸자고 요구했다. 이에 인상여는 화씨벽을 가지고 진나라로 가서, 진나라 왕을 위협하며 담판을 짓는다.

| 인상여 · 염파 |

는 진나라 왕에게 사실대로 말하며 죽음을 청했다. 이에 진나라 왕의 신하들이 당장 인상여를 끌고 가 처형하려고 하자 진나라 왕이 제지했다.

"지금 인상여를 죽인다고 해도 화씨벽은 끝내 얻을 수 없다. 오히려 조나라와의 우호만 끊어질 뿐이니, 그를 후대하여 조나라로 돌려보내는 것이 좋겠다."

그리하여 인상여는 조나라에 돌아올 수 있었다.

조나라 왕은 인상여가 화씨벽을 흠 없이 도로 가져왔고 또한 사자로 가서 임금의 명을 욕되지 않게 했다는 공을 인정하여 인상여를 상대부上大夫로 삼았다. 진나라가 성을 조나라에 주지 않았으므로, 조나라도 끝내 화씨벽을 진나라에 주지 않았던 것이다.

문경지우가 된 인상여와 염파

그러나 그후 진나라가 조나라를 번번이 공격하여 괴롭힌 뒤 수교 명목으로 서하西河 남쪽 면지 땅으로 조나라 왕을 불러냈다. 조나라 왕이 겁을 먹고 가지 않으려 하자 인상여가 함께 가기로 했다. 드디어 조나라 왕이 진나라 왕과 면지에서 회합했다. 진나라 왕은 술자리가 무르익자 이렇게 말했다.

"과인이 들으니, 조나라 왕께서 음악을 좋아하신다고 들었습니다. 청컨대 비파를 한 곡조 연주하여 주십시오."

조나라 왕이 비파를 타니, 진나라의 궁실 사관이 앞으로 나가 '모년 모월 모일에 진나라 왕이 조나라 왕과 만나 술을 마시며 조나라 왕을 시켜 비파를 타게 했다'고 기록했다. 그러자 인상여가 앞으로 나아가 말했다.

"조나라 왕께서 들으니, 진나라 왕께선 음악에 능하다고 합니다. 장구를 진나라 왕께 올리니 연주하시어 서로 즐겼으면 합니다."

진나라 왕은 성을 내며 허락하지 않았다. 이에 인상여가 장구를 올리고 꿇어앉아 진나라 왕에게 청했다. 진나라 왕이 여전히 거부하자 인상여가 조용히 말했다.

"왕과 신의 거리가 다섯 걸음 안이어서, 제 목의 피로 대왕을 적실 수도 있습니다."

이 소리에 진나라 왕도 어쩔 수 없이 장구를 쳐야 했다. 그러자 인상여가 조나라 궁중 사관을 불러 '모년 모월 모일에 진나라 왕이 조나라 왕을 위해 장구를 치다'라고 쓰게 했다. 이에 질세라 진나라의 군신들이 말했다.

"조나라는 15개 성을 바치어 진나라 왕의 장수를 축복해주시오."

인상여가 이를 맞받아 치며 말했다.

"진나라는 수도 함양을 바치어 조나라 왕의 장수를 축복해주시오."

진나라 왕은 술자리를 마칠 때까지 끝내 조나라를 굴복시키지 못했다.

조나라에 무사히 돌아온 조나라 왕은 인상여의 공이 크다고 하여 상경上卿의 벼슬을 내렸다. 이때 조나라에는 염파廉頗라는 장군이 있었다. 그는 조나라 혜문왕 때에 제나라를 크게 무찌른 인물이다. 그의 용맹스러움은 이미 제후들에게도 널리 알려져 있었다. 그런데 인상여의 지위가 높아지자 장군 염파는 불평을 늘어놓았다.

"나는 조나라의 장수로서 전쟁터에서 목숨을 걸고 싸워 큰 공을 세웠

| 인상여 · 염파 |

다. 이에 반해 인상여는 한갓 입과 혀만을 놀렸을 뿐인데, 이제 지위가 나보다 위에 있게 되었다. 인상여는 본래 비천한 출신이 아닌가. 내 부끄러워 도저히 그보다 아래 지위에 있을 수가 없다. 내 반드시 인상여를 보면 모욕을 안겨줄 것이다."

인상여가 이 말을 전해 듣고 그후로 염파 보기를 꺼려했다.

어느 날이었다. 인상여가 외출 길에 마주오는 염파를 발견하고 먼저 피해 숨어버렸다. 주군의 비겁한 모습을 본 인상여의 문객들이 인상여 곁을 떠나려고 했다. 인상여는 그들을 말리면서 물었다.

"그대들은 염장군과 진나라 왕 중 누가 더 두려운 존재라고 생각하오?"

"그야 물론 진나라 왕이 더 두렵지요."

"그런 진나라 왕도 이 몸이 꾸짖어 부끄러움을 주었소이다. 내가 비록 늙고 둔하다 하나 어찌 염장군을 두려워하겠소? 내가 깊이 생각해보건대 진나라가 조나라를 쳐들어오지 못하는 것은 나와 염장군이 있기 때문이오. 만약 지금 두 호랑이가 서로 싸운다면 조나라는 온전하지 못할 것이오. 내가 이렇게 피하는 것은 국가의 위기를 먼저 생각하고 사사로운 원수는 뒤로 돌리려는 생각 때문이외다."

이 말을 전해 듣자마자 염파는 옷을 벗어 어깨를 드러내고 가시 회초리를 짊어진 채 인상여의 문에 와서 사죄하며 말했다.

"실로 비천한 사람이 상경의 큰 뜻을 미처 몰랐습니다."

이렇게 하여 두 사람은 서로 화해하고 문경지우刎頸之友가 되었다.

쥐구멍 안에서 싸움은 용감한 자가 이긴다

조사趙奢는 조나라의 토지세를 징수하는 관리이다. 그가 조세를 징수하는데, 평원군平原君의 집에서는 조세를 내려고 하지 않았다. 이에 조사는 법에 따라 평원군의 집에서 일을 보는 사람 9명을 죽였다. 평원군은 화가 나 조사를 죽이려 하였다. 그러나 그의 유창하면서도 설득력 있는 말에 고개를 끄덕이게 된 평원군은 오히려 조사를 왕에게 추천하였다.

왕이 그를 등용하여 세금을 관리하게 하니, 세금이 공평하게 징수되고 백성들은 부유하게 되었으며 나라의 창고는 가득 차게 되었다.

이때 진나라가 한나라를 공격하기 위해 조나라 땅 연여에 진을 쳤다. 조나라 왕이 연여를 구하려고 염파와 악승樂乘에게 물었다.

"길이 멀고 험난하여 구원하기 어렵습니다."

그들은 한 마디로 고개를 흔들었다. 조나라 왕은 또 조사를 불러서 물었다. 그러나 조사의 대답은 좀 달랐다.

"길이 멀고 험난한 데다 지역이 협소하므로 그곳에서 싸운다는 것은 마치 쥐 두 마리가 쥐구멍 속에서 싸우는 것과 같습니다. 그러므로 당연히 용감한 장수가 이길 것입니다."

왕은 조사를 장수로 삼아 연여를 구해오라 명하였다. 조사는 군대를 이끌고 나가 진나라 군대를 물리치고 연여를 포위에서 풀었다. 조나라 혜문왕이 그 공을 인정해 조사를 마복군馬服君에 봉하였다.

그로부터 4년 뒤에 조나라 혜문왕이 죽고 아들이 임금이 되니 그가 효성왕孝成王이다. 혜문왕이 죽은 지 7년이 지났을 때 조나라 군대가 장평에서 진나라 군대와 마주했다. 이때 조사는 이미 죽고 없었으며, 인상여는 병이 위독했다. 조나라에서는 염파를 장수로 삼아 진나라와 맞서게 했는데, 염파는 철옹성을 구축한 채 나아가 싸우지 않고 지키기만 하였다. 이때 진나라가 이간책을 썼다.

"진나라가 무서워하는 것은 조사의 아들 조괄趙括이다."

이 말은 조나라 왕의 귀에도 들어갔다. 조나라 왕은 이 말을 믿고 조괄을 새 장수로 임명하려 하였다. 그러자 병중에 있던 인상여가 말렸다.

"왕께서는 소문만 듣고 조괄을 쓰려 하십니다. 조괄의 능력은 아교풀로 고정시킨 거문고의 줄을 타는 재주와 같습니다. 조괄은 한낱 자기 아버지가 남긴 병법서를 좀 읽었을 뿐, 중대한 사태의 변화에 대처하는 능력은 미숙합니다."

반대하는 사람은 인상여뿐만 아니었다. 조괄의 어머니도 육친의 정보다는 나라에 대한 충성을 먼저 생각했기에 자식이 장수가 되면 안 된다고 조나라 왕에게 간했다.

그러나 왕은 끝내 여러 사람의 말을 듣지 않고 조괄을 장수로 삼았다. 결국 조괄이 이끄는 조나라 군대는 장평 싸움에서 백기의 진나라 군대에 크게 패해 수십만 명이 생매장당하는 등 45만 명의 병사가 목숨을 잃고 말았다.

그뿐만 아니라 다음 해에는 진나라 군대가 조나라 수도 한단을 포위하였는데, 다행히 함락 직전에 초나라와 위나라 제후의 구원에 힘입어 비로소 위기에서 벗어날 수 있었다.

그로부터 5년 뒤, 진나라에 당한 패배의 상처가 채 가시기도 전에 이번에는 연나라가 조나라를 공격해왔다. 조나라에서는 염파를 장수로 삼아 연나라를 물리치게 했다. 염파가 연나라 군대를 호 땅에서 크게 물리치고 연나라를 포위했다. 연나라가 5개 성을 떼어주겠다며 강화를 청하였으므로 조나라가 이를 허락했다. 조나라 왕은 염파에게 위문尉文 땅에 봉하여 신평군信平君으로 삼았다.

이보다 앞서 지난날 염파가 장평 전투에서 해임되어 권력을 잃고 돌아왔을 때 이야기다. 그의 문객들이 염파가 해임됐다는 사실을 알고 죄다 염파를 떠나가더니 그가 다시 등용됐다는 사실을 알고 금세 다시 모여들었다. 염파가 화를 내며 말했다.

"객들을 몰아내라."

그러자 문객 중 어떤 사람이 말했다.

"아아, 군君이여! 세상 이치를 그렇게 모르십니까? 대체로 사람들은 저잣거리에서 이익을 좇은 것처럼 사귑니다. 군에게 권세가 있으면 좇고, 군에게 권세가 없어지면 가버립니다. 이것이 본래부터의 이치이거늘, 무엇을 원망하십니까?"

그로부터 6년 뒤 조나라는 염파에게 위나라의 번양繁陽을 치게 하여 함락시켰다.

효성왕이 죽고 그의 아들 도양왕悼襄王이 뒤를 이으니 염파의 세력도 한풀 꺾이게 되었다. 도양왕은 염파를 물러나게 하고 악승을 장수로 삼았다. 염파가 화를 참지 못하고 악승을 공격하자 악승은 도망쳐 버리고, 이 때문에 염파도 조나라에 남아 있지 못하고 위나라로 도망가야 했다.

염파는 위나라에 오래 머물러 있었으나 위나라의 신용을 얻지 못했다. 그 사이 조나라는 진나라의 공격을 자주 받아 괴로움을 많이 당했다. 조나라 왕은 염파를 다시 불러들이려 했다. 그러나 염파의 원수인 곽개郭開가 염파를 모함하였다.

"염파가 비록 늙기는 하였으나 아직도 식사는 잘하는 편입니다. 그러나 저와 자리를 같이 하는 동안에도 자주 화장실을 드나들었습니다."

조나라 왕은 염파가 늙고 쇠약하여 쓸모가 없다고 생각했다.

그러나 초나라는 염파가 위나라에 있다는 소식을 듣고 사람을 보내 그를 정중히 맞아들였다. 염파는 마지못해 초나라에서 장수가 되었으나 한 차례의 공도 세우지 못했다.

"조나라 군사를 지휘하고 싶구나."

염파는 조나라를 그리며 입버릇처럼 말했다. 그러다 결국 이국 땅 수춘壽春에서 생을 마쳤다.

죽음을 각오하면 반드시 용기가 생기는 법이다. 죽는 것이 어려운 게 아니라 죽음을 눈앞에 두고 어떻게 행동하는지가 어려운 것이다. 인상여가 화씨벽을 안고 기둥을 노려본 것이라든지, 면지의 회합에서 진나라 왕의 좌우 신하들을 꾸짖은 행동은 그 상황으로 보아 죽음을 면할 수 없는 것이었다. 선비 중에 어떤 자는 비겁하여 감히 그러한 용기를 내지 못한다.

그러나 인상여는 용기를 내었기 때문에 위엄을 적국에 떨쳤고, 조나라로 돌아와서는 염파에게 겸손하게 양보하여 그 이름을 태산보다 더 크게 했다. 진실로 인상여는 지혜와 용기를 고루 갖춘 인물이라고 말할 수 있으리라.

노중련

뜻이 원대한 사람은 벼슬로 몸을 구속하지 않는다

노중련魯仲連은 제나라 사람으로 벼슬에 나갈 생각은 하지 않고 홀로 고상한 절개를 지키면서 살았다.

그가 조나라를 떠돌아다닐 때였다. 조나라는 진나라와의 장평 싸움에서 대패하고 수도 한단이 함락 위기에 빠져 있었다. 그런데 진나라의 속셈은 조나라를 멸망시키는 것이 아니라 조나라에서 천자天子의 나라라는 칭호를 받는 것이었다. 이때 이미 양梁나라는 진나라를 높여 황제의 나라로 받들어 모시고 있었다. 양나라 왕은 객장군客將君(국적에 얽매이지 않는 장군) 신원연新垣衍을 조나라로 보내 진나라가 천자의 나라임을 인정하게 하려 했다.

노중련이 이 소식을 듣고 조나라를 돕고자 신원연을 만나 이렇게 말했다.

"세상에서는 포초鮑焦(혼탁한 세상을 미워하여 은거하다 굶어서 죽은 주나라의 선비)를 비판하나 이는 잘못입니다. 세상 사람들은 그가 자기 한 몸의 이름을 위하여 죽었다고 하나, 그는 죽음으로써 세상 인심을 교화시키려고 했던 것입니다. 그렇듯 내가 지금 포위된 이 성에 있는 것도 나만의 일신을 위해서 하는 일이 아닙니다.

저 진나라는 예의를 버리고, 적의 머리를 벤 숫자로 공을 따지는 나라입니다. 그들은 군사들을 권모술수로 부리고 백성들을 노예처럼 부립니다. 저들이 만약 방자하게 천자의 나라가 되어서 천하를 잘못 다스리게 된다면, 나는 차라리 동해에 몸을 던져 죽을지언정 그 백성이 되는 것을 참을 수는 없습니다. 내가 장군을 뵌 까닭은 조나라를 돕기 위해서입니다."

만승의 나라는 다른 나라를 섬기지 않는다

그리고 나서 노중련은 진나라를 황제의 나라로 섬기는 양나라를 다음과 같이 빗대었다.

"그 옛날 제나라 민왕이 힘이 강했으면서도 쇠약해진 주나라에 복종한 것은 주나라는 천자의 나라요, 제나라는 제후의 나라였기 때문입니다. 그러나 양나라는 같은 제후국인 진나라를 천자의 나라로 섬기고 있습니다. 이 어찌 된 일입니까?"

그러자 신원연이 반박했다.

"선생께서는 하인의 행동을 보지 못했습니까? 10여 명의 하인이 한 명의 주인에게 복종하는 것은 힘으로 이기지 못하거나 지혜가 그만 못하기 때문이겠습니까? 아니지요. 단지 주인을 두려워하기 때문입니다."

노중련이 탄식했다.

"아, 그렇다면 양나라는 진나라의 하인이란 말입니까!"

"그렇습니다."

신원연이 대답하자 노중련이 한마디했다.

"그렇다면 내가 진나라 왕에게 양나라 왕을 삶거나 젓을 담그라고 해야겠소."

신원연은 불쾌한 표정으로 말했다.

"아, 선생의 그 말씀은 너무나 지나치지 않습니까. 선생은 무슨 방법으로 진나라 왕에게 양나라 왕을 삶거나 젓을 담그게끔 한단 말입니까?"

"문제없습니다. 옛날에 구후九侯·악후鄂侯·주문왕周文王은 은나라 주왕의 삼공三公이었습니다. 구후가 얼굴이 고운 자신의 딸을 주왕에게 바쳤는데, 주왕은 그녀가 못생겼다면서 구후를 죽여 젓을 담았습니다. 이에 악후가 강력하게 간하니 주왕은 그마저 죽여 포를 떴습니다. 주문왕이 이 소식을 듣고 크게 탄식하자, 주왕은 주문왕을 유리 땅의 감옥에 가둔 뒤 죽이려 했습니다.

이러할진대 양나라 왕이 진나라 왕과 똑같이 왕의 신분이건만 어찌 갑자기 신하가 되어 포를 떠 소금에 절여지는 처지에 놓이려고 합니까?

그 옛날 천자의 행세를 했던 제나라 민왕도 추나라와 노나라에서 거만하게 천자의 예우를 받으려 하다가 결국 비웃음을 당했습니다. 머지않아 진나라 왕도 마찬가지 신세가 될 것입니다.

지금 진나라는 만승萬乘의 나라이고, 양나라 또한 만승의 나라입니다. 그런데 어찌하여 진나라를 천자의 나라로 섬기고 있습니까? 보십시오. 앞으로 양나라의 대신들은 결국 진나라에 의해 벼슬을 잃고, 그 자녀와 첩은 진나라의 노비가 될 것입니다. 그렇게 되면 양나라 왕이 어찌 태연할 수 있으며, 장군 또한 무엇으로 예전과 같은 총애를 얻을 수 있겠습니까?"

신원연은 그제야 일어나 두 번 절하며 감사를 표했다.

"처음에는 선생을 평범한 사람이라고 여겼습니다. 그런데 선생의 말씀을 듣고 지금에야 천하의 높은 선비임을 알게 되었습니다. 저는 이곳을 떠나는 순간부터 다시는 진나라를 '천자의 나라'라고 주장하지 않을 것입니다."

선비는 남을 구원하고도 보상을 바라지 않는다

이때 마침 양나라 신릉군이 장수 진비의 군사를 빼앗아 조나라를 구원하려고 진나라 군대를 공격하니 진나라의 군대가 드디어 한단의 포위를 풀고 물러났다.

조나라의 평원군은 노중련에게 벼슬을 주려 했으나 노중련은 끝내 사양했다. 그래서 평원군은 노중련을 위한 술잔치를 마련했다. 이 자리

양나라가 진나라를 '천자의 나라'라고 떠받드는 것을 신랄하게 비판한 노중련에게 조나라의 평원군은
천금을 내놓으며 벼슬을 주려 했으나 노중련은 끝내 거절하고 선비로서 절개를 지켰다.

| 노중련 |

에서 평원군이 노중련의 장수를 빌며 천금을 내놓으며 축하하자 노중련이 웃으며 말했다.

"소위 천하의 선비라는 자가 귀하게 여겨지는 것은 다른 사람의 재앙을 없애주고 고민거리를 해결하고도 보상을 받지 않기 때문입니다. 만일 보상을 받는다면 이것은 장사치나 하는 행동입니다. 저는 도저히 받을 수 없습니다."

그리고는 평원군에게 인사를 하고 떠났다. 그 이후 노중련은 평생동안 평원군을 만나지 않았다.

그 뒤 20여 년이 지나 연나라가 제나라의 요성聊城을 빼앗았다. 제나라는 전단田單을 보내 그 성을 공격했지만, 연나라 군사의 저항이 강해 1년이 지나도 함락시키지 못했다. 노중련은 자신이 쓴 편지를 화살 끝에 매달아 성 안으로 쏘아 올렸다. 이 편지를 받아든 연나라 장수는 두려움에 떨기 시작했다. 그 편지의 내용은 이러했다.

제가 듣건대, 지혜 있는 사람은 때를 거역하여 불리한 처지에 빠지지 않으며, 용사는 죽음을 두려워하여 이름을 욕되게 하지 아니하고, 충신은 제 몸만을 생각하여 임금을 저버리지 않는다고 합니다. 지금 장군께서는 간신의 모함으로 연나라 왕의 의심을 받고 있는 줄로 압니다.

그래서 성을 굳건히 지켜 의심을 풀려고 하나 연나라 왕에게 좋은 신하가 없음을 알면서도 돌아가지 않는 것은 충성스런 행동이 아닙니다. 요성을 잃고 장군도 죽게 되어 제나라에 위엄을 떨칠 수 없게 된다면 이 또한 용기 있는 행동이 아닙니다. 공이 허물어지고 명예를 잃게 되어 후세에 칭송을 받지 않게 되는 것도 지혜로운 행동이 아닙니다.

이와 같은 세 가지 행동을 한 사람을 세상의 임금들은 신하로 쓰지 않을 것이고, 유세하는 사람들도 입에 올려 거론조차 하지 않을 것입니다.

그런 까닭에 지혜 있는 자는 과감하게 결단을 내리고, 용감한 자는 죽음을 겁내지 않습니다. 장군은 지금 사느냐 죽느냐, 영예냐 치욕이냐, 부귀냐 빈천이냐의 갈림길에 놓여 있습니다. 원컨대 장군께서는 깊이 헤아려 세속의 평범한 사람들과 동일한 태도를 취하지 마십시오.

초나라와 양나라가 제나라의 변방을 공격하고 있지만 제나라가 이를 방비하지 않는 것은, 그쪽 땅을 잃는 것은 손실이 작지만 요충지 요성을 수복하면 이익이 크다고 생각하기 때문입니다. 그러니 공께서는 더 생각할 것 없이 지금 당장 성을 비우십시오.

더군다나 연나라는 큰 혼란에 빠져 나라는 피폐하고 백성들은 궁핍해져 있습니다. 이런 때에 병력을 온전하게 하여 연나라에 돌아가면 연나라 왕은 틀림없이 기뻐할 것이며 백성들 또한 환영할 것입니다. 그리하여 공의 이름은 드러날 것이고 업적은 길이 남을 것입니다. 만약 그렇게 할 의사가 없다면 제나라에 몸을 맡기십시오. 그러면 제나라에서는 반드시 땅을 떼어 당신의 봉지를 정해줄 것이니 공의 부는 그 누구와도 비교하지 못할 정도로 커지게 됩니다.

또한 나는 이런 말을 들었습니다. '작은 절개에 얽매이는 자는 큰 이름을 드러낼 수 없고, 조그마한 수치를 부끄러워하는 자는 큰 공을 세울 수 없다'고 합니다. 옛날 관중이 죽으려고 마음먹었던 환공에게 무릎을 꿇었으나 그 치욕을 참고 환공을 모셨던 것은 그를 천하 패자

| 노중련 |

로 만들려는 큰 뜻이 있어서였고, 조말이 제나라에 세 번 패했으나 스스로 목숨을 끊지 않은 것은 제나라에 빼앗긴 성을 되찾으려는 큰 뜻을 위해서입니다.

이 두 인물이 실로 작은 절개를 이룰 능력이 없어서가 아니었습니다. 그들은 다만 공과 이름을 세우지 못하고 자결하여 후손의 대를 끊는 것은 지혜 있는 사람이 취할 태도가 아니라고 생각했기 때문입니다.

그런 까닭에 관중과 조말은 개인의 사무친 원한을 버리고 평생토록 빛날 수 있는 이름을 세웠으며, 원한에 사로잡힌 작은 절개를 버리고 후대에 길이 남을 공을 세웠던 것입니다. 그렇게 하여 그들의 업적은 삼왕三王(하·은·주 3대의 개국 군주, 즉 우왕·탕왕·문왕)과 우열을 다툴 만하고 이름은 천지와 함께 영원히 남게 되었습니다. 원컨대 공께서는 이 가운데 한 가지를 택하여 행동으로 옮기십시오.

연나라 장수는 노중련의 편지를 읽고 사흘 동안이나 울며 망설이며 스스로 결정을 내리지 못했다. 연나라로 돌아가려니 이미 왕과 거리가 멀어져 죽을 것이 두려웠고, 제나라에 항복하자니 제나라 사람을 수없이 죽였으므로 항복한 뒤에 당할 치욕이 두려웠다.

그는 쓸쓸히 탄식하며 이렇게 말했다.

"남의 손에 죽느니 차라리 내 손으로 죽는 것이 낫겠다."

그리고는 스스로 목숨을 끊었다. 이로써 전단이 요성을 수복할 수 있었다. 마침내 전단이 돌아와 제나라 왕에게 노중련의 공을 말하고 그에게 벼슬을 줄 것을 청했다. 그러나 노중련은 도망가 바닷가에 숨어살며 이렇게 말하였다.

"부귀로우면서 남에게 굽히고 사는 것보다 차라리 가난할망정 세상을 경시하면서 내 마음대로 살아가리라."

노중련은 벼슬이나 지위도 없으면서 제후들에게 굽히는 일 없이 호탕하게 자신의 뜻을 전했다. 당대에 자신의 언변을 떨치며, 고관들의 권력을 꺾은 것은 실로 칭찬할 만하다. 아마 강직하고 절개를 굽히지 않는 사람 중에서 노중련만 한 이는 없을 것이다.

상인의 눈에는 사람도 투자 대상이다

여불위

투자는 미래를 보고 한다

여불위呂不韋는 한나라의 큰 상인으로, 그는 여러 나라를 돌아다니면서 싼 값에 물건을 사다 비싸게 팔아 큰 부자가 되었다.

진나라 소왕 40년에 태자가 죽자, 42년에 둘째아들인 안국군安國君이 태자가 되었다. 안국군에게는 20여 명의 아들이 있었다. 안국군은 많은 첩 중에서 총애하는 첩을 정부인으로 삼아 그녀를 화양부인이라 불렀다. 그런데 화양부인에게는 아들이 없었다. 안국군의 둘째아들은 자초子楚인데, 그는 조나라에 인질로 보내져 있었다.

자초는 사실 안국군의 눈 밖에 난 아들이기 때문에 조나라는 그를 무례하게 대했다. 그리하여 자초는 일상생활에 필요한 물품조차 부족하고 생활이 어려워 실의에 차 있었다. 여불위가 장사하러 조나라 수도인 한단에 갔다가 자초를 보고는 깜짝 놀라 이렇게 중얼거렸다.

'이 사람이야말로 기화가거奇貨可居(진귀한 물건이 생산될 수 있는 곳)가 아닌가! 이 재물은 사 둘 만하도다.'

그리고 자초를 찾아가서 말했다.

"내가 당신의 가문을 크게 열어드릴 수 있습니다."

그러자 자초가 빙그레 웃으며 대답했다.

"우선 그대의 가문부터 크게 여시고, 그 다음 나의 가문을 열어주시오."

"그것은 당신이 모르는 말씀입니다. 나의 가문은 당신의 가문이 열려야 커질 것입니다."

자초는 여불위가 말하는 뜻을 알아차리고 집 안으로 불러들인 뒤 속마음을 털어놓았다.

여불위가 말했다.

"태자 안국군이 사랑하는 화양부인에게는 아들이 없습니다. 그러나 누구를 후사後嗣로 세우느냐는 화양부인의 뜻에 달려 있습니다. 당신은 20여 명의 아들 중 하나이지만, 사랑받지 못하여 남의 나라의 인질이 되었습니다. 대왕이 돌아가시고 안국군이 왕위에 오른다 해도 당신은 다른 아들들과 태자의 자리를 놓고 다툴 수는 없습니다."

자초가 말했다.

"사실 그렇소. 이를 어떻게 하면 좋겠소?"

"가난한 당신을 위해 제가 천금의 돈으로 안국군과 화양부인을 섬겨서 그대를 후사로 삼도록 하겠습니다."

자초는 머리를 조아려 감사를 표했다.

"반드시 그렇게 된다면, 진나라를 그대와 함께 나누어 가지겠소."

사랑하는 여인도 투자를 위해 버릴 수 있다

여불위는 우선 자초에게 500금을 주어 조나라 고위 인사들과 사귀게 했다. 그런 후 나머지 500금으로 진귀한 물건을 사서 진나라로 건너갔다. 진나라로 간 여불위는 그 물건을 죄다 화양부인에게 바치면서 자초가 보내준 것이라고 했다.

"자초는 어질고 지혜로우며 조나라에서 천하 제후들의 귀한 손님들과 두루 사귀고 있습니다. 그러면서도 늘 화양부인을 하늘처럼 생각하고 밤낮으로 태자와 부인을 흠모하여 눈물을 흘립니다."

여불위의 말에 화양부인은 감격해 어찌할 바를 몰랐다. 여불위는 이때를 틈타 그녀를 설득했다.

"소인이 들으니, 아름다운 얼굴로 남을 섬기는 사람은 아름다운 얼굴빛이 쇠하면 사랑도 식는다고 합니다. 나이 젊고 얼굴빛이 아름다울 때에 대책을 세워놓지 않으면 얼굴빛이 노쇠하여 왕의 사랑이 식은 뒤에는 무슨 말을 한다 해도 왕께서 귀담아 듣지 않을 것입니다. 이럴 때 후사 순위에서 밀려난 자초를 천거하여 태자로 만든 뒤 아들을 삼는다면 부인의 훗날은 든든하게 보장될 것입니다. 자초가 부인의 은덕에 감사하여 부인을 일생 동안 받들어 모실 것이 아닙니까?"

화양부인은 고개를 끄덕거렸다. 그녀는 기회를 엿보다 태자에게 이

여불위는 자초를 발견하고, 그를 이용하여 권력을 잡을 셈으로 자초에게 500금, 화양부인에게 500금을 바치면서 계략을 펼친다.

렇게 말했다.

"조나라에 인질로 가 있는 자초는 현명할 뿐만 아니라 효심이 깊어, 그곳을 왕래하는 사람들의 칭찬이 자자합니다."

그리고 갑자기 울음을 터트렸다.

"첩이 다행히 후궁의 자리에 있으나 불행하게도 아들이 없습니다. 원하옵건대 자초를 후사로 삼아서 첩의 몸을 의탁하게 해주십시오."

안국군은 화양부인이 불쌍하여 별 생각 없이 이 청을 받아들였다. 여불위는 자기가 의도한 대로 결과가 나오자 조나라로 돌아왔다.

조나라 한단에는 여불위의 여자들이 많았다. 여불위는 그 중에서도 미모가 뛰어나고 춤 잘 추는 여인을 제일 사랑했는데 그녀는 임신중이었다.

어느 날, 여불위는 자초와 술자리를 같이 하였다. 자초는 여불위 옆에 앉아 있는 미모의 여인에게 한눈에 반해 자꾸 눈길을 주다가 여불위에게 그녀를 달라고 청했다. 여불위는 화가 치밀어 올랐지만 참고 재빨리 저울질을 해보았다. 순간 여불위는 회심의 미소를 지었다. 이미 자신의 전 재산을 자초를 위해 쓰고 있는 마당에 여인 하나가 아까울 게 없었다.

그래서 그 여자를 기꺼이 자초에게 바쳤다. 그 여인은 자기가 임신한 사실을 숨기고 만삭이 되어 아들을 낳았다. 그러자 자초는 그녀를 부인으로 삼고, 아들 이름을 정政(진시황의 이름)이라고 했다.

한 글자라도 더하거나 뺄 수 있다면 천금을 주겠다

진나라 소왕 50년에 진나라가 조나라를 공격하였다. 그러자 조나라에서는 자초를 죽이려고 했다. 이에 놀란 여불위는 황금 600금을 조나라 관리에게 뇌물로 바쳐 자초를 데리고 본국으로 들어올 수 있었다.

그후 진나라 소왕이 재위 56년에 죽으니 드디어 태자 안국군이 왕위에 올랐다. 그러나 안국군이 왕의 자리에 오른 지 1년도 못 되어 죽자 시호를 효문왕孝文王이라고 했다. 그리하여 마침내 자초가 왕이 되니,

이 사람이 장양왕莊襄王이다.

장양왕은 양어머니 화양부인을 화양태후라고 하고, 생모 하희를 높여서 하태후라고 했다. 또한 여불위를 승상으로 삼고 문신후文信侯에 봉하였으며, 하남 낙양의 10만 호를 식읍食邑(천자가 제후에게 주는 땅)으로 주었다.

그런데 장양왕도 단명하여 즉위 3년 만에 죽자, 태자 정이 왕위에 올랐다. 그는 여불의의 친아들이다. 정은 여불위를 높여서 상국相國으로 삼고 중부라고 불렀다. 여불위의 집안 하인은 만 명이나 되었다. 이 당시 위나라에는 신릉군, 초나라에는 춘신군, 조나라에는 평원군, 제나라에는 맹상군이 있었는데, 그들 군자들은 선비와 빈객들을 불러모으는 일을 두고 경쟁하였다.

여불위는 진나라가 강한 나라이면서도 그와 같은 주군과 빈객들이 진나라에 없는 것을 부끄럽게 여기고 선비들을 초대해서 정성껏 대하니 식객이 3,000명에 이르렀다. 이때 제후들 밑에는 말 잘하는 사람들이 많았는데, 순경과 같은 사람들은 글을 지어서 천하에 퍼뜨리기도 했다.

그래서 여불위는 자기 빈객들을 시켜서 각각 그들이 들은 바를 저술하게 하여 〈팔람八覽〉·〈육론六論〉·〈십이기十二紀〉 등 총 20여 만 언言으로 모아, 이 책이야말로 천지, 만물과 고금에 관한 내용을 두루 갖추고 있다고 여겨 《여씨춘추呂氏春秋》라고 불렀다. 이 책을 수도 함양의 시장 문 앞에 진열하여 놓고 그 위에 천금을 달아 놓은 뒤, 천하 유세가와 빈객이 보는 가운데 여불위는 큰소리를 땅땅 쳤다.

"이 책에서 단 한 글자라도 더 보태거나 뺄 수 있는 자가 있으면 천금을 주겠다."

이때부터 '일자천금一字千金'이란 말은 고칠 게 없는 완벽한 글을 뜻하는 용어가 되었다.

한때의 부귀영화는 물거품과 같은 것이다

태후는 시황이 점점 장년이 되어가는데도 여불위를 불러들여 계속 정을 통하였다. 여불위는 세월이 지나면서 불안에 떨기 시작했다. 만약 이 일이 발각되면 살아남지 못할 것이 뻔했다.

얼마 후 여불위는 노애라는 자를 하인으로 두게 되었다. 노애는 잘생긴 남자로 여자면 누구나 호감을 가질 수 있는 자였다. 이 소문은 곧 태후의 귀에도 들어가게 되었다. 그러자 태후는 노애를 한 번 보고 싶어 하였다. 이에 여불위는 기회가 왔구나 싶어 노애를 궁중으로 보냈다.

태후는 완벽하게 일을 꾸미기 위해 노애의 수염과 눈썹을 뽑아 환관으로 만들어 시중을 들게 하였다. 태후는 노애와 정을 통하면서 그를 끔찍이도 사랑했다. 그러다가 임신이 되자 태후는 이 사실을 남들이 알까 두려워서 아픈 척한 뒤 점쟁이를 매수하여 '궁궐을 옮겨 옹 땅에서 살아야 낫는다'는 점괘가 나오도록 하였다.

태후는 궁중에서 나와 옹 땅으로 거처를 옮긴 후 노애와 아예 터놓고 정을 통했다. 노애는 이제 모든 일을 결정할 수 있는 권한을 지니게 되었다. 노애의 하인은 수천 명이나 되었으며, 노애에게 잘 보여 벼슬자리나 얻어 보려고 그의 심복이 된 빈객들도 천여 명이나 되었다.

진나라 시황 9년, 시황은 마침내 태후와 노애의 음행을 알게 되었고,

여불위는 태후와 정을 통한 사실이 진시황에게 발각될까봐 계략을 세운다. 자신의 하인 중 가장 생 긴 노애라는 하인을 태후에게 붙여주고, 태후는 노애와 끝없는 정을 통하는데, 결국 이 사실이 드러나 며 태후와 여불위는 화를 면치 못한다.

이 일이 여불위와도 관련이 있음을 알게 되었다. 시황은 노애의 삼족을 멸하고, 태후가 낳은 두 아들을 죽였으며, 태후를 옹 땅에 유폐시켰다.

시황은 상국 여불위도 베고자 했다. 그러나 여불위가 선왕을 받든 공로가 너무나 크고 또 그의 사주를 받은 빈객과 변사들이 입을 모아 반대하여, 시황은 그를 파면하여 하남 땅으로 떠나게 했다. 그러나 여불위가 복직이 되어야 한다는 상소가 그치지 않자, 시황이 여불위에게 글을 내려 이렇게 말했다.

'그대가 진나라에 무슨 공이 있기에 진나라가 그대를 하남에 봉하고 10만 호를 식읍으로 내렸단 말인가? 그대가 진나라와 무슨 친족관계가 있기에 중부라는 호를 가지게 되었는가? 즉시 그대는 가족과 함께 촉 땅으로 옮겨 살도록 하라.'

여불위는 이제 자신의 최후가 오고 있음을 깨달았다. 그동안 누려왔던 부귀영화는 물거품과 같은 것이었다. 참혹하게 죽임을 당하는 것이 두려웠던 그는 스스로 독주를 마시고 죽었다.

공자는 이렇게 말한 바 있다. "명문名聞(명성)이라는 것은 겉으로는 인 仁을 취하는 체하면서 행동은 그와 다르며, 그렇게 행동하면서도 인을 자처하여 의심받지 않는다. 그런 사람은 나라에서도 반드시 이름이 드러나고 집안에서도 반드시 이름이 드러난다."

실로 '명성 있는 자'는 여불위를 두고 일컫는 말이 아니겠는가!

형가

사소한 시비는 등 뒤로 하고 떠났던 사람

위衛나라에 형가荊軻라는 사람이 있었다. 그는 천하를 돌아다니며 출세를 위해 애를 써 보았지만 변변한 벼슬자리 하나 얻지 못했다.

어느 날 그는 유차라는 마을을 지나가다 갑섭이라는 자와 검술에 대해 이야기를 하게 되었다. 이야기를 하던 도중 의견이 서로 다르자 갑섭이 눈을 부릅뜨며 성을 내고 노려보았다. 그러자 형가는 아무 말 없이 짐을 싸고 어디론가 가버렸다. 또 한 번은 한단에서 노구천魯句踐이라는 자와 장기를 두었는데, 노구천이 화를 내고 꾸짖자 형가는 아무 말 없이 어디론가 떠나버렸다. 그래서 주위 사람들은 모두 형가를 비겁한 인물로만 생각하고 있었다.

그 뒤 연나라로 건너간 형가는 축筑(거문고와 비슷한 악기)을 잘 타는 고점리高漸離라는 자와 친하게 지냈다. 형가는 술을 즐겨서 날마다 고점리와 함께 연나라 저잣거리에서 술을 마셔댔다. 그러다 술이 취하면 고점리는 축을 타고 형가는 음악에 맞추어 노래를 불렀다. 형가는 비록 술꾼들과 사귀어 놀기는 했지만, 그의 사람됨이 침착하고 깊으며 독서를 좋아하여 천하 곳곳의 어질고 호걸스러운 현인들과 교유했다. 그러다 형가는 처사(벼슬하지 않고 초야에 묻혀 사는 선비) 전광田光선생과 사귀에 되었다. 전광선생은 형가가 평범한 인물이 아님을 알아보고 잘 대접하였다.

노쇠한 천리마는 둔마보다도 달리지 못한다

얼마 뒤, 진나라에 인질로 잡혀 있던 연나라 태자 단이 도망쳐 귀국했다. 태자 단은 진나라 왕 정과 어린 시절 친구였는데, 정이 왕이 되면서 인질로 잡혀 있던 자기를 푸대접한 것에 대해 원한을 품고 있었다. 그러나 원한을 갚으려는 상대가 너무 강한 나라의 왕인지라 단의 힘이 미치지 못했다. 그 뒤 진나라 왕 정은 군사를 산동 지역으로 보내 제나라와 초나라, 삼진을 쳐 제후국의 땅을 차츰 차츰 잠식하더니, 급기야는 연나라의 땅마저 넘보려고 했다.

이때에 진나라 장군 번오기가 진나라 왕에게 죄를 짓고 연나라로 도망쳐 망명을 요청했다. 단이 허락하려고 하자 단의 태부(태자의 수석 스승) 국무가 말했다.

"번오기를 받아들이시면 반드시 진나라에 보복을 당할 것입니다. 대체로 위태로운 일을 하면서 편안함을 찾고 화를 만들면서 복을 구하려 한다면, 계책은 얕아지고 원망만 깊어질 뿐입니다. 한 사람과의 사귐 때문에 국가의 재난을 돌아보지 않는다면, 이것은 원한을 보태고 화를 조장하는 격이 됩니다. 진나라가 연나라를 멸망시키는 것은 새털을 가져다 화로의 숯불 위에서 태우는 것처럼 아주 쉬운 일입니다. 마침 전광선생이란 분이 여기에 와 있는데, 매우 지혜롭고 용감하고 침착하니 함께 일을 모의할 만합니다."

얼마 뒤 태자 단이 전광선생에게 극진한 예를 치르며 난국을 타개할 비책을 물었으나 전광선생은 사양했다.

"신이 들으니, 준마는 기운이 왕성할 때는 하루에 천 리를 달릴 수 있으나 노쇠하면 평범한 말에 지나지 않는다고 합니다. 지금 신은 늙어 장성하던 때의 힘은 다 사라지고 없습니다. 저 대신 저와 친한 형가를 천거해드리고 싶습니다. 그러면 나라를 위해 힘을 쓸 수 있을 것입니다."

단이 허락하니 전광선생은 일어나 빠른 걸음으로 물러났다. 전광선생이 문까지 나왔을 때 전송하던 단이 주위를 살피면서 말했다.

"저와 선생 사이에 나눴던 이야기는 나라의 큰 일이니 누설하지 마십시오."

전광선생은 머리를 숙이고 웃으며 말했다.

"그렇게 하겠습니다."

전광선생은 곧 형가에게 찾아가 태자와 나누었던 이야기를 모두 설명하고 난 뒤 이렇게 말했다.

"내가 들으니, 나이 들고 덕이 있는 사람은 남에게 의심받는 행동을 하지 않는다고 하오. 태자는 나에게 일을 맡기면서 우리가 말한 것은 나라의 큰 일이니 누설하지 말아달라고 부탁했소. 이것은 태자가 나를 의심하기 때문이오. 대부분 일을 행할 때 남의 의심을 사는 것은 절개 있고 의협심이 있는 사람의 행동이라고 할 수 없소."

그런 뒤 다음과 같은 말을 남기고 스스로 목숨을 끊었다.

"급히 태자에게 가 이렇게 전해주시오. 전광은 이미 이 세상에 없으며, 비밀은 영원히 지켜졌다고."

천하 형세를 뒤바꿀 만한 사람의 목

형가가 드디어 태자 앞에 나아갔다. 전광선생이 자결한 것을 전해 듣고 태자는 탄식해마지 않았다. 그런 뒤 형가에게 말을 꺼냈다.

"지금 조나라가 위태롭습니다. 만약 조나라도 진나라에 짓밟히면 화는 곧 우리 연나라에 미칠 것입니다. 지금 헤아려 보건대 천하의 온 나라가 힘을 합하여 싸우더라도 진나라를 당해내기에는 역부족입니다. 지금 필요한 것은 연합군의 군대가 아니라 진나라 왕 정을 찔러 죽일 수 있는 용사입니다. 용사가 목적을 달성한다면 진나라는 혼란에 휩싸이게 되고 이때에 제후들이 합종하여 진나라를 공격한다면 비로소 진나라를 무너뜨릴 수 있을 겁니다. 이것이 저의 가장 큰 소원입니다. 그러니 이 일을 그대가 맡아주십시오."

형가는 태자의 부탁을 처음에는 사양했지만, 태자가 머리를 조아리며 여러번 부탁하니 마침내 허락하지 않을 수 없었다. 태자는 곧 형가를 상경으로 삼고, 시설이 제일 좋은 객사에 머무르게 했다. 그리고 날마다 진귀한 음식과 어여쁜 미녀들을 보내주는 등 형가를 위해서라면 작은 일도 신경을 써주었다. 그러는 사이에 진나라가 조나라를 무너뜨리고 조나라 왕을 포로로 잡은 뒤 기세를 몰아 연나라로 쳐들어오고 있었다. 그래도 형가는 떠날 채비를 하지 않았다. 태자가 조급하여 형가에게 그 이유를 묻자 형가가 비로소 말문을 열었다.

"지금 진나라로 가더라도 믿을 만한 것이 없으면 결코 진나라 왕에게 가까이 다가갈 수 없습니다. 진나라 왕은 번오기 장군을 황금 1,000근과 1만 호의 식읍을 내걸고 찾고 있습니다. 만일 번장군의 머리와 연나라의 비옥한 땅 독항督亢의 지도를 얻어 진나라 왕에게 바친다면, 진나라 왕은 기뻐하며 저를 보자고 할 것입니다. 그때 신은 진나라 왕을 죽일 수 있을 것입니다."

그러나 태자는 허락하지 않았다.

"번장군은 갈 곳이 없어 나에게 몸을 의탁한 사람입니다. 나의 사사로운 욕심 때문에 번장군의 목을 베는 일은 차마 할 수 없습니다. 원컨대 선생께서 달리 생각해주십시오."

형가는 다시 간했다. 그러나 태자가 차마 결정하지 못하자 번장군을 찾아가 태자의 고심을 전한 뒤 이렇게 말했다.

"진나라에서 장군을 잡기 위해 상금을 내걸고, 또한 장군의 부모와 종족을 다 살해했습니다. 지금 연나라의 근심을 풀어주면서 장군의 원수를 갚을 수 있는 한 가지 방법이 있다면 어떻게 하시겠습니까?"

번오기가 형가에게 다가서며 말했다.

"제가 어찌하면 좋겠습니까?"

형가가 말했다.

"원컨대 장군의 머리를 진나라 왕에게 바치게 해주십시오. 그러면 진나라 왕은 흡족하여 신을 보자고 할 것입니다. 그때 신이 진나라 왕을 찌르면 장군의 원수를 갚고 연나라가 받은 치욕도 씻을 수 있을 것입니다. 장군께서는 그럴 뜻이 있습니까?"

번오기는 이 말을 듣자, 손을 움켜쥔 채 부르르 떨면서 말했다.

"이것이야말로 신이 밤낮으로 이를 갈고 가슴을 치며 고대하던 바입니다. 당신이 가르쳐 주어 비로소 깨달았습니다."

그리고는 스스로 목숨을 끊었다. 태자가 이 소식을 듣고 달려와 시체에 엎드려 매우 슬프게 울었다.

자객은 한 번 가매 다시 돌아오지 못하네

형가가 떠날 순간이 왔다. 태자는 천하 제일의 비수에다 독약을 칠하게 한 뒤 그것을 형가에게 주고, 연나라의 어린 용사 진무양秦舞陽을 조수로 삼아 형가를 대동케 했다. 그런데 형가는 진무양 대신 자기의 객인客人을 대동하려고 시간을 끌었다. 그러자 태자가 말했다.

"시간이 없습니다. 혹 후회되십니까? 그렇다면 진무양을 먼저 보내겠습니다."

형가는 성을 내며 태자를 꾸짖었다.

"진무양 같은 어린 놈은 사지死地의 일을 처리하지 못합니다. 하지만 그렇게 재촉하시니 신이 지금 진무양을 데리고 떠나겠습니다."

형가는 진무양과 함께 진나라 왕을 죽이려고 떠나려 한다. 고점리가 축을 타고, 형가는 노래를 부르고…… 그 노래에는 다시 돌아오지 못함을 슬퍼하는 곡조가 담겨 있다.

드디어 형가가 출발했다. 형가의 임무를 알고 있는 몇몇 사람들은 태자와 함께 국경에 있는 역수까지 나가 형가를 배웅했다. 강가에서 도조신道祖神에게 제사를 지낸 뒤, 고점리는 축을 타고 형가는 여기에 맞춰 노래를 불렀다. 형가가 슬픈 음색으로 노래를 부르니 듣는 사람들은 모두 눈물을 흘리며 울었다. 그 가사는 이러했다.

> 바람은 스산하고
> 역수는 차가워라.
> 장사가 한 번 가매
> 다시는 돌아오지 못하네.

노래를 마치고 형가는 수레에 올라 떠났는데, 끝내 뒤를 돌아보지 않았다.

뜻이 명확하고 그 뜻을 속이지 않았던 사람, 자객

진나라에 들어간 형가는 천금의 뇌물을 돌려 진나라 왕을 만나 볼 수 있게 되었다.

함양궁咸陽宮에서였다. 형가는 번오기의 머리가 든 함을 받들며 나아가고, 진무양은 그 뒤에서 독항의 지도가 든 상자를 들고 따랐다. 그런데 진무양은 얼굴빛이 새파랗게 변하더니 벌벌 떨고 있었다. 이에 진나라의 여러 신하들이 의심하자 형가가 웃음을 띠며 사과했다.

"북쪽 오랑캐 땅의 비천한 사람이라 일찍이 천자를 배알한 적이 없기 때문에 떨고 있는 것입니다. 원컨대 대왕께서는 그를 용서하시고 사신의 임무를 마치게 해주십시오."

그러자 진나라 왕이 형가에게 말했다.

"진무양이 가지고 있는 지도를 그대가 가져오시오."

형가는 진무양의 지도를 넘겨받아 진나라 왕에게 올렸다. 진나라 왕이 둘둘 말린 지도를 펴본 순간, 비수가 드러났다. 그러자 형가는 왼손으로 진나라 왕의 소매를 잡고 오른손으로 비수를 잡아 진나라 왕을 찌르려 했다. 그러나 비수가 몸에 닿기 전에 진나라 왕이 놀라 반사적으로 물러서 소매만 베어져 떨어졌다.

진나라 왕이 칼을 빼고자 했으나 워낙 장검이라 칼을 빼내지 못하고 칼집만 잡았다. 형가가 진나라 왕을 쫓아가자, 진나라 왕은 기둥을 돌며 달아났다. 여러 신하들은 경악했으나, 순식간에 일어난 일이라 모두 어찌 할 바를 몰랐다.

그리고 진나라 법에 의하면, 전상殿上에 무기를 갖고 올라가면 지위 고하를 막론하고 사형이었다. 그래서 호위 무장들은 무기를 잡고 있었으나 감히 전상에 올라가지 못했다. 이와 달리 형가는 전상에서 진나라 왕을 쫓아다닐 수 있었던 것이다.

진나라 왕이 달아나며 어찌할 바를 모르고 있을 때 좌우 신하들이 말했다.

"왕께서는 칼을 등에 지고 빼십시오!"

진나라 왕은 칼을 등에 지고 마침내 칼을 뽑아 형가를 내리쳐서 그의 왼쪽다리를 베었다. 형가는 쓰러지면서 비수를 진나라 왕에게 던졌다.

연나라의 형가는 진나라 왕을 치기 위하여 번오기 장군의 목과 천금의 뇌물, 독을 칠한 비수를 품고 진나라 왕을 만났으나, 끝내 독 묻은 비수로 진나라 왕을 독살치 못하고 처참한 최후를 맞는다.

그러나 명중시키지 못하고 구리 기둥을 맞혔다. 그러자 진나라 왕은 다시 형가를 쳐서 여덟 곳을 베었다. 형가는 체념한 듯 기둥에 기대어 웃으며 두 다리를 뻗고 앉아 진나라 왕을 꾸짖었다.

"널 사로잡아, 각 제후국들이 빼앗긴 땅을 되돌려 받으려고 했는데……."

이때 좌우의 신하들이 몰려와서 형가를 죽였다. 이 사건으로 진나라 왕은 연나라에 대한 분노가 폭발하여 사정없이 연나라를 치도록 하였다. 열 달 만에 계성이 함락되니, 연나라 왕 희喜와 태자 단 등은 동쪽 요동으로 숨어 나올 생각을 안 했다. 결국 희가 단의 목을 베어 강화를 청했으나 진나라는 공격을 멈추지 않았다. 그 뒤 5년 만에 진나라는 마침내 연나라를 멸망시키고 연나라 왕 희를 사로잡았으며, 그 다음해에 천하를 통일하고 칭호를 황제皇帝라고 하였다.

고점리는 날품팔이로 이 집 저 집 옮겨다니며 숨어살다가, 가난 속에서 이렇게 살아보았자 끝이 없겠다 싶어 사람들 앞에 정체를 드러내고, 보따리에서 축을 꺼내 손님들 앞에서 축을 타기 시작했다. 진나라 시황이 축 타는 솜씨가 빼어난 자가 있다는 소문을 듣고 고점리를 불러들였다. 알고 보니, 고점리는 형가와 친분이 두터웠던 사이임이 밝혀졌다. 그러나 시황은 고점리의 축 타는 솜씨를 아까워하여 용서하는 대신 소경으로 만들었다. 그런 뒤 항상 고점리를 옆에 두고 축을 타게 했는데, 그때마다 시황이 칭찬을 아끼지 않았다.

어느 날 고점리는 축 속에 납덩어리를 감추어 두고는 시황이 불러주기를 기다렸다. 고점리는 시황이 안심하고 귀를 기울일 때 갑자기 축을 들어 시황을 내리쳤으나 맞지 않았다. 결국 시황은 고점리를 죽였다.

이 일 때문에 시황은 죽을 때까지는 타국 출신의 사람을 다시는 곁에 두지 않았다.

노나라 장수 조말부터 형가, 고점리에 이르기까지 당시 활약한 자객들은 그 의기대로 뜻을 이루기도, 혹은 이루지 못하기도 했다. 노구천은 형가가 진나라 왕을 찌르려다 실패한 이야기를 듣고 혼잣말로 이렇게 말했다.

"아아! 아깝구나, 그가 칼 쓰는 법을 계속해서 익히지 않은 것이. 내가 너무나도 사람을 알아보지 못했도다! 지난날 내가 그를 무시했을 때, 그는 속으로 나를 얼마나 비웃었을까."

형가를 비롯한 당시의 자객들은 뜻을 세움이 명확하였고, 자신들의 뜻을 바꾸지도 않았다. 그들의 이름이 후세에 전해지는 것이 어찌 망령된 일이라고 할 수 있겠는가!

천하 경륜인가, 야비한 술수인가?

이사

사람은 환경에 따라 달라진다

이사李斯는 초나라 사람이다. 그가 젊은 시절 군郡의 아전으로 있었을 때의 일이다.

이사는 아전의 숙사 화장실에서 쥐들이 더러운 것을 주워 먹다가 사람이 가까이 가자 잔뜩 겁을 집어먹으며 도망가는 것을 보았다. 그러나 이와 달리 창고 안으로 들어간 이사는 쥐들이 창고 가득 쌓아놓은 곡식을 먹고 살면서도 사람들을 전혀 겁내지 않음을 보고 탄식했다.

"사람이 현명하다 어리석다 하는 것도 비유하면 저 쥐와 같다. 스스로 처한 환경에 달려 있을 뿐이다."

그리고는 순경荀卿(순자)에게 가서 '제왕의 기술', 즉 천하를 다스리는 방법을 배웠다. 이사는 평소 초나라 왕은 섬길 만한 인물이 못 되고 여섯 나라 모두 약소하여 큰 일을 도모할 수 없다고 생각했다. 이사는 학문을 마치고 강대국 진나라에서 출세하려는 뜻을 스승 순경에게 비쳤다.

"저는 때를 만나면 주저하지 말라는 말을 들었습니다. 지금은 만승의 제후들이 서로 세력다툼을 하고 있는 시기로 유세가들이 정치를 주도하고 있습니다. 지금 진나라 왕은 천하를 집어삼키고 제帝라고 칭하면서 다스리려 하고 있습니다. 이때야말로 벼슬 없는 선비가 능력을 펼쳐야 할 때이며, 유세하는 자가 활약해야 할 시기입니다. 비천한 위치에 있으면서 무엇인가 출세할 계획을 세우지 않는다면, 마치 짐승이 고깃덩어리를 보고서도 사람들이 그들을 쳐다본다 하여 억지로 참고 지나가는 것과 같습니다. 그런 까닭에 비천한 것보다 더한 슬픔은 없습니다. 오랫동안 비천하고 곤궁한 처지에 있으면서 세상 부귀를 비난하고 영리榮利를 미워하며 스스로 고상한 체하는 것은 선비의 본래 마음은 아닐 것입니다. 그러므로 저는 장차 서쪽으로 가서 진나라 왕에게 유세하겠습니다."

이사가 진나라에 이르렀을 때 마침 장양왕(자초, 시황의 부친)이 죽었다. 이사는 여불위의 문하에 있다가 진나라 왕인 정을 설득할 수 있는 기회를 잡게 되었다. 이사는 진나라 왕에게 진나라가 제帝라 일컫고 나머지 6국이 진나라에 복종하고 있는 지금이 천하통일의 적기임을 유세했다.

이에 흡족해진 진나라 왕은 이사에게 장사長史(궁궐의 일을 총괄하는 관리의 우두머리)의 벼슬을 주었다. 그후 비밀리에 모사를 동원하여 각국의 제후를 금과 옥으로 설득하고, 제후국의 명사에게 뇌물을 바쳐 진나라와 결탁하게 만들고, 말을 잘 듣지 않는 자는 예리한 칼로 암살하고, 왕과 신하를 이간질시킨 뒤 장수를 보내어 그들 나라를 치게 한 일은 모두 이사의 계책에서 나온 것이었다. 드디어 진나라 왕은 이사를 객경客卿으로 삼았다.

태산은 작은 흙덩이도 사양하지 않아 그 높이를 이룬다

그후 진나라에 타국 출신의 인사들에 대한 대대적인 추방령이 내려졌다. 이사는 추방자 명단에 자신의 이름도 들어 있음을 알고 진나라 왕에게 이런 상소문을 올렸다.

신이 들으니, 관리들이 객인客人을 쫓아낼 것을 의논했다고 합니다. 가만히 생각건대 그것은 잘못된 일인 것 같습니다. 옛날 목공은 인재를 구하여 서쪽으로는 융에서 유여를 데려오고(후에 목공은 유여의 계책으로 12융족을 정벌), 동쪽으로는 원에서 백리해를 얻었으며, 송나라에서 건숙(백리해의 친구)을 맞아들였고, 진晉나라에서 비표(후에 진晉나라의 성을 함락시킴)와 공손지(후에 진秦나라에서 상대부上大夫가 됨)를 불러들였습니다. 이 다섯 사람은 진나라에서 태어난 사람들이 아닌데도 목공은 이들을 중용하여 20여 국이나 병합하니, 마침내 서융에서 우두머리가 되었던 것입니다. 이뿐만이 아닙니다. 효공 때 나라를 부강하게 만들었던 상앙, 혜왕 때 6국 합종을 깨뜨려 동서남북으로 땅을 넓혔던 장의, 소왕 때 왕실을 강력하게 하고 진나라로 하여금 제업帝業을 이루게 했던 범수, 이들은 다 객인이었습니다.

이러한 점들을 본다면 어찌 객인이 진나라를 망쳐버렸다고 하겠습니까? 일찍이 저 네 왕들이 객인을 배척하여 나라 안에 들이지 않고 선비들을 멀리하여 등용하지 않았다면, 진나라는 부유하고 이로운 실익이 없었을 것이고 강대하다는 명성도 얻지 못했을 것입니다.

지금 폐하께서 좋아하시는 보석과 음악은 다 외지의 산물이며 총애하시는 여인 또한 외지 사람입니다. 그런데 지금 사람을 쓰는 것은 그렇지 않습니다. 그 인물의 사람됨이 옳은지 그른지를 묻지 않고, 굽은지 곧은지를 가리지 않고, 진나라 사람이 아닌 자는 물리치고 빈객이면 내쫓으려고 합니다. 그렇다면 이것은 곧 여색과 음악과 주옥은 소중히 여기고 사람은 가볍게 여기는 것입니다. 이것은 다른 제후를 제입하는 패자의 태도가 아닙니다.

신이 들으니, '땅이 넓어야 곡식이 많이 나고, 나라가 커야 사람이 많으며, 군대가 강성해야 병사도 용감하다'고 합니다. 태산太山은 한 줌의 흙도 양보하지 않아 그 높이를 이루었으며, 크고 넓은 바다는 가느다란 개천물도 거부하지 않아 그 깊이를 이룰 수 있었습니다. 왕들은 어떠한 백성도 물리치지 않기 때문에 자신의 덕을 온 천하에 밝힐 수 있는 것입니다. 그렇기 때문에 땅에는 사방의 구분이 없고 백성들에게는 다른 나라의 차별이 없습니다. 진나라 또한 천하를 밝히려면 진나라 사람이건 객인이건 가리지 말아야 합니다.

지금 객인을 쫓아내어 적국을 이롭게 하면, 나라가 위태롭지 않기를 바랄지라도 그렇게 될 수밖에 없을 것입니다.

이 상소문에 감복한 진나라 왕은 객인에 대한 추방령을 취소하고 이사의 벼슬을 회복시켜 그의 계책을 받아들였다. 이사의 벼슬은 정위廷尉까지 이르렀다.

그로부터 20여 년 뒤 진나라는 마침내 천하를 통일하고 왕을 높여 황제라고 하였다. 이사는 승상이 되었다. 진나라는 한 자尺의 땅도 남에게 봉해주는 일이 없었고, 황제의 자제를 내세워서 왕으로 삼는 일도 없었으며, 공신들을 제후로 삼지 않았는데, 이 모두 후일에 내란의 근심거리를 없애기 위함이었다.

백성을 어리석게 만들어야 세상을 비난하지 않는다

시황제 34년의 어느 날, 함양궁에서 연회를 베풀었다. 이 자리에서 제나라 출신인 순우월淳于越이 황제에게 주나라 시대에 시행하던 봉건제(혈족과 공신에게 땅을 주어 다스리게 하는 정치체제)의 회복을 간하자, 이사는 강력한 중앙집권체제인 군현제(전국을 군과 현으로 나눈 뒤 황제가 직접 관리를 파견하여 다스리는 정치체제)를 주장하며 이렇게 말했다.

"봉건제의 회복처럼 옛것을 주장하는 이들은 조정에 들어와서는 속으로 비난하고 물러나서는 거리에서 쑥덕거립니다. 그들은 군주를 비난하는 것을 명예로 여기고, 왕의 명예를 왜곡시키면서 스스로 높다고 생각합니다. 그들은 많은 추종자들을 거느리고 비방을 만들어냅니다. 이와 같은 것을 금지하지 않으면 위로는 군주의 권위가 떨어지고 아래로는 당파를 만들게 될 것입니다.

　　　　　　　　　　　　　　　　　　　　| 이사 |

신께 아룁니다. 모든 문학과 《시경》·《서경》·제자백가(여러 스승의 백 가지 학설)의 책을 모두 나라에 바치게 한 후 태우도록 하십시오. 그리고 이 명령을 내린 지 30일이 지나도 시행하지 않는 자는 이마에 먹물을 들이는 형벌을 가해 성을 쌓는 강제노동을 시키십시오. 단, 의약·점복占卜·농사·원예에 관한 책은 폐기하지 않아도 됩니다. 만약 배우고자 하는 사람이 있다면, 관리를 스승으로 삼아 배우게 하면 될 것입니다."

진나라 시황제는 이사의 말을 받아들여 《시경》·《서경》·제자백가의 책을 몰수하여 불에 태웠다. 이것이 바로 분서焚書 사건이다.

시황제는 자신이 세운 나라가 영원하기를 바랐다. 그래서 왕의 시호

진나라 시황제는 이사의 말을 받아들여 책을 몰수하여 불에 태웠다. 또 조정을 비판한다는 죄목으로 유생들을 구덩이 속에 생매장시켰다. 이것이 바로 분서갱유 사건이다.

를 없애고 1세世, 2세世로 했다. 이렇게 하면 당연히 제국이 만세萬世까지 지속되리라 믿었다. 또한 자신이 제국의 황제로서 영원히 살기를 바랐다. 그래서 신선사상을 신봉하는 도인道人 노생과 후생에게 불로장생의 약초를 구해오라 시켰다. 그런데 이들은 거금만 챙긴 채 돌아오지 않았다. 이에 화가 난 시황제는 죄 없는 유생儒生들에게 분풀이를 했는데, 조정을 비판한다는 죄목으로 유생들을 얽어매어 구덩이 속에 생매장시켰다.

이 사건이 바로 갱유坑儒인데, 앞의 분서와 묶어 '분서갱유'라는 이름으로 지금까지 알려지게 되었다. 이 사건은 백성들을 어리석게 만들어서 천하의 그 누구도 옛것을 끌어들여 지금 세상을 비난하지 못하도록 하기 위함이었다.

법도를 분명하게 하고 율령을 정하는 일은 모두 시황제 때에 비롯되었다. 또한 문자를 통일하고 방방곡곡에 이궁離宮(황제가 행차시에 유숙하는 궁)과 별관을 두루 지어 두었다. 그 다음해에는 천하를 순방하고 밖으로 사방의 오랑캐를 물리쳤는데, 이는 모두 이사의 건의에 의한 것이었다.

처세를 잘하는 자는 화를 복으로 만든다

이사의 맏아들 이유李由는 삼천군三川郡의 태수가 되었다. 아들들은 모두 진나라 공주에게 장가들었고, 딸들은 모두 진나라의 여러 공자들에게 시집을 갔다. 이유가 휴가를 얻어 함양으로 돌아오자 이사의 집에서 술자리를 열었다. 모든 관청의 장들이 이사의 집에 와서 그의 장수를 기원하는 잔을 올리게 되었다. 그 바람에 이사의 문 앞에는 몇 천 대의 수레와 말들이 줄을 이었다.

이를 보고 이사가 탄식했다.

"아아, 나는 순자에게서 이런 말을 들었다. '사물이 지나치게 강성해지는 것을 금해야 한다'고. 나는 원래 평민이며, 시골 마을의 백성일 뿐이었다. 그런데 주상께서 재주도 없고 아둔한 나를 모르시고 발탁하여 오늘의 이 지위에 오르게 되었다. 지금 남의 신하가 된 자로서 나보다 위에 있는 자가 없으니, 이 정도면 부귀가 극에 달했다고 말할 수 있다. 사물은 극에 달하면 반드시 쇠하게 마련이 아닌가. 아, 이 몸의 앞날이 어떻게 될 것인지……."

시황제 37년, 황제는 막내 아들인 호해胡亥와 승상 이사, 환관 조고趙高 등을 데리고 지방 시찰 길에 나섰다가 사구沙邱에서 병이 나 위독했다. 이때에 시황제의 맏아들 부소扶蘇는 장군 몽염과 함께 국경을 지키고 있었다. 황제는 환관 조고를 시켜 다음과 같이 유서를 만들어 부소에게 전달하게 했다.

'군사는 장군 몽염에게 맡기고, 부소는 함양에 와서 나의 영구를 맞아 장례를 거행하라.'

그러나 유서가 사자에게 내려지기도 전에 시황제는 세상을 떠났다. 그러자 이사는 황제가 밖에서 붕어崩御하고 태자가 정해지지 않은 상태에서 국난을 당할 염려가 있기 때문에 국상을 비밀에 붙여야 한다고 생각했다. 시황제의 죽음을 아는 사람은 시황제의 막내아들 호해, 승상 이사와 환관 조고 등 몇 사람뿐이었다. 호해는 시황제 소생의 20여 명의 아들 중 황제의 남다른 사랑을 받아온 아들이다.

그들은 황제의 유해를 온량거라는 수레 속에 안치하고, 정사를 돌보는 일을 비롯하여 식사를 올리는 일 등을 생전과 똑같이 하였다. 물론 온량거 속에는 황제 대신 환관이 숨어서 결재를 대신하였다.

그러나 환관 조고는 황제가 죽자 생각을 바꾸었다. 그의 손에는 밀봉한 편지와 옥새도 있었다. 마음만 먹으면 얼마든지 편지를 위조할 수 있었던 것이다.

환관 조고가 호해에게 말했다.

"황상의 유언대로 한다면 장자 부소가 황제가 될 것입니다. 천하의 권력을 잡느냐 잃어버리느냐 하는 것은 공자와 저와 승상의 손에 달려 있으니 잘 생각해보십시오. 남의 신하가 되는 것과 남을 신하로 부리는 일이 어찌 같을 수 있겠습니까?"

호해가 주저하며 결단을 내리지 못하자 조고는 다시 한 번 속삭여 호해의 마음을 바꾸어 놓았다. 그런 후 승상 이사에게 가서 호해에게 했던 말을 하자, 이사는 반대하고 나섰다.

고조가 말했다.

"승상께서 스스로 생각해봐도 아시겠지만, 승상은 장군 몽염과 비교할 때 능력과 공이라든지 모든 면에서 뛰어나지 못합니다. 또한 황제의 장자 부소는 몽염을 신임하고 있습니다. 이 조고는 본래 환관이라는 천한 벼슬아치입니다. 다행히 문서를 잘 처리하는 재주로 궁중에 들어오게 되어 일을 본 지 20여 년이나 되었습니다. 그동안 본 바로는 승상이나 공신들 가운데 2대를 이은 사람을 보지 못했습니다. 마침내는 다 죽임을 당했지요. 맏아들인 부소가 황제가 된다면 틀림없이 몽염을 승상으로 삼을 것이고, 승상께서는 지방 벼슬자리도 못 얻고 쫓겨날 것입니다. 그러니 호해를 황상의 후사로 삼으십시오. 그러면 승상은 여전히 높은 지위를 지킬 것입니다."

이사가 말했다.

"나는 황상의 유언을 받들어 하늘의 명령에 따르겠소. 우리가 달리 결정해야 할 일이 무엇이 있겠소?"

조고가 말했다.

"생각하기에 따라서 편안한 것을 위태롭게 만들 수도 있고, 위태로운 것을 편안하게 만들 수도 있습니다. 편안하고 위태로운 것을 결정하지 못한다면 어찌 성인의 지혜를 가졌다 일컬을 수 있겠습니까?"

이사가 말했다.

"대체로 충신은 죽음을 회피하려 요행을 바라지 않으며, 효자는 부모를 위하여 부지런히 노력할 뿐 위태로운 일을 하지 않는다고 하오. 왕의 신하된 자는 각각 자기의 직분을 지킬 뿐이오. 당신은 그런 말을 더는 하지 마시오. 내가 죄를 짓길 바라오?"

조고가 말했다.

"신이 들이니, 성인은 변화하여 사물에 얽매임이 없고, 변화에 따르고 시대에 호응하며, 끝을 보고 근본을 알며, 지향하는 바를 보고 귀착되는 바를 안다고 합니다. 사물이란 본래 이런 것입니다. 어찌 고정불변의 법칙이 있을 수 있겠습니까? 지금 천하의 권세는 호해에게 달려 있으며, 저는 그의 마음을 잘 헤아리고 있습니다.

대체로 밖에서 안을 제어하는 것을 혹惑이라 하고, 아래에서 위를 제어하는 것을 적賊이라고 합니다. 가을에 서리가 내리면 잎과 꽃이 떨어지고 봄에 얼음이 녹아 물이 거세게 흐르면 만물이 일어납니다. 이것은 필연의 법칙입니다. 당신은 어찌 그리 판단이 더딥니까?"

그런데도 이사가 형제의 순서를 바꾸어 황제를 정하여 환란이 일어
난 나라를 예로 들며 불가의 입장을 표하자 다시 조고의 설득이 계속되
었다.

"위와 아래가 힘을 합하면 오래 갈 수 있고, 안과 밖이 하나가 되면
일의 겉과 속이 없어집니다. 승상께서 신의 계책을 받아들이면 봉후封
侯의 지위를 누리어 대대로 고孤(제후가 자신을 일컫는 호칭)라고 일컬으며,
반드시 선인과 같이 장수하고 공자 · 묵자와 같은 지혜를 얻게 될 것입
니다. 그러나 지금 이 기회를 버리고 좇지 않는다면 화가 자손까지 미
칠 것입니다. '처세를 잘하는 자는 화를 복으로 만든다'고 합니다. 승상
께서는 어떤 것을 선택하시렵니까?"

이사는 하늘을 우러러 탄식하고 눈물을 흘리며 긴 한숨을 내쉬었다.

"아아, 홀로 난세를 만나 죽지도 못하니, 어디에 목숨을 의탁할 것인
가!"

이사는 결국 조고의 끈질긴 설득에 마음을 바꾸었다. 조고 · 호해 ·
이사 세 사람은 모의하여 시황제의 조서를 받은 것처럼 꾸미고, 승상은
호해를 세워 태자로 삼았다. 또 부소에게 내린 편지를 이렇게 고쳤다.

> 부소는 군대 감독관 자리에 있으면서도 직책을 다하지 않고 자주 짐
> 의 일을 비방했으니 자결하라. 그리고 장군 몽염 역시 황제의 아들인
> 부소를 보살필 의무를 다하지 않았으므로 자결하라.

얼마 후 변방에서 황제의 유서를 받은 부소는 사람이 어진지라 곧 자

결하고, 장군 몽염은 그 조서를 따르지 않은 죄로 감옥에 갇히게 되었다.

진나라를 천자의 나라로 만들었던 이사의 최후

함양으로 돌아온 호해는 진나라의 2세二世 황제로 즉위하고 국상을 발표했다. 호해는 조고를 낭중령郎中令(궁궐 문을 지키는 관리)이란 높은 벼슬에 앉혀 항상 가까이 두었다. 이에 조고는 정권을 쥐고 흔들게 되었다.

조고는 호해에게 시황제 때보다 엄격한 법을 만들게 했다. 그리고 그 법령으로 선제의 옛 신하와 황족들을 잔인하게 멸족시켰다. 또한 아방궁을 짓고 곧게 뻗은 큰 도로와 넓은 도로를 건설하느라 국세를 더욱 무겁게 거둬들였다. 자연히 백성들의 불만은 점점 커져갔고, 마침내 초나라의 수비병인 진승·오광 등이 반란(B.C. 209년 진나라 말기에 시황제가 죽은 뒤 민간에서 일어난 반란 사건. 중국 역사상 처음 발생한 농민반란이다. 반란은 6개월 만에 실패로 끝났으나, 이것이 도화선이 되어 일어난 유방과 항우의 공격에 진나라는 멸망하고 만다)을 일으켰다.

이사는 여러 번 간언하려 했지만 2세 황제는 이를 허락하지 않았다. 그러던 어느 날, 삼천군의 태수인 이사의 아들 유가 오광 등 반란군의 행군을 저지하지 못한 일로 이사가 곤란에 처하게 되었다. 이사는 신변의 위험을 느끼고 2세 황제에게 아첨하여 용서를 받고자 혹독한 법치를 주장하는 내용의 글을 올렸다.

이 글을 읽은 2세 황제는 기뻐했다. 이리하여 신하를 더욱 엄격하게 다루고 백성들에게서 세금을 많이 거둬들이는 자를 현명한 관리로 여겼다. 그러다 보니 길에서 다니는 사람의 반은 형벌을 받은 자들이고, 형벌을 받아 죽은 자는 날마다 거리에 쌓이게 되었다. 또 사람을 많이 죽인 관리를 충신이라고 했다.

한편 조고는 권력을 휘둘러 개인적인 원한관계가 있는 사람을 많이 죽였다. 조고는 대신들이 자신의 일을 2세 황제에게 직접 간할까 두려워 아예 2세 황제가 직접 대신들을 만나지 못하도록 했다. 이렇게 하여 조고는 단독으로 황제를 모시고 정치적 권력을 더욱 마음대로 휘둘렀다. 그뿐만 아니라 조고는 이사를 위하는 척하면서 아들의 일을 꼬투리 잡아 역모를 공모한 죄로 옥에 잡아넣었다. 우매한 2세 황제는 이사를 조고에게 넘겨 조사하도록 했다.

이사는 하늘을 우러러 탄식했다.

"아아 슬프구나, 도리를 모르는 왕과 어찌 천하를 논하리오! 옛날 하나라 걸왕(주색에 탐닉하다 나라를 망친 폭군)은 관용봉을 죽이고, 은나라 주왕은(달기라는 요녀독부에게 빠져 주무왕周武王에게 멸망당함) 왕자 비간을 죽이고, 오나라 왕 부차는 오자서를 죽였다. 이 세 신하가 어찌 불충하였겠는가? 그러나 죽음을 면치 못했다. 지금 나의 지혜는 이들 세 사람을 따를 수 없고, 2세의 무도함은 걸왕·주왕·부차보다 심하니 내가 충성을 바쳐도 죽는 것은 당연하다. 지난날 그는 형제를 죽이고 충신을 죽이고 또한 대역사의 재원을 마련하기 위해 백성들에게 세금을 무겁게 징수하는 악행을 저질렀다. 이런 데다 조고 같은 환관이 이미 천하의 반을 차지했건만 황제는 깨닫지 못하고 조고에게 놀아나고 있다. 내 반드시 도적이 함양을 함락시키고 그 폐허에 고라니와 사슴이 뛰노는 것을 보리라."

조고는 이사의 종족·빈객까지 다 체포한 뒤 이사를 역모죄로 심문했다. 이사는 너무 억울하여 옥중에서 진나라를 천자로 만든 자신의 공로를 상기시키는 글을 썼다. 그러나 조고가 중간에서 가로채니 2세 황제에게 전달될 리 없었다. 얼마 후 이사는 조고의 고문에 못 이겨 2세 황제 앞에서 있지도 않은 죄를 자백했다. 결국 2세 2년 7월에 이사는 함양의 시장 바닥에서 참형을 당하고 말았다. 그의 삼족 역시 사형을 당했다.

사슴을 가리켜 말이라고 하다

이사가 죽고 나서 2세는 조고를 중승상中丞相으로 삼았다. 조고가 크고 작은 일을 막론하고 모든 일을 결정했다. 이제 진나라에서 조고의 권력 앞에 벌벌 떨지 않는 사람이 없게 되었다.

어느 날이었다. 조고는 자신의 권력을 시험해보고 싶었다. 그래서 그는 황제에게 사슴을 바치며 말이라고 했다. 2세가 좌우에 있는 신하들에게 물었다.

"이것은 사슴이지?"

신하들은 한결같이 이렇게 대답했다.

"말입니다."

2세는 놀라서 자기가 정신이상이 아닌가 의심했다.

그래서 2세는 태복太卜(점을 치는 관리)을 불러 점을 치게 했다.

조고의 권력 앞에 진나라의 모든 사람들이 벌벌 떨 정도였다. 조고가 황제 2세와 신하들을 불러놓고 '사슴을 말'이라고 대답하게 하면서, '지록위마指鹿爲馬'라는 고사성어가 비롯되었다.

"폐하께서 봄가을로 거행하는 제사 때 경건한 마음가짐을 가지지 않았기 때문에 이러한 지경에 이른 것입니다. 따라서 앞으로 덕을 많이 쌓아 재계齋戒(마음과 몸을 깨끗이 하고, 부정한 일을 멀리하다)를 제대로 하시고 제사를 지내신다면 괜찮아질 것입니다."

그래서 2세는 재계한다면서 곧 상림원으로 들어갔다. 그러나 그곳에 가서 날마다 새를 쏘고 짐승을 사냥하며 놀았다.

3세 만에 끝난 천자의 나라

어느 날 2세가 사냥을 하다, 상림원에 들어온 사람을 활로 쏘아 죽였다. 조고는 그의 사위 염락閻樂을 시켜 이렇게 탄핵했다.

"누구의 소행인지는 모르나 사람을 죽인 뒤 그 시체를 상림원으로 옮겨놓은 자가 있다."

그리고 조고가 2세에게 간하는 척하면서 섬뜩한 말을 했다.

"천자가 아무 이유 없이 죄 없는 사람을 죽였으니 귀신도 폐하의 제사를 받지 않을 것이며, 하늘이 재앙을 내릴 것입니다. 따라서 궁궐에서 멀리 떨어진 곳에 가서 재앙을 물리치는 기도를 드려야 합니다."

2세는 궁에서 나와 망이궁望夷宮에 거처했다. 며칠 후 조고는 군사를 이끌고 망이궁에 쳐들어가 황제를 위협하여 자살하게 했다. 조고는 옥새를 손에 넣고 황제의 복장을 하였는데, 곁에 있던 신하들이 아무도 따르지 않았고, 궁전에 올라갔으나 궁전이 세 번이나 무너지려고 했다. 조고는 하늘이 돕지 않고 신하들도 이를 허락하지 않을 것임을 알고 시황제의 손자인 자영을 불러 옥새를 주었다.

자영은 즉위했지만 조고의 허수아비가 될 것이 두려웠다. 그래서 거짓으로 병을 꾸미며 조고가 문병하러 왔을 때, 환관 한담韓談을 시켜 그를 찔러 죽이도록 하고 그의 삼족을 멸했다.

자영이 황제가 된 지 얼마 뒤 패공沛公(유방)의 군대가 함양에 쳐들어왔다. 진나라의 문무백관 중에 싸우는 자는 한 명도 없었으며 모두 자영을 배반하고 도망쳤다. 자영은 처자식와 함께 옥새가 달린 끈을 목에 걸고 길가에 나와 항복했다. 자영은 패공에 의해 관리에게 넘겨졌으나, 초나라 항왕項王(항우)에게 죽임을 당한다. 마침내 진나라는 천하를 잃고 말았다.

이사는 시골의 미천한 곳에서 태어나 제후들을 유세한 끝에 진시황을 보좌하여 진나라가 제업帝業을 이루게 하고 자신은 승상이 되었다. 이사는 육경六經의 대의를 꿰뚫었으면서도 정치를 밝게 하여 군주의 결점을 보충하는 데 쓰지 않았다. 또한 높은 벼슬에 있으면서도 아첨하고, 구차하게 영합하여 법령만을 엄하게 하고 형벌을 혹독하게 하였으며, 조고의 그릇된 말을 들어 적자를 폐하고 서자를 세웠다. 제후들의 마음이 돌아선 뒤에야 비로소 군주에게 간언하려 했으니, 그때는 너무 늦었다.

사람들은 이사가 충성을 다했으나 형벌을 받아 죽었다고 말한다. 그러나 그 근본을 살펴보면 세상의 논의와는 다르다. 권모술수와 아첨에 능하지 않았다면 이사의 공은 주나라를 천자의 나라로 만든 주공이나 소공과 같은 반열에 올라설 수 있었을 것을.

시작은 같았으나 최후에 길을 달리한 친구

장이 · 진여

작은 치욕을 못 참아 목숨을 버릴 수는 없다

장이張耳는 대량大梁 사람으로, 일찍이 죄를 짓고 달아나 외황外黃이라는 곳에서 떠돌이 생활을 하였다. 장이는 외황의 어떤 부잣집의 식객으로 머물러 있었다. 그 집에는 예쁘게 생긴 딸이 있었는데, 보잘것없는 남자한테 시집을 갔다가 도망쳐 친정에 와 있었다. 그녀는 장이가 범상치 않은 인물임을 대번에 알아보고 그와 결혼했다.

진여陳餘 또한 대량 사람이다. 그는 조나라의 고형이란 고을을 자주 다녔는데, 고형의 한 부자가 진여의 인물됨을 알아보고 자기 딸과 결혼시켰다. 진여는 나이가 젊었으므로 장이를 아버지처럼 섬겼으며, 목이 달아나도 마음이 변하지 않을 만큼 깊이 사귀었다.

221

장이와 진여는 모두 대량 사람으로 진나라에서는 '위나라의 이름 있는 선비'라는 소문이 돌면서 현상금
이 붙었다.

| 장이 · 진여 |

진秦나라가 위나라를 멸망시킨 지 여러 해 되었을 때의 일이다. 진나라에서는 두 사람이 위나라의 이름 있는 선비라는 소문을 듣고 현상금을 걸고 잡고자 했다.

　'장이를 잡는 자에게는 1,000금을, 진여를 잡는 자에게는 500금을 주겠노라.'

　그래서 두 사람은 이름과 성을 고치고 진陳나라로 가서 어떤 마을의 문지기 노릇을 하며 거기서 받은 돈으로 겨우 끼니를 이어갔다.

　하루는 두 사람이 서로 마주 앉아 이야기를 나누고 있는데, 마을의 관리가 진여에게 잘못이 있다고 그를 붙잡아 매질을 했다. 진여가 화를 참지 못해 대들려고 하자, 장이는 그의 발을 밟아서 그대로 매를 맞게 했다. 관리가 가버린 뒤에 장이는 진여를 뽕나무 아래로 데려가 꾸짖었다.

　"처음에 나와 그대가 약속한 것을 잊었는가? 지금 조그만 치욕 때문에 하찮은 마을관리에게 목숨을 버리려 하는가?"

　진여는 그 말이 옳다고 여겼다.

싸우지 않고도 성城을 얻는 비결

　그 후 기 땅에서 일어난 진승陳勝이 수만의 무리를 이끌고 진秦나라에 대항하자 장이·진여 두 사람은 그의 휘하에 들어갔다. 진승이 가는 곳마다 진나라의 폭정에 시달리던 사람들이 호응하니 진승의 세력은 더욱 강대해졌다. 그러자 진승은 장이와 진여의 충고를 듣지 않고 스스로 진왕陳王이라 칭했다. 이 일로 두 사람과 진왕 사이에 틈이 벌어지기 시작했다.

진왕은 군사를 동북쪽으로 돌려 진陳나라 사람 무신군武信君을 대장으로 삼고, 장이와 진여를 좌우 교위校尉(군법과 병마를 감독하는 무관)로 삼아 범양范陽을 공격하였다.

그때 범양 사람 괴통이 범양현의 현령을 찾아와 이렇게 말했다.

"공께서 곧 돌아가시게 되었다는 말을 듣고 조문하러 왔습니다. 그러나 공이 이 괴통에 의해 살 수 있게 되신 것을 축하드립니다."

범양 현령이 의아해 물었다.

"나를 조문한다니 무슨 말인가?"

괴통이 말했다.

"당신은 현령으로 있은 지 10년이나 되었습니다. 그동안 당신은 혹독한 진秦나라 법을 적용해 사람들을 무자비하게 처형했습니다. 그러나 지금은 천하가 어지러워 법이 제대로 시행되지 않고 있습니다. 이런 때에 당신에 의해 죽임을 당한 자의 아버지와 아들들이 당신을 가만 놔둘리 없습니다. 이것이 제가 당신을 조문하는 까닭입니다. 때마침 진승의 명령을 받은 무신군의 군대가 쳐들어오니, 그 사람들은 다투어 당신을 죽이고 무신군에게 항복하려고 할 것입니다. 당신은 지금 급히 저를 무신군에게 파견하십시오. 그러면 화를 면하고 복을 만들어 드릴 수 있습니다."

범양 현령은 괴통의 말을 듣고 그를 무신군에게 파견했다. 괴통은 무신군 앞에서 이렇게 말했다.

"당신께서는 지금까지 항상 피를 흘리는 싸움 끝에 성을 탈취해왔습니다. 그러나 신이 생각건대 그것은 좋은 계책은 아닙니다. 진실로 신의 계책을 들으신다면 공격하지 않고 성을 얻을 수 있고, 싸우지 않고 땅을 빼앗을 수 있으며, 격문만 전달하고도 천 리를 평정할 수 있을 것입니다. 이 얼마나 좋은 일입니까?"

"어찌하면 그럴 수 있단 말인가?"

괴통이 자세히 설명했다.

"범양 현령은 비겁하여 당신에게 항복할 마음이고, 범양의 혈기왕성한 젊은이들은 그 수령을 죽이고 결사항전할 태세입니다. 그러나 당신이 성을 공격할 때마다 항장들을 다 베어 죽였기 때문에 두려워하고 있습니다. 그러니 제후의 인을 내려 범양 현령에게 그 자리를 보장해주고 또한 연나라와 조나라의 교외를 달리게 한다면 이를 보는 자들은 다 '항복한 범양 현령은 저렇게 무사하구나' 생각하고 스스로 항복해올 것입니다. 그러면 당신은 싸움을 아니하고도 항복을 받아낼 수 있게 됩니다. 이것이 바로 '격문만 전달하고도 천 리를 평정할 수 있다'는 것입니다."

무신군은 괴통의 계책대로 따르기로 했다. 괴통을 시켜서 범양 현령에게 제후의 인을 내리니, 과연 조나라 땅에서 이 소문을 듣고 싸우지 않고 항복해온 성이 30여 개나 되었다.

혁명의 깃발 아래 뜻을 같이하던 동지들이었건만

장이와 진여 두 사람은 누가 먼저랄 것 없이 무신군에게 진승을 배반할 것을 부추겼다. 무신군은 이 말을 듣고 스스로 조왕趙王이 되었다.

그는 장이를 우승상, 진여를 대장군으로 삼았다.

이를 보고받은 진왕은 매우 진노했으나, 마음을 가라앉히고 사자를 보내어 조나라 왕이 된 것을 축하해주었다. 그러면서 진秦나라와의 싸움이 급했으므로 무신군에게 진나라 관문으로 쳐들어가라고 했다. 이에 장이와 진여는 진왕의 속셈을 간파하고 무신군에게 이렇게 말했다.

"진나라를 멸명시키고 나면 군대를 동원하여 조나라를 칠 것이 뻔합니다. 그러므로 북쪽의 연燕과 대代를 공격하고, 남으로는 하내河內를 점령해 땅을 넓히십시오."

그러나 무신군의 명을 받은 한광韓廣이 연나라에 이르자 연나라 사람들에 의해 왕으로 세워지고, 진나라를 공격하던 장수 이량李良도 말머리를 돌려 조나라 한단을 습격하니, 진나라에 반기를 들기 위해 함께 모인 세력들이 사분오열되어 서로 다투게 되었다. 얼마 후 장이도 진秦나라에 투항한 이량에게 쫓기어 거록성巨鹿城에 갇히게 되었다. 장이는 성 밖에 있는 진여에게 이량을 공격하라고 했으나, 진여는 자기 세력이 약한 것을 두려워하여 머뭇거렸다. 그러자 장이가 몰래 사람을 성 밖으로 보내어 진여에게 이렇게 전하게 했다.

"처음에 나와 당신은 목이 달아나도 변치 않는 교분을 맺었소. 지금 이 몸이 죽게 되었는데, 공은 수만의 군사를 거느리고 있으면서도 마땅히 구원하지 않으니, 서로 위하여 죽기를 맹세한 우정은 어디로 갔소?"

그러자 진여는 이렇게 대답했다.

"죽기 살기로 싸워도 세력이 약하여 불리하오. 내가 당신과 함께 죽으려 하지 않는 까닭은 당신의 원수를 갚고자 함이오. 지금 함께 죽는다면 굶주린 호랑이에게 고기를 주는 것과 같을 뿐, 무슨 유익함이 있겠소?"

그러나 진여는 결국 좌우 부하들의 권유로, 부하를 보내어 성을 포위하고 있는 이량의 군사들을 치게 하였다. 마침 초패왕楚覇王 항우의 군대가 성 밖의 진나라 군대를 치는 바람에 장이는 목숨을 건질 수 있었다. 하지만 진여의 부하들 중 싸우기를 주장하던 장수들은 목숨을 잃고 말았다.

장이는 진여를 만나 조나라를 재빨리 돕지 않은 것을 꾸짖고, 진여의 죽은 장수들도 그가 죽인 것으로 오해했다. 장이가 자꾸 따지고 들자 진여가 화를 내며 말했다.

"군께서 저를 원망하심이 이렇게 깊은 줄은 몰랐소! 내가 장군의 지위에 연연한다고 생각하십니까?"

그리고는 장군의 인수印綬를 풀어 장이에게 내밀었다. 그러자 장이도 놀라서 받지 않았다. 진여가 일어나 변소에 간 사이, 한 객인이 장이에게 말했다.

"신은 들으니 '하늘이 주는 것을 받지 않으면 도리어 그 재앙을 받는다'고 합니다. 지금 진장군이 당신에게 장군의 인수를 주었는데, 군께서 받지 않는 것은 하늘의 뜻에 위반하는 것으로 상서롭지 못합니다. 급히 그것을 받으십시오."

그래서 장이는 진여의 인수를 차고 그 휘하의 사람들도 다 거두었다. 진여는 돌아와서 장이가 그 인수를 돌려주지 않는 것을 원망하며 그곳을 나와버렸다. 결국 이 일로 장이와 진여 사이에 틈이 생기게 되었다.

한편 조나라를 접수한 항우는 조나라를 나누어 장이를 상산왕常山王으로 봉하고 그 땅을 다스리게 했다. 이 소식을 들은 진여는 자신만 논

공행상에서 제외되자 더욱 화가 치밀었다. 진여는 제나라 왕 전영田榮의 군대를 빌려 장이를 공격했다.

그러나 장이는 싸움에 패해 한나라로 도주했다. 장이가 한나라 왕을 알현하자 왕은 그를 후하게 대접하였다. 조나라 땅을 회복한 진여는 대代 땅에 있던 조왕을 모셔와 다시 왕위에 앉혔다. 조왕은 진여의 은덕을 생각하여 그를 대 땅의 왕으로 삼았다.

한나라 3년, 한나라 왕은 장이와 한신韓信을 보내 조나라를 공격하게 했다. 장이와 한신은 진여를 잡아 목을 베었다. 이에 한나라 왕은 장이를 조나라 왕으로 세웠다. 그 뒤 한나라 5년에 장이가 죽자 장이의 아들 장오張敖가 뒤를 이어 조나라 왕이 되었다.

장이·진여는 세상에 어진 사람으로 전해졌고, 그들의 빈객과 머슴에 이르기까지 천하의 호걸이 아닌 자가 없어서 제각기 살았던 나라에서 경상卿相이 되지 않은 자가 없었다. 그런데 장이와 진여는 가난할 때는 죽음을 무릅쓰고 신의를 지켰으나, 나라를 놓고 서로 권력을 다투게 되자 마침내 서로 의심하고 멸망시키려 하였다.

비록 그들의 명성이 높고 수많은 빈객이 찾아들었다고 하나, 그들이 걸어온 길은 나라를 서로에게 양보하면서 이익을 초월하던 오나라의 태백太伯이나 연릉延陵의 계자季子와는 질적으로 다르다.

사냥을 마치면 사냥개는 삶아 먹힌다

한신

바짓가랑이 밑에서 단련시킨 천하의 큰 뜻

한신韓信은 회음淮陰 사람으로, 가난하게 살았다. 그는 관리도 되지 못한 채 그저 빈둥거리며 살아가고 있었다. 남들처럼 장사를 하여 살림을 꾸려갈 능력도 그에겐 없었다. 언제나 남에게 빌붙어서 먹기를 좋아하니 사람들은 대부분 그를 싫어하였다.

한신은 일찍이 회음의 속현인 하향下鄕의 남창南昌 정장亭長(정후의 우두머리)에게 두어 달을 빌붙어 먹은 적이 있었다. 그때 정장의 아내는 한신을 미워하여 새벽에 일찍 밥을 지어 이불 속에서 혼자 먹어버리고 식사 때에 찾아온 한신에게는 밥을 차려주지 않았다. 한신은 그 뜻을 알아채고 성을 내며 정장과 절교하고 떠나버렸다.

한신이 성 아래에서 낚시질을 하고 있을 때였다. 여러 하인들이 빨래를 하고 있는데, 그 중 한 여인이 굶주린 한신을 보고 밥을 주었다. 그녀는 빨래가 끝날 때까지 수십 일 동안이나 한신에게 밥을 주었다. 한신이 기뻐하며 이렇게 말했다.

"내 반드시 이 은혜를 갚으리다."

"가엾게 여겨 밥을 드렸을 뿐이오. 스스로 벌어먹지도 못하는 사람에게 어찌 보상을 바라리오!"

여인은 톡 쏘듯이 말하고 가버렸다. 회음 사람들 중에 한신을 업신여기는 한 젊은이가 빈정대며 말했다.

"그 허우대에 장검을 즐겨 차고 있으나, 실은 비겁한 졸장부다."

그러자 여럿이 한신을 놀려대며 창피를 주었다.

"이봐, 한신. 죽음이 두렵지 않거든 그 칼로 나를 찌르고, 죽음이 두렵거든 나의 바짓가랑이 밑으로 기어나가라."

한신은 그를 한참 바라보다가 머리를 숙이고 바짓가랑이 밑으로 기어나갔다. 그러자 시장 사람들이 한신을 겁쟁이라고 비웃었다.

그후 한신은 항량項梁(항우의 숙부)과 함께 항우의 휘하에 들어갔으나 눈에 띄지를 못했다. 그래서 한나라로 건너가 보잘것없는 벼슬살이를 했으나 오히려 죄를 저질러 참형을 당하게 되었다. 한신이 참형대에 서서 하늘을 우러러보다가 관리를 보고 말했다.

"주상께서는 천하를 손아귀에 넣기를 바라시지 않습니까? 어째서 장사를 베어 죽이려 하십니까?"

관리는 한신의 말을 기이하게 여겨 형을 집행하지 않고 한왕漢王(한고조 유방)에게 천거했다. 한왕은 한신을 좋아했으나 그다지 뛰어난 인물

한신은 한때 관리도 되지 못하고 가난하게 살았던 적이 있었다. 빨래터의 한 여인은 굶주린 한신에게 수십 일 동안 밥을 주기도 했는데, 이런 한신을 보고 주위에서 '비겁한 졸장부'라며 비웃었다.

로 여기지 않아 치속도위治粟都尉(식량 담당 군관)라는 작은 벼슬 하나를 내려주었다.

왕국王國을 가져다줄 신하, 제국帝國을 가져다줄 신하

어느 날, 한신이 행군 중에 도망치자 잇따라 한나라 왕이 가장 신임하는 승상 소하蕭何도 도망쳤다는 보고가 왕에게 올라왔다. 이에 한나라 왕이 몹시 화를 냈으나, 한편으로는 양팔을 잃어버린 것 같아 실망이 컸다. 얼마 후 소하가 돌아와 한왕을 뵈었다. 한왕은 기쁨을 감추고 꾸짖었다.

"그대가 도망하다니 무슨 일이오?"

"신은 도망친 것이 아니라, 도망친 자를 붙잡으려고 뒤쫓아간 것입니다."

"그럼 그대가 붙잡으려 한 자는 누구요?"

"한신입니다."

한왕이 이번에는 진짜 화를 내며 꾸짖었다.

"이제까지 도망간 장수가 많았지만 공은 한 번도 뒤쫓아간 일이 없었소. 어찌하여 한신 따위를 뒤쫓아 붙잡으려 한단 말이오?"

그러자 소하가 고개를 저으며 말했다.

"다른 장수들이야 어디서건 얻을 수 있습니다. 그러나 천하를 다 뒤져봐도 한신과 같은 인재는 없을 것입니다. 왕께서 한중漢中(초나라의 군 이름)의 왕으로 머무는 것에 만족하신다면 한신이 필요치 않습니다. 그러나 천하를 잡으려 하신다면 기필코 한신이 필요합니다."

"나 역시 뜻은 천하에 두고 있소. 어찌 마음 답답하게 이 한중에 머무르고자 하겠소?"

"왕의 뜻이 천하에 있다면 한신을 쓰십시오. 그리하면 한신은 머무를 것이요, 그렇지 않으면 또 도망칠 것입니다."

"내 공의 말을 믿고 그를 장수로 쓰겠소."

"장수도 한신에게는 작은 벼슬입니다."

"그러면 대장으로 쓰겠소."

"그러면 한신도 만족할 것입니다."

그래서 왕이 한신을 불러서 대장으로 임명하려고 했다. 그러자 소하가 말했다.

"지금 왕의 태도는 다른 사람이 보기에는 거만하고 무례합니다. 대장을 임명하는 데 어린애들 병정놀이하듯 일을 처리하십니다. 왕께서는 길일을 택해 목욕재계하시고 광장에 무대를 설치하여 예를 갖춘 뒤 한신을 대장으로 정중하게 임명해야 합니다."

한나라 왕은 소하의 말대로 정중하게 예를 갖추어 한신을 대장으로 임명했다. 별로 이름도 없던 사람이 대장이 되자 여러 장수들이 깜짝 놀랐다.

한신이 배례를 마치고 무대 위로 오르자, 한나라 왕이 말했다.

"승상이 자주 대장의 이야기를 하였소. 과인에게 가르칠 계책이라도 있소?"

한신이 오히려 한나라 왕에게 물었다.

"지금 천하의 대권을 다툴 경쟁자는 동쪽에 있는 항왕(항우)이지요?"

"그렇소."

"그럼 대왕께서 스스로 생각하시기에, 항왕과 비교하여 누가 더 용맹하고 어질고 굳세다고 생각하십니까?"

한나라 왕은 묵묵히 생각하다가 말을 꺼냈다.

"내가 그만 못하오."

그 말에 한신은 두 번 절하고 다시 말했다.

"네, 그러합니다. 신 역시 대왕의 생각과 같습니다. 그러나 신은 항왕을 섬긴 적이 있기에 그의 단점을 잘 알고 있습니다. 항왕이 한 번 소리치면 천하가 다 놀라지요. 그러나 그는 어진 사람을 알아주는 데 인색합니다. 그러니 이는 평범한 남자의 용기일 뿐입니다. 그는 예를 다해 사람을 대하기는 하나 공功을 나누어줄 때에는 도장이 망가지고 깨질 정도로 만지작거리며 꾸물대니 이는 부녀자의 인仁일 뿐입니다. 항왕은 천하의 패자임을 자처하나 모시고 있던 초나라 의제義帝를 죽이고 가는 곳마다 사람들을 잔인하게 죽여 천하 백성들의 인심을 잃고 있습니다. 게다가 항복해온 진나라 병사 20만 명을 속여서 구덩이에 처넣어 죽이니 진나라 사람들이 항왕을 원망합니다.

그러나 대왕께서는 항왕과 달리 점령지의 백성들을 터럭만큼도 해치지 않았으며 진나라의 가혹한 법들을 폐지하고 삼장三章의 법(타인에게 상해를 입힌 자나 도둑질을 한 자에게 벌을 내리고 사람을 죽인 자는 사형에 처한다)만을 둘 것을 약속하셨습니다. 진나라 백성들 가운데 대왕께서 진나라의 왕이 되는 것을 원하지 않는 자가 없습니다. 지금 대왕께서 군대를 이끌고 항왕이 점령한 진나라 땅에 들어가신다면 격문을 전하는 것만으로 싸움 없이 평정하실 수 있을 것입니다."

한나라 왕이 매우 기뻐하며 말했다.

"너무 늦게 한신을 얻었구나!"

한나라 왕이 마침내 한신의 계책을 좇으니, 한나라 원년 8월에 드디어 초나라가 점령하던 진나라 땅을 평정하였다. 그리고 한나라 2년에는 위魏나라를 평정하니 한韓나라와 은나라가 다 항복해왔다.

한나라 왕은 드디어 제나라와 조나라의 군대와 연합하여 함께 초나라를 공격했다. 이 전투에서 한신이 한나라 왕과 형양에서 만나 초나라 군대를 경京·삭索 땅 사이에서 물리쳤다. 그 때문에 초나라의 군대는 결국 서쪽으로 진출할 수 없게 되었다.

어리석은 장수는 병법을 고수하고, 명장은 병법을 역이용한다

한신이 장이와 함께 동쪽으로 가서 조나라와 대代나라를 치고자 했다. 조나라 왕과 성안군成安君 진여는 이를 미리 알고 군사를 정형의 어귀에 집결시켰는데, 그 수가 20만이나 됐다. 그러나 광무군廣武君 이좌거李左車가 성안군에게 이런 계책을 올렸다.

"지금 정형의 길은 수레가 나란히 지나갈 수 없고, 기병도 대열을 지어 지나갈 수 없을 정도로 비좁습니다. 원컨대 군께서 신에게 기병 3만 명만 빌려주신다면 정형에서 그들의 군량미 수송로를 끊어놓겠습니다. 군께서는 방어벽만 높이 쌓고 교전하지는 마십시오. 그러면 저들은 앞으로 나갈 수도 없고 뒤로 물러설 수도 없을 것입니다. 이때 우리 기병이 그 후방을 끊어놓고 들판에는 저들이 약탈할 만한 식량을 없앤다면

10일이 못 되어서 두 적장(한신과 장이)의 머리를 바칠 수 있습니다. 부디 군께서는 신의 계책을 좇으십시오. 그렇지 않으면 거꾸로 우리가 저 두 사람의 포로가 될 것입니다."

그러나 성안군은 고개를 저었다.

"병법에 이르기를, 아군의 병력이 적의 10배가 되면 적을 포위하고, 두 배가 되면 적과 싸운다고 했습니다. 병력 면에서 우리가 훨씬 유리할 뿐만 아니라, 지금 한신의 군사는 먼 거리를 달려왔기 때문에 피곤이 역력합니다. 지금 우리가 이러한 적을 치지 않고 피한다면 뒤에 큰 적의 공격이 있을 때엔 어떻게 대처하겠습니까? 제후들은 우리를 겁쟁이라고 얕보며 손쉽게 쳐들어올 것입니다."

그러는 사이 한신은 정형 어귀에서 약 30리 떨어진 곳에 군대를 야영시키고, 밤중에 날랜 기병 2,000명을 선발해 어디론가 보냈다. 그런 후 군사 만 명을 선발대로 보내고 본대는 물을 등지고 진을 치게 하니 이른바 배수진背水陣이었다. 조나라 군대는 이를 바라보고는 병법도 모른다며 크게 비웃었다.

새벽이 되어서였다. 한신이 대장의 깃발을 세우고 북을 울리게 하면서 싸우는 척하니, 조나라 군이 성을 거의 비우고 한신의 군대를 공격해왔다. 한신이 그들을 물가의 진영까지 유인해놓은 다음 갑자기 말머리를 돌려 덤벼들었다. 한신의 군사들이 필사적으로 덤벼들자 조나라 군대의 기세가 꺾였다. 이렇게 싸우는 동안 한신이 미리 내보냈던 기병 2,000명은 어느새 비어 있는 조나라의 성 안으로 들어가 조나라의 깃발을 다 뽑아버리고 한나라의 붉은 깃발 2,000개를 세워놓았다.

조나라의 군대는 한신 군대의 완강한 저항에 부딪쳐 성으로 되돌아가게 되었다. 그런데 그들이 성으로 돌아와 보니 성 위에 모두 한나라 깃발이 꽂혀 있는 게 아닌가! 이에 성을 빼앗겼다고 생각한 병사들은 우왕좌왕하더니 달아나기 시작했고, 장수들은 그런 병사들을 막기 위해 칼을 휘두르기에 바빴다. 이 혼란을 놓치지 않고 한나라 군사가 앞뒤에서 습격하니 조나라의 군대는 여지없이 깨지고 말았다. 결국 한신의 군사는 성안군을 잡아 물가에서 참살하고 조나라 왕 헐을 사로잡았다.

곧이어 광무군 이좌거가 한신 앞에 생포되어 왔다. 그러자 한신은 곧 그의 포승을 풀어주고 그를 동쪽으로 향하여 앉게 하고, 자신은 서쪽으로 향하여 마주앉은 다음 이좌거를 스승으로 섬겼다.

싸움에서 승리한 후 축하 잔치가 벌어졌을 때 여러 장수들이 한신에게 물었다.

"병법에, '산이나 언덕을 오른쪽으로 하여 배후로 삼고, 물이나 연못을 앞으로 하여 왼쪽에 두라'고 했습니다. 그런데 오늘 대장군께서는 반대로 강물을 등지고 진을 치게 하여 싸움에서 승리를 거뒀습니다. 이것이 도대체 무슨 전술입니까?"

한신이 대답했다.

"이것도 병법에 나와 있는 것이다. 다만 제군들이 깊이 살피지 않았을 뿐이다. 병법에 이르기를, '죽음의 땅에 빠뜨린 뒤라야 살게 할 수 있으며, 망하는 땅에 둔 뒤라야 흥하게 할 수 있다'고 하였다. 또 우리 병사들은 소위 저잣거리의 사람들을 마구잡이로 끌어 모은 오합지졸의 병사들이다. 따라서 이들을 죽음의 땅에 두어 스스로 싸우도록 만들지 않고 그들에게 살아날 수 있는 땅을 준다면 다 달아날 것이니 어찌 그들을 쓸 수 있겠는가?"

여러 장수들이 모두 탄복해서 말했다.

"훌륭하십니다. 신 등이 따를 수 없는 전술입니다."

싸움에 진 장수는 용맹을 말할 자격이 없다

한신이 이좌거에게 물었다.

"지금 제가 북쪽으로 연나라를 치고 동쪽으로 제나라를 치려고 하는데, 좋은 방책이 없겠습니까?"

이좌거가 사양하며 말했다.

"신은 들으니, 싸움에 진 장수는 무예와 용맹을 말할 자격이 없으며, 망국의 신하는 정치를 논하지 않는다고 합니다. 지금 신은 포로입니다. 어찌 대사를 도모할 수 있겠습니까?"

한신이 말했다.

"제가 들으니, 백리해가 우虞나라에 있을 때는 우나라가 망했으나, 진秦나라에 있을 때는 진나라가 제후들의 우두머리가 되었다고 합니다. 이는 백리해가 우나라에 있을 때는 어리석었다가 진나라에 있을 때는 현명해졌기 때문이 아닙니다. 오직 군주가 그를 중용했느냐 안 했느냐의 차이일 뿐입니다. 진실로 성안군이 당신의 계책을 들었더라면 저는 이미 포로가 되었을 것입니다. 성안군이 당신을 쓰지 않았기 때문에 이 한신이 당신을 모실 수 있게 되었을 뿐입니다."

이어 한신이 결연하게 말했다.

"저는 마음을 다하여 당신의 계책에 따르겠습니다. 부디 사양 마시고 가르침을 주십시오."

그러자 이좌거가 말문을 열었다.

"신이 들으니, 지혜 있는 사람도 천 번 생각하면 한 번은 실수가 있고, 어리석은 사람도 천 번 생각하면 반드시 한 번은 쓸 만한 것이 있다고 합니다. 그런 까닭에 미치광이의 말도 성인은 채택한다고 했습니다. 장군은 전공이 혁혁한 데다 이제 조나라 20만 군대까지 물리쳤으니 위엄이 천하에 진동합니다. 이런 점이 장군에게는 유리합니다. 그러나 잇따른 전쟁으로 백성은 피로하고 병사들은 피곤하여 실은 쓰기가 어렵습니다. 이런 점이 장군에게는 불리합니다.

그런데 장군께서는 그런 병사들을 이끌고 또 연나라를 칠 계획이십니다. 이 싸움은 틀림없이 지구전이 될 것이고, 또한 연나라가 제나라와 연합이라도 한다면 유방과 힝우의 싸움은 그 우열을 분간하기 어렵게 될 것입니다. 어리석은 신의 생각에, 그것은 잘못된 계책이라고 생각됩니다. 그런 까닭에 용병을 잘하는 자는 단점을 동원해 남의 장점을 치지 않고, 장점을 가지고 남의 단점을 치는 것입니다."

한신이 물었다.

"그렇다면 어떠한 계책을 써야 합니까?"

이좌거가 대답했다.

"우선 싸움을 멈추고 군대를 휴식시키며 조나라의 백성들을 보살펴 준 뒤에 연나라로 향하는 것이 가장 좋습니다. 그 뒤에 유세가에게 우리 군대의 우수한 점을 연나라 왕에게 알리면 연나라 왕은 감히 복종하지 않을 수 없을 것입니다. 그런 후에 연나라와 똑같은 방법으로 제나라를 설득하면 제나라는 미리 겁을 집어먹고 항복할 것입니다. 이와 같이 한다면 천하의 일을 다 도모할 수 있을 것입니다."

한신이 말했다.

"정말 좋은 계책입니다."

그리고 이좌거의 계책을 좇으니 과연 연나라는 한신에게 항복해왔다. 한신은 한나라 왕에게 사자를 보내어 장이를 조나라 왕으로 삼도록 청하였다. 한나라 왕은 이를 받아들여, 장이를 조나라 왕으로 세워 그 나라를 평안하게 다스리도록 하였다. 그후 한나라 왕은 한신을 상국相國으로 삼아 제나라를 치게 했다.

한신은 군대를 이끌고 제나라에 도착하기 전, 한나라 왕의 밀명을 받은 역이기가 세 치 혀로 제나라를 설득하여 항복을 받아냈다는 소문을 들었다. 이에 한신은 제나라 공격을 중지하려고 했다. 이때 범양의 변사 괴통이 한신을 찾아와 말했다.

"장군은 정식 조서에 따라 제나라를 치려고 하는데, 밀명을 받은 역이기가 항복을 받아냈습니다. 그러나 어디 장군에게 중지하라는 조서가 있었습니까? 역이기는 한낱 변사로서 세 치 혀를 놀려 제나라의 70여 개 성을 항복시켰습니다. 이에 비해 장군께서는 수만 군대를 이끈 지 일 년이 넘도록 겨우 조나라의 50여 개 성을 평정했을 뿐입니다. 장수로 있은 지 수년인데, 도리어 하찮은 변사의 공만도 못합니까?"

이 말이 옳다고 생각한 한신이 불끈하여 제나라를 치기 위해 황하를 건넜다. 이때 제나라는 역이기의 설득에 넘어가 항복하고는 역이기를 위해 술잔치를 벌이고 있었다. 한신이 이 틈에 무방비 상태인 성을 함락시키고 수도 임치에 이르렀다. 제나라 왕 전광田廣은 역이기가 자기를 속였다고 생각하여 그를 삶아 죽이고 달아나 초나라에 구원을 청했

다. 그러나 한신은 초나라 군대마저도 수공水攻 작전을 펴서 무너뜨렸
다. 한나라 4년, 드디어 한신은 제나라 왕에게서 항복을 받아내어 제나
라를 평정했다.

나를 믿어주는 사람을 배반하면 상서롭지 못하다

한신은 사람을 보내어 한나라 왕에게 이렇게 말했다.

"제나라는 거짓말을 손바닥 뒤집듯 합니다. 그들의 마음이 언제 변하
여 초나라에 붙을지 모릅니다. 그러니 임시로 왕을 세워서 진압해야 합
니다. 부디 신을 이곳의 임시 왕으로 세워주신다면 모든 일이 순조롭게
잘 풀릴 것이라 믿습니다."

이때에 한나라 왕은 형양에서 초나라에 포위되어 곤경에 처해 있었
는데, 사자가 올린 한신의 글을 보자 격분할 수밖에 없었다.

"짐이 여기서 곤경에 빠졌는데, 구원해주지는 못할망정 왕이 되겠다
고?"

그러자 옆에 있던 장량張良과 진평陳平이 일부러 한나라 왕의 발을 밟
고는 왕의 귀에 대고 속삭였다.

"왕께서는 지금 위기에 처해 있습니다. 그러니 한신을 왕으로 세워
잘 대우하여 고분고분하게 만들어야 합니다. 그렇지 않으면 틀림없이
변을 일으킬 것입니다."

이 말에 한나라 왕이 크게 깨닫고 꾸짖어 말했다.

"대장부가 제후를 평정했으면 진짜 왕이 될 것이지, 임시 왕은 또 무

슨 소리란 말이냐!"

그리고 장량을 보내어 한신을 제나라 왕으로 세운 뒤 초나라를 쳤다. 이에 겁을 집어먹은 항왕은 우이 출신의 무섭武涉이란 자를 밀사로 보내, 제나라 왕 한신을 만나 설득시키도록 하였다. 무섭은 먼저, 한나라 왕이 신의가 없는 사람이라 장차 한신 또한 버릴 것이라고 말을 꺼낸 뒤 이러한 논법으로 한신을 유혹했다.

"지금 항왕과 한나라 왕 두 사람의 싸움에서 승리의 저울추는 족하足下(나이 어린 사람이 나이 많은 사람에게 흔히 사용하는데, 비슷한 연배와 신분 사이에서도 쓰였다. 또한 제후간의 호칭으로도 쓰였다)에게 있습니다. 족하가 오른편에 추를 던지면 한나라 왕이 이기고, 왼편에 추를 던지면 곧 항왕이 이길 것입니다. 그런데 만일 항왕이 망하면 다음엔 족하를 쓰러뜨릴 것입니다. 족하는 항왕과 연고가 있습니다. 어째서 한나라를 배반하고 초나라와 연합하여 천하를 삼분하여 왕이 되지 않습니까? 이런 기회를 놓치면서 한나라만 믿고 초나라를 치다니, 지혜 있는 자는 본래부터 이와 같이 합니까?"

그러나 한신은 거절하며 말했다.

"신은 일찍이 항왕을 섬겼으나 벼슬이 낭중에 불과했으며, 지위는 하급 무인에 지나지 않았습니다. 나의 간언은 받아들이지 않았고, 계책도 써주지 않았습니다. 그런 까닭에 나는 초나라를 배반하고 한나라로 간 것입니다. 한나라 왕은 나에게 상장군을 주고 수만의 군대를 주었습니다. 스스로 옷을 벗어서 나에게 입히고, 밥을 가져와 나에게 먹였습니다. 나의 진언과 계획을 받아들여 써주었습니다. 그런 까닭에 내가 지금에 이르게 된 것입니다. 남이 나를 깊이 믿고 있는데 내가 그를 배반하는 일은 옳지 않습니다. 비록 죽을지라도 내 마음은 바꿀 수 없을 것입니다. 나의 이런 뜻을 항왕에게 전해주시면 더 바랄 것이 없겠소이다."

귀천은 관상에 달려 있지만, 성패는 결단에 달려 있다

무섭이 떠난 뒤 제나라 사람 괴통이 천하 권력의 향방이 한신에게 있음을 알고, 한신을 찾아와 이렇게 말했다.

"내가 일찍이 사람의 운세를 보는 법을 배웠습니다."

한신이 물었다.

"선생은 어떤 식으로 관상을 봅니까?"

"귀하게 되느냐 천하게 되느냐는 관상에 달려 있고, 근심이 생기느냐 기쁨이 생기느냐는 얼굴빛에 달려 있으며, 성공과 실패는 결단에 달려 있습니다. 이 방법으로 상을 보면 만의 하나라도 실수하는 일이 없습니다."

한신이 다시 물었다.

"좋습니다. 그럼 선생이 보시기에 과인의 상은 어떻습니까?"

"잠깐 좌우 신하들은 물러나게 해주십시오."

한신이 주위 사람들을 물러나게 하자 괴통이 조용히 말했다.

"당신의 얼굴을 보니 벼슬은 제후로 봉해지는 데 그치며, 그것도 위태롭고 불안합니다. 그러나 장군의 등을 보니 고귀하기가 이를 데 없습니다."

"그게 무슨 말입니까?"

"천하에 처음 난이 일어났을 때, 영웅호걸 등이 왕이라 자칭하고 천하의 선비들을 부르니 선비들이 구름처럼 합하고 안개처럼 모여들어서 물고기의 비늘처럼 반짝였으며 불처럼 번지고 바람처럼 일어났습니다. 이 당시에 목표는 오직 진나라를 타도하는 데에 있었습니다.

하지만 지금은 초나라와 한나라 두 나라만 남아 천하를 다투고 있습니다. 초나라는 형양 땅에 이르기까지는 승승장구했지만, 그후에는 패전을 거듭해 서산西山에 가로막혀 더 진격할 수 없게 된 지가 3년이 되었습니다. 한나라는 조그마한 공도 세우지 못한 채 연전연패했습니다. 형양에서 패하고 성공에서 상심하여 결국 원宛 · 섭葉 땅 사이로 달아났습니다. 이는 소위 지혜 있는 자와 용맹한 자가 다 함께 괴로움을 당하는 형국입니다.

이제 두 군주의 운명은 족하에게 달렸습니다. 족하가 한나라를 위해 싸우면 한나라가 이기고, 초나라 편이 되면 초나라가 이길 것입니다. 그래서 신은 마음에 숨김없이 간과 쓸개까지 바치어 어리석은 계책을 올리고자 합니다. 족하께서 진실로 신의 계책을 써주신다면 한나라와 초나라 양편을 다 이롭게 하고, 두 왕과 함께 천하를 삼분할 수 있게 될 것입니다. 그렇게 되면 그 형세는 어느 편에서도 먼저 좌지우지할 수가 없습니다. 족하와 같은 어진 분이 제나라 땅을 근거지로 하여 거사한다면 천하는 바람처럼 달려와서 호응할 것이니 누가 감히 듣지 않을 수 있겠습니까? 대체로 하늘이 주는 것을 갖지 않으면 도리어 벌을 받으며, 때가 왔을 때에 감행하지 않으면 도리어 재앙을 받는다고 합니다. 부디 깊이 생각하십시오."

그러나 한신은 머리를 가로저었다.

"한나라 왕은 자신의 수레로 나를 태워주고, 자신의 옷으로 나를 입혀주고, 자신의 먹을 것을 나에게 먹여주었습니다. 내가 듣기에, 남의 수레에 타는 자는 남의 근심을 제 몸에 싣고, 남의 옷을 입는 자는 남의 근심을 제 마음에 품으며, 남의 밥을 먹는 자는 남의 일을 위해 죽는다고 하였습니다. 내 어찌 사적인 이익을 위해 의를 저버릴 수 있겠습니까?"

이에 대한 괴통의 대답 역시 준비된 것처럼 막힘이 없었다.

"족하께서는 스스로 한나라 왕과 친하시다고 생각하고 만세의 업을 남기려고 하십니다. 그러나 신이 가만히 생각건대 그것은 잘못입니다. 지금 족하께서는 충성을 다해 한나라 왕과 친교하고자 하지만, 그 충성은 그 옛날 온 몸과 마음을 다 바쳤으나 결국 왕에게 버림받은 신하의 충성만큼은 못합니다. 옛날 대부 송種과 범려는 망해가는 월나라를 다시 있게 만들고 월나라 왕 구천을 제후들의 우두머리가 되게 하고 공을 세워 이름을 떨쳤지만 결국 죽임을 당하고 말았습니다. 들짐승이 이미 다 없어지면 사냥개는 삶아 먹히게 마련입니다. 당신은 부디 이런 일을 거울로 삼으십시오.

또 신이 들으니, '용맹과 지략이 뛰어나 군주를 움직이게 하는 자는 몸이 위태롭고, 공로가 천하를 덮는 자는 상을 받지 못한다'고 합니다. 족하께서는 위나라와 조나라 그리고 연나라와 제나라, 또한 남쪽의 초나라까지 위협하고 평정했습니다. 이것을 두고 이른바, '공로는 천하에 둘도 없고 지략은 아무 때나 나타나는 것이 아니다'라고 합니다. 지금 족하께서는 군주를 움직이게 하는 위력을 지녔으며, 천하의 어떤 상이라도 족하의 큰 공로를 덮을 순 없습니다.

상황이 이러하니 족하께서 초나라로 돌아가시더라도 초나라 사람이 믿지 않을 것이며, 한나라에 돌아가도 한나라 사람 역시 떨며 두려워할 것입니다. 족하께서는 이러한 위대한 힘과 큰 공로를 가지고 어디로 돌아가려고 하십니까? 남의 신하로 있으면서도 군주를 벌벌 떨게 할 만한 위력이 있고, 그 이름이 천하에 드높습니다. 신 생각에 족하께서는 분명 위태롭게 될 것이 뻔합니다."

한신이 감사의 예를 표하며 말했다.

"충분히 잘 알았으니, 좀더 생각해봐야겠습니다."

맹호라도 머뭇거리고 있으면 벌이 쏘는 것만 못하다

며칠 뒤에 다시 괴통의 설득이 이어졌다.

"대체로 남의 진언을 듣는 것은 일의 성패의 조짐이며, 계획은 성패의 기틀이 됩니다. 진언을 잘못 받아들여 계책을 그르치고도 오래도록 편안한 자는 드뭅니다. 진언을 듣고 조금도 실수 없이 실행하면 어떠한 말이 끼어든다 해도 혼란에 빠지지 않으며, 계책을 세우는 데 본말을 잃지 않으면 어떠한 말이 끼어든다 해도 어지럽게 만들 수 없습니다. 대체로 한두 섬의 녹봉(해마다 벼슬아치가 봉급으로 받는 물품)을 지키기에 급급한 자는 재상의 지위를 지키지 못합니다.

그런 까닭에 지혜는 사물의 선악을 분명하게 가려내지만, 의심은 행동을 방해하는 것입니다. 터럭만한 작은 계획에 연연해한다면 천하의 대세를 잃게 됩니다. 또한 지혜로 그것을 알고 있으면서도 결단하여 감행하지 않으면 백 가지 화의 근본이 되는 것입니다.

그런 까닭에 이런 말이 있습니다. '맹호라도 머뭇거리고 있으면 벌이 침으로 쏘는 것만 못하며, 천리마가 갈까 말까 망설이고 있으면 노둔한 말의 느릿한 걸음만 못하고, 진秦나라의 맹분孟賁과 같은 용사라도 의심만 하고 있으면 보통 남자들의 업적만 못하'고 합니다.

순임금이나 우임금과 같은 지혜가 있다 할지라도 입 안에서만 웅얼거리고 말하지 않는다면 벙어리나 귀머거리가 지휘하는 것만 못합니다. 이것은 실천이 얼마나 귀중한지를 잘 알려주는 말입니다. 대체로 공은 이루기는 어려우나 실패하기는 쉽고, 때는 얻기 어려우나 잃기는 쉽습니다. 기회는 두 번 다시 오지 않습니다. 부디 깊이 살피십시오."

그러나 한신은 스스로 자신의 공이 제일 많으니 한나라가 결코 자신의 제나라를 빼앗지 않을 서라고 믿고서 한나라를 배반하지 않았다. 괴통은 자신의 계책이 받아들여지지 않자 미친 척한 뒤 무당이 되었다.

그후 항우가 패하자 한나라 왕은 한신의 제나라 왕 자리를 빼앗고 대신, 초나라 왕으로 삼고서 하비 땅에 도읍을 정하도록 하였다.

한신은 초나라에 도착하자 일찍이 그에게 밥을 먹여주고 빨래를 해주던 여인을 불러 천금을 주었다. 그리고 하향의 남창 정장에게 백전百錢을 주면서 말했다.

"그대는 소인이다. 남에게 은덕을 베풀려면 끝까지 베풀어라."

또 자기에게 바짓가랑이 밑으로 기어가라고 시킨 자를 찾아내어 초나라의 중위中尉(무관으로 수도의 치안을 담당했다)로 임명하고 여러 장군과 재상들에게 말했다.

"나를 욕보이던 그때, 내 어찌 이자를 죽일 수 없었겠는가? 하지만 이

자를 죽인다 해도 내 이름이 세상에 알려질 길이 없었기에 꾹 참고 오늘의 공을 성취할 수 있었다."

토끼가 잡히면 사냥개는 삶아 먹힌다

얼마 후 한나라 왕의 원수인 초나라 장수 종리매鐘離昧가 한신에게 몸을 맡겼다. 이 때문에 한신이 모반한다는 소문이 퍼지게 되었다. 이에 한나라 왕은 조서를 내려 종리매를 체포하라고 했다. 보내주어 의심을 풀 것인가, 끝까지 보호해줄 것인가, 이 사이에서 한신은 갈등하고 있었다. 종리매가 이를 알고 화를 내며 말했다.

"한나라가 초나라를 함락시키지 못하는 것은 공과 이 종리매가 있기 때문이오. 만약 저를 체포하여 스스로 한나라에 잘 보이려 한다면, 나는 지금 자결하겠소. 그러나 공도 또한 망할 것이오."

그리고 한신을 꾸짖었다.

"공은 훌륭한 인물이 아니오."

그리고는 스스로 목숨을 끊었다. 한신은 종리매의 머리를 가지고 한왕을 뵈니 한왕은 무사를 시켜서 한신을 포박하고 뒷수레에 실었다. 한신이 탄식하며 말했다.

"과연 사람들의 말이 맞구나! '날쌘 토끼가 죽고 나면 훌륭한 사냥개는 삶아 먹히고, 높이 나는 새가 없어지면 좋은 활을 치워버린다'고 하더니, 천하가 이미 평정됐으니 내 어찌 삶아 먹히지 않으랴!'

한나라 왕이 말했다.

"어떤 자가 공이 배반했다고 고했도다."

그리고는 한신을 포박한 뒤 칼을 씌웠으나, 한신의 공이 워낙 컸기에 얼마 지나지 않아 죄를 면하여 주고 회음후로 삼았다.

이후부터 한신은 한나라 왕이 자기의 유능함을 두려워하여 미워함을 알고 항상 병을 핑계대고 조회에 나가지 않거나 왕을 수행하지 않았다. 그러면서 마음속으로는 한나라 왕에 대한 원망만 키워갔다.

그러던 어느 날, 한신이 번쾌 장군의 집에 들른 적이 있었다. 번쾌가 꿇어앉아 절을 하며 한신에게 말했다.

"무슨 바람이 불어 왕께서 신의 집까지 왕림하셨습니까?"

한신은 문을 나와 허탈한 웃음을 지으면서 탄식했다.

"오래 살다 보니 번쾌 따위와 같은 등급이 되었구나!"

아녀자의 술수에 속은 것도 하늘의 뜻이다

한나라 왕이 어느 날 조용히 한신과 함께 여러 장수들의 능력을 가지고 등급을 매기면서 품평하고 있었다. 한나라 왕이 물었다.

"나와 같은 사람은 얼마 정도의 군대를 거느릴 만한가?"

한신이 대답했다.

"폐하는 10만 명을 거느릴 수 있을 뿐입니다."

"그럼 그대는 어떠한가?"

"신은 많으면 많을수록 좋습니다."

한나라 왕이 웃으며 말했다.

"많으면 많을수록 좋다는 사람이 어째서 나에게 사로잡혔는가?"

"폐하께서는 군대의 장수가 될 수는 없어도, 수많은 장수를 거느릴 수는 있습니다. 이것이 바로 신이 폐하에게 사로잡힌 까닭입니다. 또 폐하는 이른바 하늘이 내리신 분이라 사람의 힘에 의해 일을 하신 것이 아닙니다."

그후 한신은 거록군鉅鹿郡의 태수로 떠나는 진희와 역모하기로 밀약을 했다. 진희가 밖에서 치고 한신은 안에서 일어나자는 작전이었다.

그러나 여후呂后(유방의 아내)가 이를 미리 알고 진희의 반란이 진압됐다는 소문을 퍼뜨린 뒤 이를 기념한다며 한신을 불러냈다. 결국 한신은 여후의 계략에 속아 장락궁長樂宮에 들어가다가 무사에게 포박당했다. 여후는 한신의 목을 베도록 했다. 한신은 죽으며 이런 말을 남겼다.

"내 미련하게 괴통의 계책을 받아들이지 않다가 이제 아녀자의 술수에 속았으니 어찌 하늘이 시키는 일이 아니겠는가!"

한왕은 진희의 난을 진압한 뒤 장락궁으로 돌아와 한신이 죽었음을 알고, 한편으로는 기뻐하고 한편으로는 측은하게 여기면서 물었다.

"한신이 죽을 때 뭐라고 하던가?"

여후가 말했다.

"괴통의 계책을 받아들이지 않은 게 한스럽다고 말했습니다."

한왕은 제나라에 조서를 내려 괴통을 잡아 올리라고 했다. 얼마 후 괴통이 잡혀오자 한왕이 물었다.

"네놈이 회음후에게 배반할 것을 사주했느냐?"

괴통이 대답했다.

"그렇습니다. 신이 가르쳐 주었습니다. 그러나 못난 작자가 신의 계

| 한신 |

책을 받아들이지 않아 화를 자초했습니다. 만일 그 작자가 신의 계책을 받아들였더라면 폐하께서 어떻게 그를 벨 수 있었겠습니까?"

한왕이 크게 노했다.

"이놈을 당장 삶아 죽여라."

괴통이 말했다.

"아아, 원통하구나! 이 몸이 삶아지다니."

그러자 한왕이 물었다.

"너는 한신에게 배반하라고 교사했다. 무엇이 원통하단 말이냐?"

괴통이 막힘없이 언변을 늘어놓았다.

"진나라의 법도가 문란해지더니 산동 땅이 크게 어지러워지고, 진나라와 성이 다른 사람들이 아울러 일어나 천하의 영웅호걸들이 까마귀 떼처럼 모여들었습니다. 진나라가 사슴을 잃으니 천하가 모두 그 사슴을 쫓았습니다. 이때에 키 크고 발 빠른 자(한왕)가 먼저 이것을 얻었습니다. 도척(사람의 생간을 회를 쳐 먹었다는 유명한 도둑)의 개가 요임금을 보고 짖은 것은 요가 어질지 않았기 때문이 아닙니다. 개는 본래 자기의 주인이 아닌 사람을 향해 짖습니다. 신은 그 당시 한신만 알았을 뿐, 폐하는 알지 못했습니다. 또한 폐하처럼 천하를 호령하겠다고 나선 자들이 많았습니다. 돌아보건대 그들이 폐하처럼 되지 못한 이유는 그들의 능력이 부족했기 때문입니다. 폐하께서는 그들을 모두 삶아 죽이겠습니까?"

한왕이 명령을 내렸다.

"이 사람을 석방하여라."

그리고 괴통의 죄를 용서하였다.

한신이 비록 포의(벼슬이 없는 사람)로 있을 때에도 그의 뜻은 여러 사람과 달랐다고 한다. 그의 어머니가 죽었을 때 너무나 가난하여 장사지낼 수가 없었지만, 결국 높고 널찍한 땅에 어머니의 무덤을 크게 만들고 그 곁에 1만 호의 집이 들어서게 했다고 한다. 이는 왕후의 무덤에나 할 수 있는 일이었다.

만약에 한신이 도를 배우고 겸양한 태도로 자기의 공을 자랑하지 않고 자기의 유능함을 자랑하지 않았다면, 한나라에 대한 공훈功勳은 아마도 주공周公·소공召公·태공망太公望 등의 공훈과 견줄 수 있었을 것이고, 후세에 제사를 받을 수 있었을 것이다.

이렇게 되려고 힘쓰지 않고 천하가 이미 안정된 뒤에 반역을 꾀했으니, 친인척이 모두 화를 당한 것도 마땅하다.

난세에만 인정받아 존귀한 몸이 될 자

번쾌

죽음도 사양하지 않는데 어찌 술 한 잔을 사양하리오?

무양후舞陽侯 번쾌는 패沛 땅 사람으로, 개 잡는 것을 생업으로 하는 사람이었다. 그는 한때 유방과 뜻이 맞아 함께 지낸 적이 있었다.

번쾌는 처음에 유방을 따라 풍읍豐邑에서 군사를 일으켜 패 땅을 함락시켰다. 유방은 패공沛公이 되면서 번쾌를 심복으로 데리고 다녔다. 번쾌는 유방을 따라 패공의 동서남북 땅을 방어하고 진나라 땅을 공략하는 데 공을 세웠다. 그는 패공이 장함(진秦나라 말기 때의 장군)의 군대와 싸울 때나 이유李由(이사의 아들)의 군대와 싸울 때나 모든 전투의 선봉에 서서 적의 머리를 베었다.

이러한 전공으로 국대부國大夫의 작위를 받았고 경卿에 오르게 되었다. 패공은 갈수록 전공을 세우는 번쾌에게 현성군賢成君이라 부르며 봉작을 거듭 높여주었다.

항우가 희하에서 패공을 공격하려고 하니, 패공은 기마병 100여 명을 거느리고 친분이 있던 항백(항우의 숙부)을 통하여 항우를 만나 함곡관을 봉쇄한 일이 없다고 해명하였다.

항우가 패공을 위해 벌인 술자리가 무르익을 무렵이었다. 항우의 책사策士 범증范增은 패공을 놓아주려는 항우의 생각과는 달랐다. 이번이 패공을 죽일 수 있는 절호의 기회임을 알고 연회 중에 항우의 사촌 동생 항장項莊에게 칼춤을 추게 했다. 이미 항장과 범증 사이에는 사전 모의가 있었다.

항장이 범증의 지시대로 칼을 빼들고 좌중에서 춤을 추었다. 항장이 춤을 추는 동안 어느새 그의 칼날은 패공의 목에 가까이 다가갔다. 이 순간 항백이 중간에 끼어들며 자신도 칼춤을 추는 척하면서 항장의 칼을 어깨로 막아주었다. 이때 패공과 그의 군사軍師 장량만이 술자리에 앉아 있었고, 번쾌는 밖에서 대기하고 있었다. 번쾌가 일이 급하다는 전갈을 받고 곧 쇠방패를 갖고 군영 문 안으로 뛰어들어가려고 했지만 군영의 호위병이 가로막았다. 그러나 번쾌는 방패로 그들을 치고 들어가 장막 아래에 섰다. 항우가 그를 보고 물었다.

"이 자는 누구냐?"

장량이 대답했다.

"패공의 참승(수레 오른쪽에 타는 자로, 임금이 가장 신뢰하는 신하) 번쾌입니다."

항우가 탄복하며 말했다.

"참으로 장사로구나!"

그리고는 번쾌에게 술 한 잔과 돼지의 어깨 고기를 내려주어 먹게 했다. 번쾌는 술을 마신 뒤 칼을 빼서 고기를 잘라 먹어치웠다.

항우가 물었다.

"더 마실 수 있는가?"

번쾌가 대답했다.

"신은 죽음도 사양하지 않는데, 어찌 술 한 잔을 사양하겠습니까? 그건 그렇다 치고, 이전에 대왕(항우)은 먼저 함곡관에 들어가는 자가 왕이 되기로 우리 주군(유방)과 약속을 했습니다. 우리 주군은 대왕보다 먼저 함곡관에 들어와 함양을 평정하고 군대를 패상霸上에서 야영시키면서 대왕이 오기만을 기다리고 있었습니다. 이렇듯 우리 주군은 사심이 없는데 어찌 대왕께서는 소인배들의 말만 듣고 우리 주군을 의심하십니까? 신은 이 일로 천하 민심이 대왕을 떠날까 두려울 뿐입니다."

항우는 아무런 말이 없었다. 그 틈에 패공은 변소에 가는 체하면서 번쾌를 손짓으로 불러낸 뒤 자신의 수레는 놔둔 채 홀로 말 한 필에 의지하여 돌아보지도 않고 그 장소를 빠져나갔다.

패공을 수행하던 번쾌를 비롯한 4명의 신하들은 걸어서 그의 뒤를 따랐다. 패공은 산 아래 샛길을 따라 패상의 진영으로 돌아올 수 있었다. 그리고 나서 패공은 장량을 사자로 보내 항우에게 사과하게 했다.

"패공이 술에 약한 체질이어서 작별 인사조차 못 드렸습니다. 패공이 이를 사죄하는 뜻에서 신에게 아름다운 흰 옥 한 쌍을 주어 대왕께 바치라 했습니다. 또한 옥 한 쌍은 대장군 범증께 바치니 기꺼이 받아주시기 바랍니다."

이 말을 듣고 항우는 기분이 좋아져 흰 옥을 받아들었다. 그러나 범증은 옥을 받아들자마자 땅에 놓고 칼로 쳐 박살을 내버렸다. 범증은 밖으로 나와 하늘을 우러러 길게 탄식했다.

"이렇게 세상 이치를 모르는 자와 어찌 천하를 논한단 말인가! 장차 천하를 패공에게 빼앗기고 말리라. 그리고 우리는 머지않아 패공의 포로가 되고 말 것이다."

이날 번쾌가 군영으로 달려들어가 항우를 꾸짖는 일이 없었더라면, 패공은 매우 큰 어려움에 처했을 것이다.

지연과 혈연의 끈에 붙어 천리를 달린 용사들

이튿날 항우는 함양으로 들어가서 진나라 백성들을 잔인하게 죽인 뒤 패공을 한漢나라 왕으로 봉했다. 한나라 왕은 번쾌에게 열후列侯의 작위를 내리고 임무후臨武侯라고 불렀다. 번쾌는 낭중으로 승진하여 한나라 왕을 따라 한중漢中으로 들어갔다.

그후 번쾌는 진나라와의 싸움에서 선봉에 서서 적의 머리를 베고 포로로 잡는 등 그의 솜씨를 유감없이 발휘하였다. 그래서 그 공로로 식읍으로 두杜 땅의 번향樊鄉을 받았다. 또한 형양滎陽으로 돌아왔다가 그로부터 1년 뒤, 항우가 동쪽으로 군대를 이끌고 가자, 한왕을 따라 항적項籍(항우의 이름이 적籍)을 공격하여 양하현陽夏縣을 점령했다. 또 진현陳縣에서 항적을 포위하여 크게 물리쳤으며 호릉胡陵을 몰살시켰다.

항적이 죽자 한왕이 황제가 되었다. 황제는 번쾌에게 식읍 800호를

| 번쾌 |

더 주었다. 번쾌는 황제를 배반한 연나라 왕 장도를 공격하여 포로로 삼고, 연나라 땅을 평정했다. 한신이 반란을 일으키려 했을 때도 한신을 공격하여 진陳 땅에서 포로로 잡고, 초나라 땅마저 황제의 땅으로 만들었다.

이에 황제는 다시 번쾌에게 열후의 작위를 내리고, 제후의 부절符節을 주고 대대로 세습하게 했다. 또 무양舞陽을 식읍으로 주고 무양후舞陽侯라고 불렀다. 그후 번쾌는 황제를 배반한 진희와 한나라 왕 신信·연나라 왕 노관과 그들의 잔존 세력들을 잇따라 격파하여 황제의 두터운 신임을 얻었다.

번쾌는 여후의 여동생인 여수呂須를 아내로 맞이하여 아들 항伉을 낳았다. 그러므로 번쾌는 여러 장수들에 비하여 고조와 가장 가까웠다.

이전에 경포가 반란을 일으켰을 때의 일이다. 고조는 병이 깊어 남을 대하는 것을 귀찮아해 궁중에 누워 있으면서, 호위병에게 명령을 내려 군신들을 들어오지 못하게 했다. 강후와 관영 등의 대신들도 10여 일 동안이나 감히 궁중에 들어오지 못했다. 이때 번쾌가 대궐문을 밀치고 들어가니 대신들도 그를 따라 들어갔다.

고조는 홀로 환관의 몸을 베고 누워 있었다. 번쾌 등은 고조를 보자 눈물을 흘리며 말했다.

"옛날 폐하께서 신 등과 함께 풍과 패 땅에서 군사를 일으켜 천하를 평정할 때에는 그 얼마나 혈기가 왕성하셨습니까! 천하가 이미 평정됐는데 앓을 병이 무어 있겠습니까? 폐하께서 병이 위중하시다고 하니 대신들이 몹시 겁을 내고 두려워하고 있습니다. 그런데 신 등에게 일을 의논하시지 않고, 도리어 환관만 상대하다 운명하려 하십니까? 폐하께

번쾌는 유방을 도와 한나라를 세우는 데 큰 공을 세운 인물이다. 연나라 땅을 평정하고, 반역을 꾀하던 한신도 포로로 잡았으며, 초나라도 황제의 땅으로 만든 인물이다. 비록 개를 도살하는 미천한 신분이었지만, 그의 용맹성과 공적은 그의 이름을 빛나게 했다.

서는 진나라를 멸망의 길에 빠뜨린 환관 조고의 일을 알지 못하십니까?'

고조는 웃으며 일어났다.

그 뒤 노관이 반란을 일으키자 고조는 번쾌를 재상으로 삼은 뒤 연나라를 치게 했다. 이때 고조의 병이 심했는데, 어떤 자가 번쾌를 이렇게 헐뜯었다.

"번쾌는 여씨의 도당입니다. 만일 황상께서 하루아침에 붕어하시면 즉시 군대를 이끌고 와서 유씨 황족皇族을 모두 죽일 것입니다."

고조는 이 말을 듣고 매우 화가 나서 곧바로 진평陳平에게 번쾌를 군대 안에서 베어 죽이게 했다.

그러나 진평은 여후를 두려워하여 번쾌를 죽이지 않고 체포하여 장안으로 끌고 왔다. 진평이 장안에 도착하고 보니 이미 고조는 붕어했으므로, 여후가 번쾌를 석방하고 작위와 식읍을 회복시켜 주었다.

번쾌는 그후 효혜제孝惠帝(유방의 아들) 6년에 죽었다.

번쾌가 칼을 휘둘러 개를 도살하던 그때에 어찌, 스스로 준마의 꼬리에 붙어서 천 리를 가는 것처럼 한고조를 만나 그 이름을 한나라의 조정에 드리우고 자손들에게 덕이 전해질 것을 알았겠는가? 번쾌는 자신의 이름과 공이 후세에 전해질 것을 염두에 두지 않은 채 한고조를 도와 거사를 벌인 것이다.

한 시대를 풍미한 변사

역이기 · 육고

천하를 구하려는 분이 걸상에 걸터앉아 장자를 맞이합니까?

역이기는 진류현陳留縣 고양高陽 사람으로 즐겨 글을 읽었으나, 집안이 가난하여 뜻을 이루지 못하였다. 그러다 보니 생계를 이어갈 수가 없어 마을의 성문을 관리하는 낮은 벼슬아치라도 해야 할 처지였다. 그러나 현 안의 어진 사람들과 호걸들은 그를 미치광이라 부르며 부리려 하지 않았다.

진승과 항량 등이 진나라에 반기를 들면서 군사를 일으키자, 군사들을 데리고 고양을 지나가는 장수가 수십 명이나 되었다. 그러나 역이기는 그 장수들이 다 작은 일에 얽매이고 자질구레한 예나 찾는 속 좁은 인물들이라는 것을 알고, 자신의 재능을 깊이 숨기고 있었다.

그후 역이기는 패공이 군사를 이끌고 와서 진류현의 외곽을 공격하려 한다는 말을 들었다. 패공의 휘하에는 역이기와 같은 고향 사람이 기병으로 있었는데, 패공은 그 기병을 불러 이 지역에 어진 선비와 호걸이 있는지를 물었다.

그 기병이 마을로 돌아왔을 때 역이기는 그를 찾아가 이렇게 말했다.

"내가 들으니 패공은 거만하여 사람을 업신여기지만 큰 뜻을 지녔다고 들었소. 이분이야말로 내가 따르고 싶었던 인물이오. 하지만 나를 그에게 소개시켜 줄 사람이 없구려. 그대가 패공을 만나거든 '신의 마을에 역이기라는 자가 있는데, 나이가 60여 세이며 키가 8척입니다. 사람들은 다 그를 미치광이라고 합니다만, 역이기는 스스로 나는 미치광이가 아니라고 말합니다'라고 전해주겠소?"

그 기병이 고개를 가로저었다.

"패공은 선비들을 별로 좋아하지 않습니다. 관을 쓴 선비가 찾아오면 패공은 그 갓을 벗게 하고 그 안에다가 오줌을 눌 정도입니다. 사람들과 말할 때에도 항상 목청 높여 유생들을 욕합니다. 선비의 신분으로 그를 설득할 수는 없을 것으로 보입니다."

"알았소. 하여튼 내가 부탁하는 대로만 전해주시오."

기병은 역이기가 부탁한 대로 기회가 있을 때 패공에게 전했다. 얼마 후 역이기가 패공의 부름을 받았다. 역이기가 패공을 만나러 들어가니 그는 걸상에 걸터앉아서 두 여인에게 발을 씻기게 하고 있었다. 역이기는 들어가 절은 하지 않고 길게 읍揖만 한 뒤 말했다.

"족하께서는 진나라를 도와서 제후를 치려고 하십니까? 아니면 제후들을 이끌고 진나라를 치려고 하십니까?"

역이기는 패공을 만날 기회를 엿보다가 그를 찾아갔다. 그때 오만한 패공은 두 여인에게 발을 씻기게
하면서 역이기를 맞이하였는데, 이에 역이기는 분노하며 "무도한 진나라를 치겠다는 사람이 이렇게 나
이든 사람을 맞이하냐"며 꾸짖는다.

이 말에 발을 씻고 있던 패공이 역이기에게 소리쳤다.

"이 하찮은 선비놈아, 천하가 진나라의 폭정에 시달린 지 오래다. 그래서 당연히 제후들이 서로 연합해 진나라를 공격하는 것이다. 어째서 내가 진나라를 도와 제후들을 치겠는가?"

그러자 오히려 역이기가 되물었다.

"무리를 모으고 의병을 규합하여 무도한 진나라를 치겠다는 사람이 이렇게 걸상에 걸터앉아서 나이든 사람을 맞이합니까?"

그러자 패공이 비로소 깨달은 듯 발 씻던 것을 물리고, 일어나 옷을 바로 입었다. 그리고 역이기를 윗자리에 앉히고 사과하였다. 역이기는 천하통일의 방법을 6국이 합종하고 연횡했을 때의 일과 비교해서 말했다. 패공은 기뻐서 역이기에게 식사를 대접하고 정중히 물었다.

"그렇다면 내가 어떤 계책을 써야 합니까?"

"족하께서는 오합지졸의 무리를 모아 규합하였지만 만 명도 못 됩니다. 이 병력으로 강한 진나라와 맞서는 것은 호랑이의 입을 더듬는 것과 같습니다. 진류현은 천하의 요충지로 사방으로 길이 통하여 교통이 지극히 편리한 곳이며, 지금 그 성 안에는 비축된 양곡도 많습니다. 신이 진류현의 현령과 친한 사이이니, 제가 지금 그곳에 가서 족하께 항복하도록 설득하겠습니다. 만일 그가 말을 듣지 않는다면 족하께서 진류현을 공격하십시오. 신은 성 안에서 대응하겠습니다."

그래서 역이기가 먼저 떠나고 패공이 그 뒤를 따라 군대를 출동시키니, 마침내 진류현은 쉽게 평정됐다. 패공은 역이기를 광야군廣野君에 봉하였다.

큰 일을 이루려는 자는 작은 일에 구애받지 않는다

역이기는 그의 아우 역상을 패공에게 추천하여, 수천 군사를 거느리고 패공을 따라 서남쪽으로 가서 땅을 공략하게 하고, 자신은 유세객이되어 패공을 위해 제후들 사이를 뛰어다녔다.

한나라 3년 가을, 패공은 진퇴양난의 처지에 놓여 있었다. 제나라를 치러 간 한신에게서는 시원한 소식이 아직 들어오지 않았고, 팽월彭越이 양나라에서 반란을 일으켰다는 보고가 들어왔다. 게다가 한나라 왕은 형양과 성고에서 항우에게 싸움에 져 군대를 공현鞏縣과 낙양현洛陽縣에 주둔시키고 어디로 철수할 것인지를 고심하고 있었다. 이때 역이기가 한왕에게 계책을 올렸다.

"신이 들으니, '하늘로 받들어야 할 것을 진정 아는 자는 왕업을 성취할 수 있고, 하늘로 받들어야 할 것을 모르는 자는 왕업을 성취할 수 없다. 왕은 백성을 하늘로 알고, 백성은 먹을 것을 하늘로 여긴다'고 합니다. 오창敖倉은 천하의 곡식이 집결하는 창고입니다. 그런데 초나라는 오창의 중요성을 깨닫지 못하고 군사를 다른 데로 출동시켰으니 이는 하늘이 한나라를 돕는 것입니다.

하늘 아래 두 영웅은 같이 있을 수 없습니다. 부디 족하께서는 급히 군대를 정돈시킨 후 오창의 양곡을 점거한 뒤 형양을 회수하고 성고를 폐쇄하고 태행산의 통로를 차단한다면 천하는 족하에게 돌아올 것입니다. 지금 연나라와 조나라는 평정됐지만 제나라가 아직 평정되지 않았습니다. 제나라는 대병력을 소유한데다 거짓말을 손바닥 뒤집듯 하기 때문에 무력으로 평정하기에는 어려움이 많습니다. 이에 신이 족하의

역이기는 고조를 섬겼던 뛰어난 변설가로, 제나라 왕을 설득하여 제나라를 한나라의 속국으로 만들고
자 했다. 그러나 끝내 역이기는 꿈을 이루지 못하고 제나라 왕의 손에 죽는다.

조서를 받들고 가서 제나라 왕을 달래어 제나라를 한나라 동쪽을 지키
는 속국으로 만들겠습니다."

한나라 왕이 고개를 끄덕거렸다.

"좋소."

한왕은 곧 역이기의 계책을 좇아 오창을 점령한 뒤 역이기를 제나라
왕에게 보냈다. 역이기는 제나라 왕 전광을 만나 설득했다. 한나라 왕
은 항우와 달리 신의를 지키는 인물이며, 천하의 민심이 다 한나라 왕
에게 돌아갔고, 천하 역시 한나라 왕에게 돌아감은 하늘의 뜻이란 것을
주지시킨 뒤 이렇게 말을 끝맺었다.

"왕께서 빨리 먼저 한나라 왕에게 항복한다면 제나라를 보존할 수 있

지만, 한나라 왕에게 항복하지 않는다면 왕은 눈앞에서 제나라가 멸망하는 것을 보게 될 것입니다."

제나라 전광은 고개를 끄덕인 뒤 역하歷下를 지키던 군대를 거둬들인 뒤 역이기와 마음껏 술을 마셨다. 그런데 이때 회음후 한신의 군대가 제나라를 습격했다. 한신은 역이기가 세 치 혀로 제나라의 항복을 받아냈다는 것을 미리 알고서도 무력을 감행한 것이었다. 제나라 왕은 한나라 군대가 쳐들어왔다는 급보를 받고 역이기가 자기를 속였다고 생각하여 소리쳤다.

"네가 한나라 군대를 저지시키면 살려주겠지만, 그렇지 않으면 너를 삶아 죽일 것이다."

그러자 역이기가 대답했다.

"큰 일을 행하는 사람은 사소한 일로 근심하지 않으며, 덕이 높은 사람은 다른 사람의 비난에 게의치 않는다. 내 너를 위하여 이 말을 바꾸게 할 수는 없다."

제나라 왕은 결국 역이기를 삶아 죽이고 군대를 이끌고 동쪽으로 달아났다.

말 위에서 얻은 천하를 어찌 말 위에서 다스릴 수 있으랴!

육고陸賈는 초나라 사람으로, 빈객으로 고조를 따라 천하를 평정하여 많은 공을 세웠다. 그는 말솜씨 좋은 유세객으로 유명하여, 고조를 모시고 있으면서 제후들에게 사신으로 가기도 하였다.

고조 때에 이르러 중원이 처음으로 안정됐는데, 이때에 위타가 남월왕南越王을 자칭하며 고조에게 반기를 들려고 했다. 그러자 육고는 고조의 명을 받고 위타를 설득하여 고조에게 충성을 바치는 약속을 받아내고 돌아왔다. 고조는 매우 기뻐하며 육고를 태중대부太中大夫에 임명했다.

육고는 때때로 고조 앞에 나아가 《시경》과 《상서》 속의 이야기를 인용하였다. 이때마다 육고가 그 고서들을 찬양하자 고조가 그를 꾸짖었다.

"짐은 말 위에서 천하를 얻었소. 내 어찌 《시경》과 《상서》에 얽매이겠소?"

육고가 대답했다.

"말 위에서 천하를 얻었다 하여 어찌 말 위에서 천하를 다스릴 수 있겠습니까? 옛 은나라 탕왕과 주나라 무왕은 무력으로 천하를 얻었지만 민심을 따라 나라를 지켰습니다. 이와 같이 문무文武를 아울러 쓰는 것이 나라를 오래 지키는 방법입니다. 옛날에 오나라 왕 부차夫差와 진晉나라의 지백智伯은 무력을 너무 쓰다가 망했고, 진나라는 형법만을 쓰고 고치지 않았기 때문에 멸망한 것입니다. 만일 진나라가 천하를 통일한 뒤에 인과 의를 행하고 옛 성인을 본받았다면, 폐하께서 어떻게 천하를 얻을 수 있었겠습니까?"

이 말에 고조는 부끄러워하는 빛이 역력했다. 잠시 뒤 고조는 육고에게 이런 말을 했다.

"시험삼아 짐을 위하여 진나라가 어떻게 천하를 잃었고, 짐이 어떻게 해서 천하를 얻었으며, 또 고대 국가들이 어떻게 흥망성패했는지 이에 관해 글을 지어 올리도록 하시오."

그래서 육고는 국가 존망의 징후에 대하여 대략 서술하여 12편을 지었다. 그가 한 편 한 편을 지어 올릴 때마다 고조는 칭찬하지 않은 적이 없었으며, 좌우의 신하들은 모두 만세를 불렀다. 그 책을 《신어新語》라고 하였다.

치세의 도는 승상에게, 난세의 도는 장군에게 구하라

효혜제 때, 여태후는 정권을 거머쥐고 여러 여씨들을 왕으로 세우고 싶어했다. 그녀가 나이 어린 왕을 협박하니 유씨 황족이 존폐 위기를 맞게 되었다. 우승상 진평이 이 일을 우려했으나 감히 반대해서 다툴 만한 힘이 없었다. 그래서 진평은 말도 못하고 항상 조용히 집에 있으면서 깊은 생각에 잠겼다.

어느 날이었다. 병을 핑계로 벼슬자리를 내놓은 뒤 다섯 아들 집에서 번갈아 유숙하며 지내고 있던 육고가 찾아왔다. 그런데 이날도 진평은 고심하느라 육고가 온 것을 몰랐다. 육고가 물었다.

"무엇을 그리 깊이 생각하고 있습니까?"

진평이 말했다.

"그대는 내가 무엇을 생각하는지 짐작할 수 있겠소?"

"족하는 지위가 우승상에 이르고 부귀가 극에 달하니 더는 무슨 욕망이 있겠습니까? 그런데도 근심이 있다면, 여씨와 어린 왕의 일 때문이겠지요."

진평은 반가운 기색을 띠면서 육고에게 공손히 물었다.

"그렇습니다. 이 일을 어떻게 하면 좋겠습니까?"

"천하가 편안하면 백성들은 승상에게 기울고, 천하가 위태로우면 장군에게 기웁니다. 그러니 장군과 승상이 서로 힘을 합하면 기꺼이 선비들이 구름떼처럼 몰려들 것입니다. 선비들이 규합하면 천하에 변이 있을지라도 권력은 갈라지지 않을 것입니다. 사직을 위한 계책으로는 장군과 승상이 서로 손을 잡는 수밖에 없습니다. 신은 항상 태위太尉 강후絳侯에게 말하고자 했으나, 강후는 나와 너무 친한 사이라 오히려 내 말을 우습게 여깁니다. 군께서는 어찌하여 태위와 교분을 쌓아 깊이 결속할 생각을 안 하십니까?"

이리하여 육고는 진평을 위해 여씨를 누를 몇 가지 계책을 알려주었다. 진평은 곧 이 계책대로 일을 벌였다. 즉, 강후에게 500금을 주어 그의 장수를 축하하고 성대한 술자리를 마련하니, 태위 또한 이와 같이 보답했다. 이 두 사람이 서로 결속을 다지자, 여씨의 음모는 점점 물거품이 되어 갔다.

진평은 육고의 공로를 치하하기 위해 노비 100명과 수레와 말 50승, 돈 500만 전錢을 주었다. 육고는 이것을 가지고 한나라 조정의 공경들과 교유하니, 그의 명성은 매우 높아졌다.

황제의 외척 세력인 여씨 일족들을 쓸어버리고 효문제孝文帝(유방의 아들)를 세우게 된 데에는 육고의 힘이 매우 컸다. 효문제는 즉위하자 남월에 사신을 보내려고 했다. 이에 진평 등이 육고를 추천하니 육고가 다시 한 번 남월로 가 천자 흉내를 내는 위타를 설득해 다른 제후들의 차림과 같게 만들었다.

육고는 타고난 수명대로 살다가 생을 마쳤다.

역이기의 《신어》 12편을 읽어보니 과연 그는 당시의 변사인 것은 분명하다. 역이기와 육고는 삶의 종말이 판이하게 달랐지만, 한 시대를 풍미한 뛰어난 변사였다.

숙손통

호랑이 입에서 빠져나오다

숙손통叔孫通은 설薛 땅 사람으로, 진나라 때에 학문이 뛰어나 조정의 부름을 받고 박사博士(관직 이름) 임명을 기다리고 있었다. 몇 년 뒤 산동 지방에서 진승이 반란을 일으켰다는 보고가 들어오자, 2세 황제는 박사와 여러 선비들을 불러다 자문을 구했다.

박사들과 선비 30명은 반역임이 명백하니 군대를 동원해 반란을 일으킨 진승을 쳐야 한다고 말했다. 이 말에 2세 황제의 얼굴빛이 분노로 푸르락붉으락했다. 이를 보고 숙손통이 앞으로 나아가 말했다.

"여러 선비들의 말은 가당치 않습니다. 무릇 천하가 통일되어 무기를 회수하여 다 녹여버렸으며, 천하의 백성들은 조정의 요구대로 다 자기

직분에 따라 일하고 있는 이때에 누가 감히 반역을 하겠습니까! 진승은 다만 몰래 곡식을 훔쳐내는 좀도둑에 불과합니다. 이것을 가지고 입에 담아 논의할 필요가 있겠습니까! 지금 산동의 무관이 그를 잡아다 죄를 다스리고 있을 테니 근심하실 필요가 없습니다."

2세 황제는 밝은 표정으로 말했다.

"그대의 말이 맞다."

나머지 유생들에게도 진승의 일에 대해 의견을 물으니, 어떤 이는 숙손통의 의견과 마찬가지로 좀도둑이라 말했고, 어떤 이는 숙손통의 의견과 달리 반란이라고 말했다. 그러자 2세 황제는 반란이라고 말한 유생들을 전부 파면하였다. 한편 숙손통에게는 비단 20필과 옷 한 벌을 내리고 박사로 임명했다.

숙손통이 궁중에서 나오자 유생들이 물었다.

"선생은 어쩜 그렇게 아첨을 잘합니까?"

숙손통이 대답했다.

"공들은 모릅니다. 내 그렇게 말하지 않았더라면 꼼짝없이 호랑이 입에 던져졌을 것이오."

그리고는 설 땅으로 도망갔다. 하지만 설은 이미 초나라에 항복한 뒤였다. 항량이 설로 들어오자 숙손통은 그에게 몸을 의탁했다. 그후 항량이 전사하자 숙손통은 초나라 의제義帝를 섬겼고, 이후에는 항왕을 섬겼다. 그러다가 한나라 왕(유방)이 팽성으로 들어오자, 이번에는 한나라 왕을 따랐다. 숙손통은 한나라 왕이 자신의 유생 옷차림을 몹시 싫어하는 것을 알고 초나라의 짧은 옷으로 바꿔 입어, 한나라 왕의 마음을 샀다.

숙손통이 한나라 왕에게 항복하였을 때, 그의 제자가 백여 명이었다. 그런데 숙손통은 그들을 추천하여 등용시키지 않고, 도둑이나 건달들만을 추천하여 벼슬살이를 하게 했다. 그래서 제자들은 뒤에서 스승에 대해 이런 불평을 터트렸다.

"저희들은 선생을 수년 동안이나 섬겨왔고, 다행히 한나라까지 들어왔습니다. 이러한데 저희들을 추천하지 않고 아주 교활한 무리들만 추천하고 있으니 무슨 까닭입니까?"

숙손통은 그들을 이렇게 타일렀다.

"지금 한나라 왕은 날아오는 화살과 돌을 두려워하지 않고 천하를 다투고 있소. 이런 때에 유생들이 어찌 잘 싸울 수 있소? 지금은 먼저 적장을 베어 죽이고 적의 기를 빼앗아 올 수 있는 사람을 추천한 것뿐이오. 그대들은 나를 믿고 기다리시오. 내가 그대들을 잊은 것은 결코 아니오."

얼마 후 한나라 왕은 숙손통을 등용하여 박사로 임명하고 직사군稷嗣君이라고 불렀다.

예라는 것은 시대와 인정에 따라 변화될 수 있는 것이다

한나라 5년, 천하가 통일되자 제후들은 모두 모여 한나라 왕을 황제로 추대하였는데, 숙손통이 즉위식의 절차를 제정하게 되었다. 이때에 고조는 진나라의 복잡하고 까다로운 의례들을 죄다 없애버리고 간편하고 쉽게 즉위 절차를 만들었다. 그런데 황제 즉위식을 마친 뒤 고조는 곧 근심에 빠졌다. 여러 신하들이 술을 마시면 자신들의 공을 다투고, 술에 취해서는 함부로 큰소리를 지르며 칼을 뽑아 기둥을 치는 것이었다. 이를 보고 숙손통은 고조에게 이렇게 건의하였다.

"대체로 선비라는 자들은 함께 천하를 얻는 데 진취적인 일을 하기는 어려우나, 이루어진 일을 함께 지킬 수는 있습니다. 부디 신의 제자들과 노나라의 유생들과 함께 조정의 의례를 정하게 해주십시오."

고조가 조건을 달았다.

"어렵지 않게 만들 수 있는가?"

"오제五帝(중국 고대 전설에 나오는 제왕, 즉 황제 · 전욱 · 곡 · 요 · 순 다섯 성군을 가리킨다)는 제각기 음악을 달리하였고, 삼왕三王(하나라 우왕禹王, 은나라 탕왕湯王, 주나라 문왕文王을 가리킨다)은 제각기 예법을 달리했습니다. 예법이란 것은 시대와 인정에 따라 조절하기도 하고 꾸밀 수도 있는 것입니다. 그러므로 공자께서 '하 · 은 · 주 나라의 예법은 더하거나 빼고 조절한 바에 근거하여 추측할 수 있다'고 말씀하신 것입니다. 이것으로 볼 때 예법이라는 것은 얼마든지 시대에 따라 바꿀 수 있음을 의미합니다. 원컨대 신이 고대의 예법과 진나라의 의법儀法을 합하여 한나라의 의례를 만들도록 허락해주십시오."

"좋소. 시험삼아 만들되, 사람들이 알기 쉽게 하고, 짐이 시행할 수 있나 없나를 염두에 두고 만들도록 하시오."

숙손통은 직접 노나라로 가 유생을 모집하여 초청하였다. 그런데 그 가운데 두 사람이 숙손통의 청을 거절하며 이렇게 말했다.

"공께서는 무려 열 명이나 되는 군주를 섬겼는데, 모든 군주 앞에서 아첨하여 총애를 받고 존귀하게 됐습니다. 지금 천하는 겨우 평정되어 죽은 자를 미처 장사지내지 못했으며, 부상한 자도 아직 회복되지 못했습니다. 이런 상황임에도 공께서는 또 예악禮樂을 일으키려고 하십니다. 예와 음악을 일으키는 것은 천자가 100년 동안 덕을 쌓은 뒤라야 할 수 있는 일입니다. 우리들은 공께서 하는 일에 동참할 수 없습니다. 공께서 하려는 일은 예법에 부합되는 것이 아니니 우리들은 가지 않겠습니다. 공은 이제 그만 돌아가십시오. 더는 우리들을 더럽히지 마십시오!"

숙손통이 웃으며 말했다.

"너희들은 정말로 고루한 선비들이로다. 그토록 세상의 변화를 알지 못하니……."

오늘의 시대 책무가 무엇인지 아시니 성인입니다

숙손통은 노나라에서 데려온 30명의 유생과 자신의 제자들과 함께 예악을 만들어 고조의 허락을 받아냈다. 한나라 7년, 숙손통이 만든 조정 의식안대로 장락궁에서 군주와 신하 간에 갖추어야 하는 의식이 엄숙하게 치러졌다.

고조는 흡족해하며 말했다.

"내 오늘에야 비로소 황제가 존귀하다는 것을 알게 되었소."

그리고는 숙손통을 태상太常(종묘의 제사를 관장하는 벼슬)으로 임명하고 금 500근을 하사했다. 숙손통이 이 틈을 이용해 나아가 말했다.

"신에게는 저를 따라다니는 여러 선비 제자들이 있습니다. 이들이 있

숙손통은 항량과 항우, 유방 등 열 명의 군주를 섬겼지만, 그는 시대변화에 따라 예의 형식과 절차를 지혜롭게 고친 인물이다. 숙손통은 예약을 만들어 고조에게서 벼슬과 함께 금 500근을 하사받았다.

어 신과 함께 의식을 제정했던 것입니다. 원컨대 폐하께서는 그들에게
도 벼슬을 내려주십시오."

그러자 황제가 그들에게 죄다 낭郞이라는 벼슬을 주었다. 숙손통은
조정에서 나오자마자 500근의 황금을 유생들에게 나누어주었다. 여러
제자들이 비로소 기뻐하며 말했다.

"숙손 선생은 진실로 성인이시다. 이 시대에 중요한 것이 무엇인지를
정확히 아신다."

천하를 가지고 농담하면 근본이 흔들린다

한나라 9년에 고조는 숙손통을 태자의 대부(태자를 기르치는 수석 스승)
로 삼았다. 그후 3년이 지나 고조가 태자를 조나라 왕 여의(유방이 총애
하던 비妃 척부인戚夫人의 아들)로 바꾸려고 하자, 숙손통은 이렇게 반대하
였다.

"옛날 진晉나라의 헌공이나 진秦나라의 황제가 태자를 바꾸려 했다가
나라가 혼란스러워졌고 급기야 망했습니다. 지금의 태자께서 어질고
효성스럽다는 것은 천하가 아는 사실입니다. 또한 태자의 어머니 되시
는 여후께서는 폐하와 고통과 근심을 함께했는데, 어찌 여후를 배반할
수 있겠습니까? 폐하께서 굳이 적자를 폐하고 어린 여의를 세우고자 한
다면, 신을 먼저 죽여 제 목의 피로 땅을 더럽히십시오."

이 말에 고조가 얼버무리며 말했다.

"더 말 안 해도 충분히 알겠소. 짐은 다만 농담을 했을 뿐이오."

그러자 숙손통은 더욱 정색을 하며 말했다.

"태자는 천하의 근본입니다. 근본이 한 번 흔들리면 천하가 진동합니다. 어찌 천하를 가지고 농담할 수 있단 말입니까?"

"이제 됐소. 내, 공의 말을 따르리다."

결국 고조는 숙손통의 말을 듣고 태자를 바꾸는 일을 철회했다. 그리고 숙손통을 태부에서 태상으로 올려주고 종묘의 의법을 제정하게 했다. 한나라의 여러 가지 의법은 다 숙손통이 태상으로 있으면서 제정한 것이다.

효혜제 때였다. 효혜제가 모후(여태후)를 뵈러 갈 때에 백성들의 통행을 막아 번거롭게 하는 일이 생기자, 새로 상하 이중으로 된 복도를 만들라고 했다. 그런데 이 복도가 고조를 모신 묘를 거치게 되었다. 이 사실을 숙손통이 지적했다.

"나라의 시조를 모시는 종묘를 손상시키면 큰일납니다."

이에 효혜제가 몹시 두려워했다. 그래서 효혜제는 공사 중지 명령을 내리려고 했다. 그러나 숙손통은 이것도 반대하였다.

"군주는 잘못하는 일이 없는 법입니다. 지금 복도가 만들어지고 있는 것은 천하가 다 알고 있습니다. 이것을 지금 헐어버린다면 스스로 잘못이 있었음을 백성에게 보이게 되는 것입니다. 원컨대 폐하께서는 위수 渭水 북쪽에 별도로 고조를 모시는 사당을 짓고 고조의 의관을 매달 그곳으로 옮기십시오. 종묘를 더욱더 넓히고 많이 짓는 것은 큰 효도의 근본입니다."

효혜제는 조서를 내려 숙손통의 주청대로 사당을 짓게 했다. 새로 별도의 사당을 세우게 된 것은 다 복도를 정당화시키려고 벌인 일이었다.

| 숙손통 |

옛말에 '천금짜리 갖옷은 여우 한 마리의 겨드랑이 털만으로 만든 것이 아니고, 관청의 서까래는 한 그루의 나뭇가지만으로 지을 수 없다. 하·은·주 3대의 성대함도 선비 한 명의 지혜에서 이루어진 것은 아니다'라고 하더니, 진실로 그러하도다!

고조는 미천한 신분에서 일어나 천하를 평정했으니, 계책과 용병술이 아주 뛰어나다고 할 수 있다. 그러나 숙손통 같은 이가 지혜를 보탰기 때문에 한나라의 만대가 편안할 수 있었던 것이다.

숙손통은 세상에 등용되기를 희망했다. 그래서 결국 그 당시의 중요하고 시급한 것이 무엇인지를 간파하여 예의 형식과 절차를 시대의 변화에 따라 고쳐 마침내 한나라 유학의 우두머리가 되었다. '매우 곧은 것은 굽어 보이고, 길이란 본래부터 구불구불하다'고 한 것은 아마 숙손통의 행적을 두고 말한 것이리라.

난세의 주인공, 협객

계포 · 난포

천하를 가진 자는 사사로운 원한을 앞세우지 않는다

초나라에 계포季布라는 사람이 있었다. 그는 약자를 돕고 체면을 소중히 여기며 신의를 지키는 사람으로 이름이 널리 알려져 있었다. 계포는 항우의 장수가 된 이후 자주 한나라를 공격하여 왕을 괴롭혔다. 항우가 죽자, 한고조는 방을 내걸었다.

'계포를 숨겨주는 자가 있으면 삼족을 멸하리라.'

계포는 복양현의 주씨周氏 집에 숨어 있었다. 주씨는 계포를 변장시켜 노나라의 대협사 주가朱家에게 팔아 넘겼다. 주가는 그가 계포라는 것을 알면서도 종으로 사들여 아들이 있는 가운데 이렇게 말했다.

"밭일은 이 종에게 맡기고, 식사는 꼭 그와 함께 먹도록 하라."

주가는 계포의 인품을 알아보고, 수레를 몰아 고조의 신임을 받고 있는 여음후汝陰侯 등공(하후영을 가리킨다. 초나라 사람들은 현령縣令을 공公이라 불렀는데, 하후영이 등현의 현령을 지냈기 때문에 등공이라 하였다)을 찾아갔다.

"계포가 무슨 죄를 지었기에 황제께서 잡아 죽이려 합니까?"

등공이 대답했다.

"계포가 항우를 위하여 싸울 때 황제를 여러 번 곤경에 빠뜨렸기 때문이오."

주가가 물었다.

"군이 보시기에 계포는 어떤 사람입니까?"

등공이 대답했다.

"현명한 사람입니다."

주가가 다시 물었다.

"신하된 자는 저마다 자신의 주인을 위해 일을 합니다. 계포가 항우를 위해서 일한 것은 그의 직분 때문이었습니다. 항우의 신하라고 해서 모두 죽여야 한단 말입니까? 황상께서는 이제 막 천하를 소유했습니다. 그런데 자신의 사사로운 원한을 가지고 사람을 찾아 죽이려 하니, 이는 천하의 사람들에게 천자의 도량이 넓지 않다는 것을 보이는 일이 됩니다. 또 계포는 현명한 사람이므로 추격에 쫓기어 도망가다 오랑캐 나라인 월나라로 들어간다면 이것은 적국을 돕게 만드는 일입니다. 이러한 처사는 오자서가 초나라 평왕의 무덤을 파헤쳐 그 시신에 채찍질을 한 것과 같은 결과를 낳는 일입니다. 군께서 진정으로 황제를 위한다면 어째서 계포를 위해 주청하지 않습니까?"

그리하여 등공이 황제에게 주가가 말한 대로 주청하자 황제는 계포를 용서해주었다. 그로부터 얼마 후 계포는 황제의 부름을 받았다. 계포가 황제를 만나 사과하자, 황제는 그를 낭중郎中으로 임명했다.

효혜제 때 계포는 중랑장中郎將이 되었다. 이즈음 오랑캐 왕 선우가 무례하게도 여태후를 모욕하는 서신을 보내왔다. 선우와 여태후는 홀아비와 과부이니, 서로 어울려 참아왔던 정을 마음껏 나누어 보자는 내용이었다. 이에 여태후는 당장 여러 신하를 불러 선우를 칠 계책을 물었다. 여태후의 동생 남편인 상장군上將軍 번쾌가 호언장담했다.

"신에게 군대 10만을 주신다면 가서 흉노의 수도를 짓밟아 버리겠습니다."

여러 장수들이 다 번쾌에게 아첨하느라 이렇게 말했다.

"지당한 말입니다."

그러자 계포가 나서며 말했다.

"번쾌를 참형에 처해야 합니다. 옛날에 고조께서는 군대 40만을 동원하셨건만 오히려 평성에서 곤경을 당하셨습니다. 그런데 어떻게 10만 군사로 흉노의 수도를 짓밟을 수가 있단 말입니까? 이는 태후마마를 기만하는 것입니다. 더구나 진나라가 오랑캐 정벌을 무리하게 진행했기 때문에 진승 등이 전란에 신음하던 무리들을 규합하여 반란을 일으킬 수 있었던 것입니다. 지금까지도 그 상처가 아물지 않았는데 번쾌는 또 마마의 면전에서 아첨을 하며 천하를 요동시키려 하고 있습니다."

계포의 직간에 전殿 위에 있던 사람들이 모두 두려워했고, 태후는 조회를 파하고 다시는 흉노를 정벌하는 일을 논의하지 않았다.

황금 100근보다 계포의 허락 한 마디를 얻기가 더 어렵다

계포는 하동河東의 수령이 되었다. 이때 계포의 명성은 더욱 알려져 감히 천자의 명성을 위협할 수준이 되었다. 그래서 조정에 불려갔다가, 자신을 의심하고 있는 효문제를 안심시킨 뒤 다시 하동으로 돌아온 적도 있었다.

계포와 동향 사람으로 조구생曺丘生이라는 자가 있었다. 그는 변사로서 권세가의 명성을 등에 업고 금전을 긁어모을 생각만 하는 자였다. 조구생이 두장군竇長君(문제 황후의 오라버니)을 자주 찾아간다는 소문이 나자 계포는 두장군에게 조구생을 가까이하지 말라고 충고했다.

얼마 후 호랑이도 제 말 하면 온다더니 조구생이 직접 계포를 찾아와 이렇게 말했다.

"초나라 사람들의 말에 의하면 '황금 100근을 얻는 것보다 계포의 허락 한 마디를 얻기가 더 어렵다'고 합니다. 저도 초나라 사람이고 족하 또한 초나라 사람입니다. 내가 천하를 돌아다니면서 족하의 명성을 알린다면 족하의 명성은 천하에 더욱 알려질 게 아닙니까? 이러한데, 어째서 족하께서는 저를 미워하십니까?"

계포는 조구생의 말이 마음에 들었다. 그래서 조구생을 수개월 동안이나 상객으로 머무르게 했다. 얼마 후 조구생이 가는 곳마다 계포의 명성은 더욱더 알려지게 되었다.

가난할 때 치욕을 참지 못하면 사람이 아니다

난포樂布는 양나라 사람이다. 그는 양나라 왕 팽월彭越이 평민이었을 때 서로 교유하였다. 두 사람은 가난하여 술집 심부름꾼을 하는 등 함께 고생을 하기도 했다. 훗날 연나라 왕 장도는 난포를 장군으로 삼았는데, 장도가 반란을 일으키자 한나라는 연나라를 공격하고 난포를 사로잡았다. 이때 양나라 왕 팽월이 이 소식을 듣고 황제에게 진언하여 난포를 위해 돈을 바쳐 죗값을 보상하고 양나라의 대부로 삼았다.

난포가 사신으로 제나라에 가 있을 때였다. 한나라는 팽월을 잡아다가 모반죄로 삼족을 멸하고, 팽월의 머리를 낙양에 매달아 놓고 다음과 같이 조서를 내렸다.

"감히 팽월의 시체를 거두어 돌보는 자가 있으면 무조건 엄벌에 처할 것이다."

난포는 제나라에서 돌아오자, 팽월의 머리 아래에서 마치 살아 있는 사람에게 말하듯이 제나라에 돌아온 일을 아뢰고 제사를 지내주며 통곡하였다. 아전이 난포를 체포하고 그 사실을 조정에 보고했다. 고조가 끌려온 난포를 꾸짖었다.

"짐의 엄명이 있었건만 네놈이 이를 어긴 걸 보니, 팽월과 함께 모반한 것이 틀림없다. 여봐라, 어서 저놈을 삶아 죽여라!"

병졸들이 당장 그를 잡아 끓는 가마솥으로 끌고 가려는데, 난포가 돌아보며 말했다.

"한 마디만 하고 죽게 해주십시오."

고조가 물었다.

난포와 팽월은 양나라 사람이다. 난포가 제나라 사신으로 있을 때, 한나라 고조는 팽월을 죽인 뒤, 그 시체를 돌보는 자가 있으면 무조건 엄벌에 처하려 했다.

"무슨 말을 하려고 그러느냐?"

"폐하께서 형양과 성고에서 항우에게 패하셨을 때, 항우가 서쪽으로 더는 진격할 수 없었던 것은 팽왕(팽월)이 한나라와 힘을 합쳐 초나라 군대를 자주 괴롭혔기 때문입니다. 그때 팽왕이 머리를 돌려 초나라 편이 되었더라면 한나라가 파멸됐을 것이고, 한나라 편이 되었더라면 초나라가 파멸됐을 것입니다. 또 해하의 전쟁에서도 팽왕이 참가하지 않았다면 항우를 멸망시킬 수 없었을 것입니다. 그런데 이런 큰 공을 쌓았음에도 폐하가 군사를 징발할 때 팽왕이 병들어 나가지 못하자 그를 의심하여 베어 죽이고 가족까지 멸하였습니다. 이를 보고 공신들은 자신들도 팽왕과 같은 꼴을 당할까 두려워 벌벌 떨고 있습니다. 지금 팽왕이 죽었으니 신은 사는 것이 죽는 것만 못합니다. 자, 어서 삶아 죽이십시오."

이에 고조는 난포의 기개에 마음이 움직여 그의 죄를 용서하고 도위

都尉(각 군郡의 군사 총책임자)에 임명했다.

효문제 때에 난포는 연나라의 재상이 되었고 장군에까지 이르렀다. 난포는 드러내놓고 이런 말을 했다.

"가난하고 힘들 때 치욕을 참지 못하면 사내 대장부라 할 수 없고, 부귀할 때 뜻대로 하지 못하면 현명한 사람이 아니다."

그는 예전에 자신에게 은덕을 베푼 자에게는 후하게 보답하고, 원한이 있는 자들은 반드시 법으로 파멸시켰다.

항우와 같은 큰 기개를 품었기에 계포는 용맹함으로 초나라에 이름을 드날렸으며, 싸움터에서는 적의 깃발을 여러 번이나 빼앗았으니 장사라고 할 수 있다. 계포는 형벌을 받고 남의 종이 되어서도 목숨을 부지하였다. 어찌하여 그렇게까지 몸을 낮추었는가? 이는 아마도 자기의 재능을 자부했기 때문이다. 치욕을 받고도 부끄러워하지 않은 이유는 자신의 재능이 쓰일 곳이 있다면 언제든지 상황을 역전시켜 뜻한 바를 이루어낼 수 있다는 자신감 때문이리라. 이런 까닭에 마침내 한나라의 명장이 된 것이다.

현명한 자는 진실로 자신의 죽음을 값지게 여긴다. 대체로 비첩婢妾이나 천한 사람이 격분하여 자살하는 것은 진정 용기가 있기 때문이 아니라 다시 일어설 힘을 잃었기 때문일 것이다.

난포가 팽월의 죽음을 슬퍼하고 곡한 뒤에 끓는 물로 끌려가는 것을 마치 집에 돌아가는 것처럼 한 행동은 그가 진실로 처신할 바를 알고 죽음을 두려워하지 않은 것이다.

원앙

사직의 신하는 군주와 함께 존망을 같이한다

원앙은 초나라 사람으로, 효문제가 즉위하자 형 쾌의 추천으로 중랑
中郎이라는 벼슬자리에 오르게 되었다. 그 무렵 승상으로 있던 강후絳侯
주발은 효문제의 전적인 신임을 받아 위세가 대단했다. 강후는 조회를
마치고 나올 때마다 늘 의기양양한 모습이었고, 황제 또한 강후에게는
항상 공손하게 예를 표하며 전송하였다. 이를 보고 원앙이 황제께 나아
가 말했다.

"폐하께서는 승상이 어떠한 신하라고 생각하십니까?"

황상이 말했다.

"이 나라 사직을 지키는 신하이다."

"강후는 공신일 뿐 사직을 지키는 신하는 아닙니다. 사직의 신하란, 군주가 살아 있을 때 군주와 함께하고, 군주가 망하면 같이 망해야 합니다. 외척인 여후의 세력들이 정권을 거머쥐었을 때, 여러 여씨들이 제멋대로 승상이 되고 왕이 되어 유씨의 황통은 명맥을 유지하기 힘들었습니다. 그때 강후는 태위로서 병권을 잡고 있으면서도 방관만 하고 있었습니다. 그러다가 여후가 세상을 뜨자, 그는 쥐고 있는 병권으로 외척을 제거하는 공을 우연히 세우게 된 것입니다. 그러므로 공신이라 할 수는 있으나 사직의 신하는 아닙니다. 그런데도 승상은 폐하께 매우 교만하고 폐하는 겸손하시니, 이는 신하와 군주가 예를 잃고 있는 것입니다. 따라서 폐하께서 취할 태도가 아니라고 생각되옵니다."

원앙이 간언한 뒤 비로소 효문제와 강후의 군신간의 예가 바로잡히게 되었다. 이 일로 강후는 원앙을 원망했다.

"내가 그대의 형과 친한 사이인데, 그대가 감히 조정에서 나를 헐뜯다니!"

그러나 원앙은 끝내 사과하지 않았다.

훗날 강후가 모반죄에 걸려 감옥에 갇혔다. 그러나 그를 위해 아무도 변호하는 사람이 없었다. 그런데 이때 원앙만은 강후가 죄가 없다고 변호하였다. 강후가 풀려날 수 있었던 것은 원앙의 힘이 상당히 컸기 때문이다. 원앙의 사심 없는 행동을 계기로 두 사람은 깊은 친분을 맺었다.

천자의 수레를 함께 탈 수 있는 자는 영웅호걸이다

효문제 초기에는 왕권이 미약했다. 그래서 여러 제후와 왕들이 모반을 꾀하였다. 원앙은 효문제의 아우 회남(淮南)의 여왕이 모반죄에 연루됐음을 알고 사전 대책을 세울 것을 황제에게 간언하였다. 그러나 황제는 그의 말을 귀담아듣지 않았다.

그러다 사건이 터지자 황제는 비로소 원앙의 능력을 인정하고 그의 사후 대책대로 일을 수습했다. 이 일이 있은 후 원앙의 명성은 조정에서 더욱 높아졌다. 원앙은 항상 원칙에 근거하여 말하였으며 세상의 일에 개탄했다. 어느 날 효문제가 자신이 총애하는 환관 조동을 수레에 같이 태우고 외출하려 했다. 그때 원앙이 수레 앞에 엎드려 간했다.

"신이 들으니, 천자의 수레를 함께 탈 수 있는 자는 천하의 영웅호걸뿐이라고 합니다. 지금 한나라에 비록 인재가 모자란다고 하나 폐하께서 어찌 궁형을 받은 자(환관)를 태우신단 말입니까?"

그러자 황제는 겸연쩍은 웃음을 지으며 조동을 내리게 하였다. 조동은 서럽게 울면서 수레에서 내렸다.

어느 날이었다. 효문제가 패릉의 험준한 산길을 달려서 내려가려고 하였다. 그때 원앙은 말을 타고서 수레와 나란히 붙어 수행하면서 말고삐를 단단히 잡아당겼다. 그러자 황제가 원앙에게 말했다.

"장군은 겁나는가?"

"신이 들으니, 천금을 가진 부잣집 아들은 마루의 가장자리에 앉지 않으며, 백금을 가진 부잣집 아들은 난간에 기대어 서지 않는다고 합니다. 또한 현명한 군주는 위험을 무릅쓰면서까지 요행을 바라지 않는다

천자의 수레를 함께 탈 수 있는 자는 천하의 영웅호걸뿐이라고 한다. 원앙은 웃음을 지으며, 조동을 수레에서 내리게 했다.

고 들었습니다. 지금 폐하께서는 여섯 마리의 말이 끄는 마차를 몰아 험준한 산을 달려 내려가시려고 하는데, 만일 말이 놀라 수레가 부숴지 기라도 한다면 종묘와 태후를 무슨 면목으로 대하시겠습니까?"

원앙의 말을 듣고 황제는 산길을 수레로 내려가는 것을 중지했다.

높고 낮음에 질서가 있으면 위아래가 화목하다

문제는 신부인愼夫人을 총애하여 궁궐에서 항상 두황후竇皇后와 같은 줄에 앉게 했다. 황제가 상림원上林苑으로 나들이하러 갔을 때 두황후 와 신부인도 따라갔는데, 낭서장郞署長이 자리를 같이 마련하자, 원앙 은 신부인의 자리를 아래로 밀어놓았다.

그러자 신부인이 화가 나 앉으려 하지 않았고 문제도 노하여 궁궐로 돌아가버렸다. 원앙은 황제 앞에 나아가 이렇게 간했다.

"신이 들으니, 높고 낮음에 질서가 있으면 위아래가 화목하다고 합니 다. 폐하께서 이미 황후를 세우셨으니 신부인은 첩에 지나지 않습니다. 첩과 처가 어찌 같은 자리에 앉을 수 있겠습니까? 이러한 것이 결국 높 고 낮음의 질서를 잃는 근원이 됩니다. 지금 폐하께서 신부인을 위해 하신 행동은 도리어 화를 부를 수 있습니다. 폐하께서는 인체('사람 돼 지'라는 뜻이다. 여태후呂太后는 남편인 한고조가 죽자, 한고조가 생전에 총애했던 척부인을 시기하여 사람을 시켜 척부인의 손발을 자르고 두 눈을 뽑아버리고 귀에 유황을 붓고 벙어리로 만들어 항아리에 가두어서 돼지우리에 두었다)의 사건을 잊으셨습니까?"

황제가 기뻐하며 신부인을 불러 원앙의 깊은 뜻을 설명해주었다. 신부인은 원앙에게 황금 50근을 하사하였다.

그러나 원앙은 자주 직간을 했기 때문에 궁궐 안에 오래 있지 못하고 농서군의 도위都尉로 좌천되었다. 그는 사졸을 아끼고 인자하게 대했기 때문에 사졸들은 그를 위하여 죽기를 다툴 정도였다. 후에 그는 제나라의 재상이 되었고, 다시 오나라의 재상으로 자리를 옮기게 되었다.

위급할 때 도와주는 자가 진정 훌륭한 사람이다

원앙은 평소부터 조조를 좋아하지 않았다. 그래서 조조가 있는 자리에는 원앙이 피하고, 원앙이 있는 자리에는 조조가 피했다. 효문제가 세상을 떠나고 효경제가 즉위하자, 오나라와 초나라에서 모반을 했다.

그러자 조조는 오나라에서 재상으로 지냈던 원앙의 경력을 문제삼아 그를 죽이려고 했다. 그러나 원앙은 황제의 외척인 두영의 힘을 빌려 살아날 수 있었다. 두영은 원앙과는 본래 사이가 좋았으나 제후 억멸책을 주장하는 조조와는 사이가 벌어져 있었다. 제후들 또한 위기의식을 느껴 조조를 미워했다. 그후 상황이 역전되어 원앙이 태상太常(구경九卿 중의 하나)이 되고 어사대부였던 조조는 저잣거리에서 참형을 당한다.

오나라와 초나라의 반란군이 격파된 뒤 황제는 원앙을 초나라의 재상으로 삼았다. 그 뒤 원앙은 상서를 올려 자신의 의견을 말하였으나 받아들여지지 않았다. 원앙은 병으로 벼슬을 내놓고 집으로 돌아와 있었다. 원앙이 낙양의 도박꾼 극맹劇孟이라는 자를 잘 대우하자 마을의

원앙은 성격이 대쪽같다. 불의를 보면 황제의 귀에 거슬리는 말도 서슴없이 했던 인물로 유명하다.

부자가 이렇게 불평했다.

"내 들으니 극맹은 도박꾼이라고 합니다. 장군께서는 어째서 그 같은 자와 교제하십니까?"

원앙이 대답했다.

"극맹은 도박꾼이긴 하나, 그의 어머니가 죽었을 때에 조문하는 자의 수레가 천 대가 넘었습니다. 이것은 그가 남보다 뛰어난 데가 있기 때문입니다. 사람에게는 누구나 위급한 경우가 생길 수 있습니다. 하루아침에 위급한 일이 생겨 아는 사람의 집을 찾아가 문을 두드렸다고 합시다. 이때에 어버이를 핑계로 도와줄 수 없다고 변명하거나 집에 있으면서도 없다고 따돌리지 않고서 선뜻 도와줄 사람을 들라면 사람들은 모두 극맹을 지목합니다. 그대는 언제나 말을 끄는 몇 명의 시종을 데리고 다니지만, 위급한 일이 생겨도 그들이 당신을 버리지 않을 사람들이라고 장담할 수 있습니까?"

원앙은 이렇게 부자를 꾸짖고 교유하지 않았다. 이 이야기를 들은 여러 제후들이 원앙을 훌륭하게 여겼다.

그뒤 원앙은 경제가 양나라 왕梁王(경제景帝의 동생)을 후사로 삼으려고 했을 때 반대한 일로 양나라 왕의 원망을 사게 된다. 결국 원앙은 양나라 왕이 보낸 자객에게 목숨을 잃었다.

원앙은 비록 학문을 좋아하지 않았지만 주변 상황을 잘 파악하여 일을 처리하는 능력이 뛰어났으며, 어진 마음을 바탕으로 대의를 세우고 세태를 개탄하기도 했다. 효문제가 즉위하자 비로소 그의 재능이 발휘될 기회를 만나게 되었다.

그러나 원앙은 오나라와 초나라가 반란을 일으켰을 때 단 한 번 황제를 설득하는 기지를 발휘했을 뿐, 두 번 다시 그의 뜻을 발휘할 기회는 얻지 못했다. 그는 명성을 좋아하고 현명함을 자랑하다 결국 이름 때문에 망한 것이다.

법 앞에서 귀천을 두지 않았던 법관

장석지

말재주가 좋다고 인물이 된 것은 아니다

장석지張釋之는 형인 장중張中의 집에서 지내고 있었다. 재물을 바쳐서 겨우 기랑騎郎이라는 낮은 벼슬아치가 되었지만, 10년 동안 중용되지 못했다. 장석지가 중얼거렸다.

'오랫동안 벼슬다운 벼슬도 하지 못한 채 형의 재산만 축내고 뜻도 이루지 못했구나.'

장석지가 실의에 빠져 벼슬을 내놓고 물러나려 할 때였다. 중랑장 원앙은 그가 어질다는 것을 알고 있었으므로 떠나가는 것을 애석하게 여겨 자리를 옮길 수 있도록 추천하였다. 조회가 끝나고, 장석지는 문제 앞에서 진나라가 망한 이유와 한나라가 흥한 이유를 한참 동안이나 설명했다. 장석지의 말에 감명을 받은 문제는 장석지를 등용하여 알자복야謁者僕射로 임명했다.

장석지가 황상을 모시고 상림원에 갔을 때의 일이다. 황상이 상림원의 책임자에게 이곳에 있는 동물의 종류와 특징에 대해 물었다. 그러나 책임자는 주위의 부하들 입만 쳐다볼 뿐 제대로 대답하지 못했다. 그런데 동물원의 잡역부로 있는 사람이 황제의 질문에 대해 상세하고도 막힘없이 대답하는 것이었다.

황상이 말했다.

"관리란 이 정도는 되어야 하지 않겠는가? 책임자는 쓸모가 없는 사람이다."

그리고는 즉시 장석지에게 잡역부를 상림원의 책임자로 임명하라고 했다. 그러나 장석지는 잠시 생각하더니 이렇게 말했다.

"폐하께서는 강후 주발을 어떤 인물이라고 생각하십니까?"

황상이 말했다.

"장자長者(덕망이 있는 사람)이다."

"동양후東陽侯 장상여張相如는 어떤 사람이라고 생각하십니까?"

"그도 장자다."

"폐하께서는 강후와 동양후를 장자라고 칭찬하셨지만, 이 두 사람은 보고를 드릴 때에 어눌하여 의사를 충분히 표시하지 못했습니다. 그런데 어찌 잡역부의 달변을 본받으라고 하십니까! 진나라가 망한 이유는 입만 빠르게 움직여 황제에게 아첨만 하는 도필리(문서 수정이나 하는 미천한 벼슬아치)들만을 중용했기 때문입니다. 지금 폐하께서 잡역부의 구변이 좋다 하여 그를 파격적으로 영전시키려 하시는데, 신은 천하의 관리들이 모두 이러한 것을 추종하여 지나치게 말재주에만 힘쓰고 실제적인 이익을 강구하지 않을까 두렵습니다. 이 때문에 폐하께서 사람을 등용할 때에는 신중을 기해서 결정하셔야 합니다."

문제는 고개를 끄덕였다.

"맞는 말이로다."

그리고는 잡역부를 등용하려는 일을 중지했다. 황상 문제는 수레에 오르자 장석지를 불러 곁에 타도록 한 뒤 천천히 가면서 진나라의 패망 원인에 대해 물었다. 장석지는 사실대로 자세하고 성실하게 설명했다. 궁궐에 이르자 황상은 장석지를 높여 공거령公車令으로 삼았다.

법 앞에서는 만인이 평등

그로부터 얼마 뒤, 태자가 양나라 왕과 함께 수레를 타고 궁궐로 들어오면서 궁궐의 정문인 사마문司馬門에서 내리지 않은 일이 발생했다. 장석지는 그 즉시 태자를 쫓아가 수레에서 내리게 한 뒤 불경죄라며 탄핵했다. 이 사실을 전해 들은 황제는 관을 벗고 장석지에게 사과했다.

"자식을 제대로 가르치지 못한 탓입니다."

이때부터 문제는 장석지를 뛰어난 인물로 여기고 중대부中大夫로 삼았다. 얼마 되지 않아서는 중랑장으로 승진되었는데, 장석지는 법의 엄격한 집행과 위정자의 솔선수범이 있으면 백성은 자연히 법을 지킬 것이라는 내용을 비유하며 간했다. 이에 황제는 장석지의 말하는 바를 깨달고 그를 정위(형법을 담당하는 벼슬)로 임명했다. 정위가 된 장석지는 엄

장석지는 당시 법집행을 공정하고 엄격히 적용했던 것으로 유명하다. 황제조차 태자의 잘못을 탄핵하려는 장석지에게 사과를 구할 정도였다. 그러나 그는 소신 있는 행동으로 한문제와 경제, 2대의 황제에게 인정받은 인물이었다.

격하고 공정하게 법을 집행했다.

어떤 사람이 한고조를 모시는 사당의 신주 앞에 놓여 있던 반지를 훔치다 체포되었다. 황제는 몹시 노하여 반지를 훔친 자를 정위에게 넘겨서 죄를 다스리게 했다. 장석지는 '종묘의 물건을 훔친 자는 기시형에 처한다'는 법 규정대로 집행하려고 했다. 그러자 황제는 매우 성을 내며 말했다.

"백성이 무도하게도 선제先帝 사당의 기물을 도둑질했다. 내가 그놈을 정위에게 넘긴 것은 삼족까지 멸하려는 의도에서였다. 그런데 군은 법대로만 적용하여 기시형을 집행하려고 하니 그것은 종묘를 범한 죄치고 너무 가볍지 않은가?"

장석지는 관을 벗고 머리를 조아리면서 사죄하며 말했다.

"황공하오나 법으로서는 이 이상 처벌할 수 없습니다. 또한 죄는 같더라도 죄질에 따라 차등을 두어야 하는 것입니다. 지금 종묘의 기물을 훔쳤다고 하여 그와 집안을 멸한다면, 만일 장릉長陵(한고조의 능묘)에 있는 흙을 한 줌 파가는 어리석은 백성이 있다면 폐하께서는 그자와 일족을 멸하시겠습니까?"

이 같은 정위의 말에 오래 고심하던 문제는 마침내 정위의 판결대로 처리하라고 지시했다.

문제가 세상을 떠나고 태자가 황제로 즉위하니 그가 경제이다. 장석지는 지난날 태자의 실수를 탄핵한 일이 있어 스스로 벼슬을 내놓았지만, 경제는 장석지가 아무 사심 없는 사람인 것을 알고 복직시켰다. 그후 장석지는 회남왕의 재상이 되었다가 그로부터 얼마 뒤 세상을 떠났다.

장석지는 덕이 있는 사람은 칭송하고, 모든 일을 법질서에 맞게 집행한 사람으로 왕에게 결코 아부하지 않았다. 참으로 깊은 맛이 있는 사람이다. 옛말에 '그 사람을 알지 못하거든 그의 벗을 보라'고 했다. 두 임금이 함께 칭송하는 사람이라면 궁궐에 이름이 알려질 것이다.

《서경》에서 말하기를, '한쪽에 치우치지도 않고 파당도 만들지 않으니 성왕의 도는 넓고 크도다. 파당도 없고 치우치지도 않으니 성왕의 도는 고르고도 평평하구나'라고 했다. 장석지는 이러한 뜻에 가까운 인물이라 할 만하다.

관리의 표본이 된 만석군과 그의 아들들

만석군

만석군의 유래

만석군萬石君의 이름은 분奮이다. 성은 석씨石氏로 그의 아버지는 조나라 사람이었다. 한나라 고조가 동쪽으로 항우를 치러 갈 때, 당시 15세이던 석분은 고조의 눈에 띄어 그를 수행하게 되었다.

고조는 석분의 누이를 여자 관원으로 삼고, 석분을 중연(천자를 측근에서 모시는 벼슬)에 임명하여 올라오는 글과 알현을 청하는 자의 이름을 접수하게 했다.

문제 때에 석분의 벼슬은 태중태부에 이르렀다. 석분은 학식은 짧았으나 그의 공손하고 신중한 태도는 따라올 자가 없었다. 그리하여 모든 사람들의 추천에 의해 석분은 태자를 가르치는 태부가 되었다. 그러나 경제는 즉위한 후, 그를 가까이하기 두려워하여 제후의 상국이 되게 하였다.

석분의 맏아들 석건石建, 둘째아들 석갑石甲, 셋째아들 석을石乙, 넷째아들 석경石慶은 모두 행실이 선량하고 효성스럽고 신중했으며, 벼슬은 모두 2,000석의 녹봉을 받는 지위에 이르렀다. 이에 경제가 말했다.

"석분과 네 아들이 모두 2,000석으로 합치면 1만 석이군. 존귀하고 총애받는 신하가 다 그 집에 모였도다!"

그래서 석분에게 호를 내려 만석군이라 불렀다.

자식이 벼슬을 시작하면 나라의 자식이다

효경제 말년, 만석군은 상대부上大夫의 녹봉을 받으면서 늙었다는 구실로 벼슬을 그만두고 집으로 돌아와 노후를 보냈으나, 세시歲時 때에는 신하로서 조정에 나와 문안을 올렸다.

그는 궁궐의 문을 지날 때면 반드시 수레에서 내려 걸어 들어갔으며, 노거路車(황제의 수레)를 보면 반드시 수레의 가로나무를 짚고 머리를 숙여 경의를 표했다.

자식이 지위가 낮은 관리가 되어서 집에 돌아왔을 때에도, 만석군은 반드시 조복朝服을 입고 아들을 대했으며 그 이름을 함부로 부르지 않았다. 이는 임금의 관리를 존중히 여기는 마음 때문이었다.

만석군은 자식이 잘못을 저지르면 꾸짖지 않고 스스로 정실에서 물러나 곁방에 있으면서 밥상을 대해도 먹지 않았다. 이에 여러 아들들이 아버지의 깊은 뜻을 깨닫고 그 중 나이 많은 아들이 옷을 벗어 어깨를 드러내 진정으로 사죄하면 그때서야 만석군은 자식을 용서해주었다.

만석군이 이러하니 아들들뿐만 아니라 어린 종들도 태도가 공손하였다. 만석군 집안은 효행과 신중함으로 각 나라에 이름이 퍼지게 되었다.

제나라와 노나라의 여러 선비 중에서 아무리 성실한 행동을 하는 자일지라도 모두 스스로 만석군에 미치지 못한다고 인정하였다.

건원建元 2년(한무제漢武帝의 첫번째 연호. 건원 2년은 기원전 139년이다. 기원전 140년 한무제는 즉위하여 건원 원년元年이라고 칭했는데, 이것이 중국 역사상 최초의 연호이다. 한무제는 재위 54년 동안 11개의 연호를 사용했다), 낭중령郎中令 왕장王臧이 유가의 학설을 숭배하다 감옥에 갔혔다. 황태후竇太后는 '선비들은 겉치레만 번듯하고 속은 비었는데, 만석군의 집안만은 말없이 행동에 충실하다'고 여겨 만석군의 맏아들 석건을 낭중령으로 삼고, 넷째아들 석경을 내사內史(나라 법전과 궁중 일을 기록하는 벼슬)로 삼았다.

아버지의 이름을 더 빛낸 아들들

석건이 늙어서 머리가 희었으나 만석군은 여전히 건재하였다. 석건은 낭중령이었지만 조정에서 나와 집으로 돌아오면, 하인을 시켜 아버지의 속옷을 몰래 가져오게 하여 자신이 직접 빤 후에 하인에게 갖다놓게 하였다. 그리고 아버지가 이 사실을 전혀 눈치채지 못하게 했다.

석건이 황상께 진언할 때는 혹 황상에게 누가 될까 싶어 사람들이 없

석분의 맏아들 석건은 왕께 진언할 때에도 왕에게 누가 될까 싶어 사람들이 없는 자리에서 진언하니 황상도 그를 친애하고 존경했다고 한다.

는 자리에서 진심을 다해 진언하니 황상도 그를 친애하고 존경했다.

만석군은 원삭元朔(무제의 세 번째 연호) 5년에 죽었다. 맏아들 낭중령 석건 또한 아버지의 죽음을 통곡하고 비통해하다가 기력이 쇠진하여, 결국 1년도 못 되어 죽고 말았다.

여러 자손들이 다 효성이 지극했지만 그 중에서도 맏아들 석건이 가장 지극하여 만석군을 능가할 정도였다.

석건이 낭중령으로 있을 때, 그가 황상께 올린 상소가 결재를 거쳐 다시 내려왔다. 석건이 그것을 읽더니 이렇게 말했다.

"마馬라는 글자를 잘못 썼구나. 마 자는 네 다리를 뜻하는 네 개의 획과 꼬리를 뜻하는 획까지 합하여 다섯 획이 되어야 하는데, 이제 보니 네 획만 있고 한 획이 부족하구나. 황상께서 책망하시면 죽어야겠다!"

그는 매우 황송해하고 두려워했다. 그리고 모든 일을 이와 같이 대했다.

만석군의 작은아들 석경이 태복太僕이 되어 황제의 수레를 몰고 외출했을 때, 황상이 물었다.

"몇 마리의 말이 이 수레를 끌고 있는가?"

석경은 바로 앞에 훤히 말이 보이는데도 채찍을 들어 말을 다 세어본 뒤에야 손을 들고 대답했다.

"여섯 마리입니다."

만석군의 아들 중에서 석경은 성품이 가장 무난한 편이었는데도 이와 같았다.

책임을 지고 물러난다는 것은 책임 회피

석경이 제나라 재상에 오르자 제나라의 정치는 올바로 서기 시작했다. 원수元狩(무제의 네 번째 연호) 원년에 석경은 태자의 태부가 되었으며, 7년 후에는 어사대부가 되었다.

원정元鼎(무제의 다섯 번째 연호) 5년에 석경은 승상이 되었는데, 이때 한나라는 동서남북 변방의 오랑캐를 치느라 정신이 없는 상황이었다. 황제는 천하를 시찰하며 낡은 사당을 수리하고 봉선(덕성스런 천자가 하늘과 땅을 향해 지내는 제사)을 행했으며 예악禮樂을 부흥시켰다.

내부에서는 조정 중신들이 나라를 휘어잡고 정권을 행사했기 때문에 승상의 결재 없이도 많은 정책이 시행되었다. 그래서 석경은 9년 동안 승상으로 있으면서도 소외되어 간언 한 마디 제대로 하지 못했다.

원봉元封(무제의 여섯 번째 연호) 4년에 관동關東에 유민이 200만 명이었는데, 그 중 호적이 없는 자가 40만 명이었다. 조정에서는 이 유민들을 변경 근처로 이주시킬 것을 주청하기로 하였다. 황제와 중신들은 승상이 늙었다는 이유로 이 회의에 참석시키지 않았다. 석경은 직책을 수행하지 못한 것을 부끄럽게 여겨 다음과 같은 글을 올렸다.

신은 과분하게도 승상의 직책을 맡았사오나, 노둔老鈍하고 미련하여 정치에 도움이 되지 못하고 있습니다. 성곽과 창고는 비었고, 수많은 백성들은 고향을 등지고 떠돌이 생활을 하게 되었습니다. 신이 이 같은 죄를 지어 마땅히 중벌을 받아야 할 것인데, 황상께서는 신을 불쌍히 여겨 법대로 다스리지 않으셨습니다. 청컨대 승상과 후의 인을 반납하고 물러나기를 원하오니, 부디 저 대신 현명한 자에게 승진할 길을 열어주시기 바랍니다. 윤허해주십시오.

그러나 황상은 받아들이지 않았다.

"창고는 이미 비어 있고 백성들은 먹을 것이 없어 고향을 등지고 떠돌이 생활을 하고 있소. 그래서 이 백성들을 이주시켜 정착하게 만들려 하는데, 이 와중에 승상인 그대가 책임도 지지 않고 물러나려고 하는가? 그대는 책임을 남에게 떠넘기려고 하는 것이오?"

| 만석군 |

이렇게 조서를 보내어 석경을 꾸짖자, 석경은 매우 부끄러움을 느끼고 다시 조정에 나가 일을 맡아보았다.

그후 3년여가 지난 태초太初(무제의 일곱 번째 연호) 2년에 석경이 세상을 떠나자 염후라는 시호가 내려졌다. 석경이 승상으로 있었을 때 여러 자손들이 관리에 등용되어 2,000석의 녹봉을 받은 자가 무려 13명이나 되었지만, 석경이 죽은 뒤로 만석군의 가풍은 갈수록 쇠락해졌다.

공자는 일찍이 '군자는 말을 어눌하게 하되 행동은 민첩하게 해야 한다'라고 하였다. 그것은 만석군 같은 이를 두고 한 말이 아니겠는가? 그의 가르침은 성급하거나 엄격하지 않았지만 그로 인해 공을 이룰 수 있었다.

편작 · 창공

명의는 천리 밖의 환자의 병명도 알아맞힌다

편작扁鵲의 성은 진秦이고 이름은 월인이다. 그는 젊었을 때 한 여관의 관리인으로 지냈다. 객사에 장상군長桑君(장상張桑은 성이고, 여기서 군君은 타인에 대한 존칭)이라는 노인이 객사에 와서 머물렀는데, 편작은 그를 비범한 사람으로 여겨 언제나 정중하게 대했다. 장상군 역시 편작이 보통 사람과는 다르다는 것을 알아챘다.

그러던 어느 날, 장상군은 편작에게 비방의 약과 의학의 비술이 적힌 책을 전수하고 홀연히 사라졌다. 편작은 장상군이 준 약을 30일 동안 물에 타서 마셨는데, 투시력이 생겨 담 너머 저편에 있는 사람까지 보였다. 이러한 능력으로 환자를 진찰하니, 오장 속에 있는 종양이 죄다

보일 정도였다. 그러나 사람들 앞에서 편작은 자신의 투시력을 감추고 진맥을 잘 짚는 의원처럼 행동했다.

편작은 의원이 되어 어떤 때는 제나라에 머물기도 하고, 어떤 때는 조나라에 머물며 환자를 돌봤다. 편작이라는 이름은 조나라에 있을 때 붙여진 호이다.

진晉나라의 권세가 조간자趙簡子가 병이 들었을 때의 일이다. 편작이 그의 투시력으로 조간자를 살펴보더니, 3일 내에 병이 나을 것이라 말하며, 조간자가 무슨 꿈을 꾸었는지 그 내용까지 알아맞혔다. 3일 후 과연 편작의 말대로 조간자의 몸은 회복되었고, 조간자는 편작에게 전답 4만 무畝를 상으로 주었다.

그뒤 편작은 괵나라로 갔다. 그때 마침 괵나라의 태자가 죽었다. 편작이 괵나라 궁문 앞에 가서, 의술을 좋아하는 중서자中庶子(태자의 교육과 관리 등을 담당하는 관직)에게 물었다.

"태자가 무슨 병 때문에 죽었습니까?"

중서자가 답했다.

"태자의 병은 혈액순환이 원활하지 못하고 뒤엉켜 발산되지 않다가 갑자기 몸 밖으로 터져나와 몸속을 해친 것입니다. 정기正氣가 사기邪氣를 누르지 못하여 그 사기가 쌓여 발산되지 못하였기 때문에, 양기는 느려지고 음기는 움직임이 급해져 죽은 것입니다."

편작이 물었다.

"언제 죽었습니까?"

중서자가 답했다.

"닭이 울 때부터 방금 사이입니다."

편작이 다시 중서자에게 물었다.

"시체를 염습했습니까?"

"아직 안 했습니다. 죽은 지 반나절도 안 됩니다."

중서자의 이 같은 대답에 편작이 다시 말했다.

"신은 제나라 발해의 편작이라고 합니다. 아직 태자를 뵌 적은 없었습니다만, 불행히도 죽었다고 하니 신이 태자를 살려보겠습니다."

중서자는 편작을 질책하며 다음과 같이 말했다.

"선생은 함부로 요망한 말씀을 하시면 안 됩니다. 이미 죽은 태자를 어찌 살릴 수 있다고 하십니까? 제가 들으니, 옛날에 유부라는 명의는 환자의 옷을 풀어 헤쳐 환부를 보는 것만으로 병의 징후를 알아냈으며, 피부를 가르고 살을 열어 끊어진 힘줄을 잇고, 오장을 깨끗이 씻어 정기를 다스리고 신체의 기능을 회복시켜 놓았다고 합니다. 만약 선생의 의술이 그와 같다면 태자를 살릴 수 있을 것입니다. 그러나 이와 같은 능력도 없으면서 살리겠다고 한다면 삼척동자라도 웃을 노릇입니다."

편작은 중서자의 말을 듣고 있다가 하늘을 쳐다보며 탄식했다.

"당신이 말하는 의술은 대나무 구멍으로 하늘을 엿보고, 틈을 통해 무늬를 보는 것과 같습니다. 나의 의술은 환자의 맥을 짚어보거나 얼굴빛을 살펴보거나 진찰을 하지 않아도, 증세만 듣고도 병의 내부까지 훤히 들여다볼 수 있습니다. 병의 징후는 표면에 드러나는 것이므로, 천리 밖의 환자의 병도 명의는 병명을 알아맞히는 경우가 아주 많은데, 이것은 말로 설명할 성질의 것이 아닙니다. 내 말을 정 믿지 못하겠다면 당신이 들어가서 태자를 살펴보시오. 태자의 귀에서는 소리가 나고 코는 벌름거리고 있을 것이며, 태자의 음부 쪽 허벅지를 어루만져 보면 아직 따뜻한 기운이 남아 있을 것입니다."

실력이 부족한 의원은 병명을 의심한 채 과잉 진료한다

중서자는 편작의 말을 듣고 깜짝 놀라 곧바로 궁궐로 들어가 괵나라 임금에게 보고했다. 괵나라 임금은 그 말을 듣자 매우 놀라워하며 중문中門까지 나와서 편작을 만나보고는 이렇게 말했다.

"선생의 높은 명성은 이미 오래전에 들었으나 뵐 기회가 없었소. 만약 선생께서 이렇게 작은 나라까지 찾아와 주지 않았다면, 산 자식을 땅속에 파묻을 뻔했습니다."

편작이 말했다.

"태자의 병은 시궐尸蹶이라는 병입니다. 대체로 양기가 음기 속으로 흘러들어가서 위胃를 움직이고 경맥과 낙맥을 막히게 하고 방광까지 흘러내려갑니다. 때문에 양맥은 아래로 내려가고 음맥은 위로 치솟아 양기와 음기가 모이는 곳이 막혀 통하지 않게 됩니다. 결국 태자는 음기가 파괴되고 양기가 끊겨 혈색이 없어지고 맥이 어지러워져, 마치 죽은 것처럼 움직이지 않게 된 것입니다. 태자는 아직 죽지 않았습니다. 대개 양기가 음기로 들어가 오장을 누르는 자는 살아날 수 있지만, 음기가 양기로 들어가 오장을 누르는 자는 죽습니다. 이런 현상은 몸속에서 오장의 기가 거꾸로 치솟을 때 갑자기 생기는 것입니다. 명의는 이런 병을 알아맞히고 치료하지만 실력이 부족한 의원은 이를 의심하고 안절부절못하며 과잉 진료합니다."

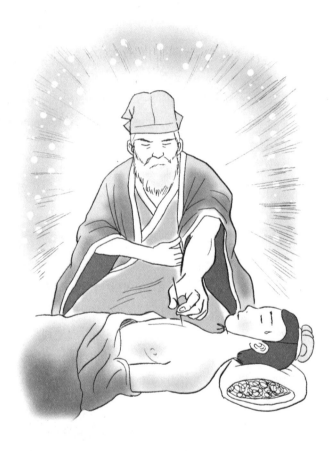

편작은 장상군이라는 노인에게서 비방의 약과 의학 비술이 적힌 책을 전수받는다. 이 비방의 약을 먹고
부터 편작은 사람의 오장 속의 종양까지 죄다 보는 투시력을 지니게 된다.

편작은 제자에게 숫돌에 침을 갈게 한 뒤, 이것으로 몸 표면에 있는 삼양三陽과 오회五會를 찔렀다. 그로부터 조금 지나서 태자가 소생했다. 편작은 제자에게 오분五分의 고약과 팔감八減의 약제를 섞어서 달인 다음 이것을 양 겨드랑이 밑에 번갈아 붙이도록 했다. 태자가 자리에서 일어나 앉게 되자, 편작은 다시 태자의 음과 양의 기를 조절하면서 20일 동안이나 탕약을 먹였다. 그러자 태자는 완전히 회복되었다. 이 일로 세상 사람들은 편작을 '능히 죽은 사람도 살리는 명의'로 인정하게 되었다.

그러나 편작은 이렇게 말했다.

"나는 죽은 사람을 살려낸 것이 아니라, 스스로 살 수 있는 사람을 일어나게 해주었을 뿐이다."

명의라도 고칠 수 없는 병이 있다

편작이 제나라에 들렀을 때, 제나라 환후桓侯(여기서는 누구를 가리키는 지 알 수 없으나 환공桓公 전오田午를 가리키는 것으로 추측된다. 춘추전국시대 제 나라에는 환후는 없고 환공만 있었는데, 사마천은 '제환후'라고 하였다)가 그를 빈객으로 맞이했다. 편작은 궁궐로 들어가 환후를 뵙고 말했다.

"지금 군께서는 피부에 병이 있습니다. 치료하지 않으면 깊어질 것입니다."

환후는 믿지 않았다.

"과인에게는 병이 없도다."

편작이 물러가자 환후는 좌우 신하들에게 이렇게 말했다.

"의원이 이익을 좋아하여, 병 없는 사람에게 병이 있다고 하여 공을 이루려 하는구나."

5일 뒤에 편작이 다시 환후에게 말했다.

"군의 병이 혈맥에까지 이르렀습니다. 치료하지 않으면 더욱 깊어지겠습니다."

그래도 환후는 귀담아 듣지 않았다.

"과인에겐 병이 없도다."

편작이 나가자 환후는 불쾌한 기분이 들었다. 다시 5일 뒤에 편작이 환후에게 말했다.

"군의 병이 위장 사이까지 퍼졌습니다. 치료하지 않으면 목숨이 위험합니다."

비로소 환후는 귀를 기울이는 것 같았으나 대답을 하지 않았다. 편작이 물러가자 환후는 마음이 편치 않았다. 5일 후 편작은 또 환공을 보았으나 아무 말 하지 않고 물러나왔다. 환후가 사람을 시켜 그 이유를 묻자, 편작은 이렇게 대답했다.

"병이 피부에 있을 때는 탕약과 고약으로 치료할 수 있고, 병이 혈맥까지 퍼졌을 때는 침으로 치료할 수 있소. 또한 병이 위와 장까지 퍼졌을 때에는 약주藥酒로 치료할 수 있소. 그러나 병이 골수까지 퍼졌으면, 비록 사람의 생명을 관장하는 신神일지라도 손쓸 수가 없는 것이오. 환후의 병이 바로 골수까지 들어가 있으니, 나로서도 드릴 말씀이 없었던 것이오."

그로부터 5일 후 환후는 병석에 눕게 되었고, 사람을 시켜 편작을 불렀으나 편작은 이미 행방을 감춘 뒤였다. 환후는 결국 편작의 말대로 죽고 말았다.

여섯 가지 불치병

성인聖人이 병의 기미를 먼저 알고, 명의에게 조기 치료할 수 있도록 손을 쓴다면 웬만한 병은 나을 수 있다. 사람들이 근심하는 바는 병이 많은 것이고, 의원이 근심하는 것은 병을 치료할 방법이 적은 것이다.

편작과 창공은 진나라의 명의로 전설적인 인물이다. 편작은 그가 지은 《맥서》에서 여섯 가지 불치병에 대해 언급했는데, 무당의 말만 믿고 의사를 믿지 않는 것도 불치병의 하나로 보았다.

그래서 고칠 수 없는 여섯 가지의 병이 존재하는 것이다. 교만하여 병의 근본을 논하지 않는 것이 첫번째 불치병이요, 몸을 가볍게 알고 재물을 소중히 여겨 병을 치료하지 않는 것이 두 번째 불치병이다. 옷을 입고 음식 먹기를 적절히 행하지 못하는 것이 세 번째 불치병이요, 양과 음이 오장에 함께 있어 기가 안정되지 않는 것이 네 번째 불치병이다. 몸이 피폐해질 대로 피폐해져 약을 복용할 수 없는 것이 다섯 번째 불치병이요, 무당의 말만 믿고 의원을 믿지 않는 것이 여섯 번째 불치병이다. 이 중에서 하나만 있어도 병을 치료하기 어렵다.

진정으로 환자를 위하는 의원이로다

편작의 이름은 천하에 널리 퍼지게 되었다. 한단에 들렀을 때는 그곳 사람들이 부인을 소중하게 여긴다는 말을 듣고 부인과 의원이 되었으며, 낙양에 들렀을 때는 노인을 존중한다는 말을 듣고 눈병·귓병·중풍 등을 치료하는 노인병 의원이 되었다.

또 함양에 들렀을 때는 그곳 사람들이 아이들을 사랑한다는 말에 소아과 의원이 되었다. 이렇듯 편작은 각 지역의 인정 풍속에 맞추어 의료과목을 바꾸어 치료했다.

편작은 점쟁이나 주술에 의한 병의 치료를 강력히 반대했다. 이러한 그의 주장은 점쟁이나 주술사의 반발뿐만 아니라 의술이 편작에 미치지 못하는 의원들의 질투를 불러일으켰다. 진나라의 태의령太醫令(의약 행정의 최고 관리) 이혜李醯는 편작이 자신의 의술보다 뛰어난 것을 시기하여 자객을 보내 편작을 찔러 죽였다. 그러나 지금까지 맥법에 관한 것은 다 편작의 이론을 따르고 있다.

정확하지 않은 의서는 모두 버려라

태창공太倉公은 제나라의 태창太倉(나라의 식량을 보관하던 창고)의 우두 머리로 성은 순우淳于, 이름은 의意이다. 그는 젊어서부터 의술을 좋아 하여, 같은 마을에 사는 양경陽慶에게서 의술을 배웠다. 양경에겐 의술 을 계승할 아들이 없었으므로 자신이 가지고 있던 의서와 황제와 편작 이 지은 맥서를 창공에게 전수해주었다.

창공은 3년 동안 의술을 전수받으며 환자를 치료하였는데, 책에 적혀 있는 대로 효험을 많이 보았다. 그러나 그는 한 곳에 머물지 않고 제후 국들을 돌아다니며 노닐기만 하고 때로는 병자들을 잘 치료해주지 않 아 환자들 중에 원망하는 자가 많았다.

문제文帝 4년, 어떤 사람이 창공을 고발하는 글을 올렸다. 창공은 형 벌에 처해지게 되어 장안으로 압송되었다. 이때 그의 막내딸이 '자신 이 대신 죄값을 치르겠으니 아비를 살려달라'고 글을 올렸다.

황상이 이를 갸륵하게 여겨 조서를 내려 창공에게 명하기를, 죄를 용 서해주는 대신 그동안 환자를 치료했던 사례들을 소상히 적어 바치라 고 하였다. 그래서 창공이 다음과 같은 글을 써 바쳤다.

신의 스승 양경이 비밀스런 의서를 제게 전해주며 이렇게 말했습니다.

"네가 지금 가지고 있는 의서를 모두 버려라. 그것은 정확한 것이 아니다. 나에게는 옛 의원들이 전한 황제와 편작의 의서가 있는데, 거기에는 얼굴에 나타나는 다섯 가지 안색을 보고 병을 진단하여 병자가 소생할 것인지 죽을 것인지를 예측하여 치료하는 방법과 약론에 대해서 매우 정밀하게 기록되어 있다. 나의 이 의서를 죄다 너에게 가르쳐주겠노라."

이에 신은 두 번 절한 뒤 의서를 건네받았습니다. 이 책들을 읽고 또 읽고 3년 동안 스승에게서 의술을 전수받아 환자를 치료하니 드디어 효험이 나타났습니다. 지금은 스승이 돌아가신 지 10년이 지났으며, 제 나이 39세가 됩니다.

제나라의 시어사侍御史(법 집행을 주관하고 문서를 관리하는 관원) 성成을 치료했을 때의 일입니다.

그가 두통을 호소하여 신이 그를 진맥하였습니다.

"당신의 병은 심각하여 말하기 어렵습니다."

그리고는 물러나와 그의 아우에게 이렇게 말해주었습니다.

"이 병은 저疽라는 것으로 몸 안에 생기는 종기를 말하는데, 5일 후면 부어오르고 다시 8일이 지나면 고름을 토하며 죽을 것입니다."

성은 제가 예상한 날짜에 죽었는데, 그 병은 술을 마시고 여자를 탐했기 때문에 생긴 것이었습니다. 《맥서》에 따르면, '경맥에 이상이 있고 맥박이 고르면 그 병이 힘줄과 골수에서 생긴 것이고, 맥박이 때때로 멈추었다가 다시 움직이면서 높아지는 것은 그 병이 술과 방사에서 온 것이다'라고 적혀 있습니다.

제나라 왕의 어린 아들에게 병이 들었을 때의 일입니다. 신이 맥을 진찰한 뒤 이렇게 진단을 내렸습니다.

"기격병이옵니다. 기가 흉격 사이에 모여 생긴 병이지요. 증상은 음식이 내려가지 못하고 때로는 담痰을 토하게 되지요. 이 병은 근심거리가 있으면서 억지로 여러 번 과식한 데서 생긴 것입니다."

그래서 곧 하기탕下氣湯을 지어서 마시게 했더니, 하루 만에 기가 내려가고 3일 만에 병이 나았습니다. 《맥서》에 '맥박 뛰는 것이 빠르다가 느려졌다가 하여 규칙적이지 않은 것은 병이 주로 마음에 있는 것이다'라고 나와 있습니다.

제나라 낭중령郎中令(궁궐 문을 지키는 관리) 순循이 병이 들었을 때의 일입니다. 여러 의원들은 모두 기가 거슬러올라가 심장 속으로 들어갔기 때문이라고 판단하여 침을 놓았습니다. 그러나 신은 맥을 짚어본 후 이렇게 말했습니다.

"이 병은 산증疝症입니다. 대소변을 볼 수 없게 만들지요."

그래서 신이 화제탕火劑湯을 세 번 마시게 했더니 병이 나았습니다. 이 병은 지나치게 여색을 탐하여 생긴 것이었습니다. 신이 맥을 짚었을 때 산증이라고 진단한 것은 오른손 촌구맥 부분의 기가 격하였고 맥에서 오장의 기를 느낄 수 없었으나 맥박이 거칠고 빨랐기 때문입니다. 그리고 체 내에 열이 있어 소변이 붉었던 것이지요.

제나라 왕의 태후가 병에 걸리자, 신을 불러 진맥하게 했습니다. 신은 이렇게 진단했습니다.

"풍단(열병)이 방광에 잠시 머물러 있어, 대소변을 보기 어렵고 오줌이 붉은 것입니다."

그래서 화제탕을 두 번 마시게 하니, 대소변을 보고 오줌 색깔이 원래대로 돌아왔습니다. 이 병은 땀을 많이 흘린 뒤 그대로 말려서 생긴 것이었습니다. 《맥서》에 '손가락 끝으로 세게 짚어보아서 맥이 크고 단단하고, 가볍게 짚어보아서 맥의 기세가 강한 경우 병이 신장에 있다'고 나와 있습니다.

제나라 장무리章武里라는 고을에 조산부라는 사람에게 병이 들었을 때의 일입니다. 신이 맥을 짚어보았습니다.

"폐의 소단인데, 게다가 한열병까지 왔습니다. 소단은 소갈증의 하나로 소변이 누렇고 갈증이 나는 병이지요."

그래서 곧 그의 가족에게 이렇게 말했습니다.

"이 병은 고칠 수 없으니 음식 봉양이나 잘 하십시오. 5일 뒤 죽을 것입니다."

과연 그는 신이 말한 날짜에 죽었습니다. 이 병은 몹시 화가 난 상태에서 교접한 관계로 생긴 것이었습니다. 《맥서》에 '폐에서 열이 나면 맥박이 고르지 않고 무력하며 온몸이 점점 쇠약해진다'고 나와 있습니다.

제나라의 중위中尉(수도를 경호하는 벼슬) 반만여潘滿如가 아랫배의 통증을 호소하였을 때, 신이 맥을 짚어보고 주위 사람들에게 말했습니다.

"뱃속에 응어리가 생겼습니다. 일명 '유적하'라는 병이지요. 중위가 방사하는 것을 중지하지 않으면 30일 안에 죽을 것입니다."

그로부터 20일 만에 피오줌을 누고 죽었습니다. 일찍 죽은 것은 술 마신 채 방사를 했기 때문이었습니다. 《맥서》에 '삼음맥三陰脈이 한꺼번에 뛰고 있으면 30일 만에 죽는다'고 나와 있습니다.

위에 열거한 것 이외에도 병을 치료한 사례는 많습니다. 그러나 오래 되어서 기억하지 못하는 경우가 많고, 또 기억할 수 없는 것은 감히 아뢸 수 없어 이것으로 글을 마칩니다.

진맥을 보지 않고도 알 수 있는 병

황상이 창공에게 물었다.

"증세는 같은데 진단방법이 다르며 또 어떤 자는 죽고 어떤 자는 죽지 않는 것은 무엇 때문이오?"

그러자 창공이 대답했다.

"병명은 다르나 증세가 비슷한 것이 많기 때문입니다. 그런 까닭에 옛날 성인이 진맥법을 만들어 이에 의해서 음양을 조절하고 사람의 맥을 나누어 각각 그것에 이름을 붙이니, 천지의 이치와 상응하고 사람의 생리에 부합하였습니다. 이렇게 하여 갖가지 병의 증상을 파악하고 진단을 내리는 것입니다. 이 법을 깨달은 명의들은 병명을 정확히 구분하지만 서툰 의원은 혼동합니다. 그렇지만 맥법을 다 열거하여 시험해볼 수는 없습니다. 환자를 진찰할 때, 도량度量을 가지고 맥의 부위를 구별하여, 이것으로 같은 이름의 병일지라도 환부가 어디 있는지에 따라 진단을 달리해야 합니다."

황상이 다시 물었다.

"의원이 정한 환자의 사망 날짜가 틀린 이유는 무엇 때문이오?"

"그것은 모두 음식조절과 감정조절, 잘못된 치료방법과 관련이 있습니다."

창공의 대답에 황상이 다시 질문했다.

"지난날 제나라의 문왕이 병들었을 때, 진찰과 치료를 하지 않은 것은 무엇 때문이오?"

"문왕을 치료해주면 그 대가로 신에게 벼슬자리를 줄 것이고, 그러면 벼슬에 얽매이게 되어 의원의 직무를 소홀히 할까봐 두려웠습니다. 그래서 이곳저곳을 떠돌면서 집안의 생업을 더럽히지 않았던 것입니다."

"문왕이 병에서 회복되지 못한 것은 무엇 때문이오?"

황상의 질문에 창공이 대답했다.

"문왕의 병을 진찰해보지는 않았지만, 그는 천식 때문에 머리가 아프고 눈이 밝지 않았다고 합니다. 신이 생각건대 그것은 병이 아니었습니다. 그는 너무 비만하여 몸을 움직이지 않은 관계로 뼈와 살이 균형을 잃어 병이 생긴 것입니다. 그로 인해 천식이 생긴 것이므로 고칠 수 없는 병이었습니다. 《맥서》에 이르기를, '나이 20세에는 맥기가 강하니 달리는 것이 좋으며, 30세에는 빨리 걷는 것이 좋고, 40세에는 편안히 앉아 있는 것이 좋으며, 50세에는 편안히 누워 있는 것이 좋고, 60세 이상이 되면 기력을 깊이 감춰 보호하는 것이 좋다'고 했습니다.

문왕은 20세도 채 되지 않았기 때문에 한창 달려야 할 때였습니다. 그런데도 잘 걷지 못하였으니, 이는 천도天道의 사계절의 운행법칙에 순응하지 않은 것입니다. 그 뒤에 들었습니다만, 의사가 그에게 뜸을 뜨고 나서 병이 더 심해졌다고 합니다. 이것은 잘못 처방한 것입니다. 그러니 어찌 죽지 않을 수 있습니까. 소위 기라는 것은 음식 조절을 잘하고 계절 변화에 맞춰 몸가짐을 알맞게 해서 기를 밖으로 발산해야 하는 것입니다. 그런 까닭에 20세를 역무易貿(혈기를 유통시키고 교체시키는 것)라고 하는 것입니다. 의법에서는 이때에 침을 놓거나 뜸을 떠서는 안 된다고 합니다. 침을 놓거나 뜸을 뜨면 맥이 조절할 수 없을 정도로 빨라지기 때문입니다."

황상이 다시 창공에게 묻는다.

"병을 진단하여 생사를 예측할 때 실수한 적은 없었소?"

"신이 환자를 치료할 때는 반드시 먼저 진맥을 짚어본 뒤에 치료를 합니다. 맥이 순조로운 사람은 치료할 수 있지만, 쇠약하거나 거스르는 사람은 치료할 수 없습니다. 신이 맥을 정밀하게 짚지 못할 때에는 생사를 예측하고 치료하는 일에 때때로 실수를 저지릅니다. 신도 실수 없이 완벽하게 하지는 못합니다."

편작은 뛰어난 의술 때문에 화를 입었고, 창공은 숨어 살았어도 형벌을 받았다. 창공은 막내딸이 조정에 글을 올려 사정을 아뢰고서야 편안하게 지낼 수 있었다. 그래서 노자는 '아름답고 좋은 것은 상서롭지 못한 그릇이다'라고 하였다. 이는 편작과 창공 같은 사람을 두고 한 말이 아니겠는가?

권모의 수파가 되어 죽음의 길로 빠져들다

오왕 비

50년 뒤 반란을 일으키는 자가 있다면 아마 너일 것이다

오나라 왕 유비는 고조(유방)의 형인 유중劉仲의 아들이다. 고조는 유중을 대代나라 왕으로 임명했는데, 흉노의 공격을 당하자 유중이 평민 복장으로 나라를 빠져나와 낙양으로 돌아왔다. 고조는 그와 한 형제인지라 법으로 다스리지 못하고, 왕의 자리를 폐하고 합양후로 삼았다. 유중의 아들 비는 반란을 일으킨 회남왕 영포英布를 진압하는 데 협조한 공으로 오왕으로 임명되었다.

고조가 비에게 왕인王印을 내리고 난 후, 그를 불러 관상을 찬찬히 보며 말했다.

"네 얼굴을 보니 모반할 상이로다."

그러나 이미 임명한 뒤였으므로, 비의 등을 어루만지며 이렇게 당부했다.

"50년 뒤 한나라의 동남쪽에서 반란을 일으키는 자가 있다면, 아마 너일 것이다. 그러나 천하는 유씨 성이니 한집안이다. 이를 유념하여 결코 배반하는 일이 없도록 하라."

비가 머리를 조아리며 말했다.

"어찌 감히 그런 일을 하겠습니까?"

오나라는 광물이 풍부하고 바닷가에 인접해 있어 제철과 제염업이 발달했다. 이 때문에 백성들의 생활은 안정됐고 국고는 가득 넘쳤다. 비는 이를 바탕으로 해서 조정의 망명자들을 불러들였다.

장기판 위의 길을 다투다 죽음의 길을 자초한 사람

효문제 때였다. 오나라의 태자가 조정에 들어와 천자를 뵙고는 황태자와 장기를 두게 되었다. 오나라 태자의 사부들은 초나라 사람들로 경솔하고 사나운 편이었으므로 오나라 태자 또한 교만했다.

그가 황태자와 장기를 두는데 길을 다투는 것이 매우 불경스러웠다. 화가 난 황태자는 장기판을 집어던져 그를 죽였다. 그리고 그의 시체를 관에 넣어 오나라로 보낸 뒤, 장사 지내게 했다.

아들의 관을 받아본 오왕은 분노하여 말했다.

"천하는 모두 유씨의 집안이다. 장안에서 죽었으면 장안에서 장사지낼 일이지, 어찌 오나라에서 장사 지내야 한단 말인가!"

그리고는 그 관을 다시 장안으로 보내 장사 지내게 했다. 오나라 왕은 이때부터 번신藩臣(변방에서 조정을 지켜주는 울타리 구실을 하는 신하)의 예를 지키지 않았고, 조정에서 불러도 병을 핑계로 나서지 않았다. 이일이 계기가 되어 조정에서는 오왕을 의심하게 되었다. 그러나 오왕은 위조 동전을 찍어내어 화폐제도를 문란하게 하는 등 조정에 반하는 정책을 계속 펴나갔고, 아울러 조정의 망명자 또한 계속해서 받아들였다.

시간이 흘러 효경제가 즉위했다. 문제가 세상을 뜨고 오왕의 태자를 장기판으로 죽인 황태자가 즉위하니, 그가 바로 효경제다.

어사대부 조조가 효경제에게 간했다. 왕가의 만세를 위해선 제후 억멸책을 써야 한다는 내용이었다.

"옛날 고제(유방)께서 처음으로 천하를 평정했을 때에는 황제를 받쳐줄 황족 세력이 미약했기 때문에 황족의 여러 자제들인 같은 성씨를 왕으로 봉했던 것입니다. 그런데 지금은 오히려 왕의 세력이 황상을 위협하는 지경에까지 이르게 되었습니다. 이러한 때에 오왕은 지난날 자신의 자식이 죽은 일 때문에 조정을 원망하고 있으며, 지금도 계속해서 조정의 정책에 위배되는 수상쩍은 일을 벌이고 있다고 합니다. 황상께서 지금 오왕이 다스리는 땅을 줄이면 그가 배반하는 일은 빨리 일어날 것이나 화는 작을 것이고, 오왕의 땅을 삭감하지 않으면 배반하는 일은 더디지만 화는 클 것입니다."

아울러 조조는 지난날 사소한 잘못을 범한 초나라 왕, 조나라 왕, 교서왕膠西王의 땅도 삭감해야 한다고 아뢰니, 황상은 조조의 간대로 그들의 영지를 삭감했다.

| 오왕 비 |

미워하는 대상이 같으면 서로 돕는다

조정의 영지 삭감 정책에 제일 먼저 반기를 든 이는 오왕 비였다. 그는 거사를 위해서 다른 제후들과 연합하기 위해 옛 제나라 땅을 다스리고 있는 교서왕에게 먼저 사신을 보냈다. 교서왕 앞에서 오왕의 사신은 이런 말로 유혹했다.

"미워하는 대상이 같으면 서로 돕고, 좋아하는 대상이 같으면 서로 머무르며, 뜻을 같이하는 자는 서로 한곳으로 달려가며, 이익을 같이하는 자는 서로를 위하여 죽는다고 합니다. 지금 오왕께서는 스스로 대왕(교서왕)과 근심을 같이하고 있다고 생각하고 있습니다. 원컨대 때를 이용하고 사리에 따라서 몸을 내던져 근심과 위험을 제거해주십시오. 힘을 합해 일을 도모하는 것이 서로에게 좋지 않겠습니까?"

그러자 교서왕이 조정을 배반할 수 없다며 한 발 물러서려는 뜻을 내비쳤다. 사신이 다시 설득했다.

"지금 간신 조조의 농단으로 제후들뿐만 아니라 천하 백성들의 원망이 자자합니다. 하늘에는 혜성이 자주 나타나, 조정이 바뀌어야 한다는 것이 천명임을 암시해주고 있습니다. 이것은 만세에 한 번 있는 기회입니다. 그래서 오왕은 안으로는 조조를 친다는 것을 명분으로 내세우고, 밖으로는 대왕의 수레 뒤를 수행하여 천하를 기세좋게 훨훨 날개치며 날고자 하는 것입니다.

대왕이 뜻을 정하기만 하면 향하는 곳은 다 항복하고 가리키는 곳은 다 평정되어 천하에 감히 복종하지 않는 자가 없을 것입니다. 대왕께서 오왕의 청을 허락하신다면, 오왕은 곧 초나라 왕을 이끌고 가서 함곡관

일찍이 한고조는 오왕 비를 보고 반역할 것임을 예견했다. 유방의 말대로 그는 자신의 아들을 죽인 유방의 아들에게 복수하고자 오·초 등 7국과 함께 반란을 일으키지만, 결국 실패한다.

을 공략하고, 형양·오창의 양곡을 확보한 뒤에 한나라의 군사를 방어하면서 교두보를 구축하여 대왕을 기다릴 것입니다. 대왕께서 오왕과 함께 깃발을 들면 곧 천하를 평정하여 한나라를 나누어 가질 수 있을 것입니다. 대왕을 위해서 이보다 좋은 일이 어디 있겠습니까?"

교서왕은 마침내 고개를 끄덕였다.

"좋소."

오왕의 신하가 돌아가자 교서왕의 한 신하가 왕에게 간했다.

"한 분의 황제를 받드는 것은 지극히 쉬운 일입니다. 지금 대왕께서

| 오왕 비 |

오왕과 함께 서쪽으로 군사를 출동시키려 하시는데, 만약 거사에 성공하고 나면 두 군주가 다툴 게 뻔하니 새로운 근심거리를 만드는 것에 지나지 않습니다. 더구나 제후의 땅은 죄다 합해도 한나라가 직접 통치하는 군郡의 5분의 1도 못 됩니다. 이것이 좋은 계책일 수 있겠습니까?'

그러나 교서왕은 이 말을 듣지 않고, 오히려 제나라 · 치천 · 교동膠東 · 제남濟南 · 제북濟北 등에 사자를 보내어 설득하게 하니 모두 이를 허락하였다. 이렇게 되어 교서 · 교동 · 치천 · 제남 · 제북 · 초나라 · 조나라의 제후들은 자연스럽게 오왕 비가 세운 반역의 깃발 아래 모이게 되었다. 그러나 제나라 왕은 반역에 가담한 것을 후회하여 자살하였으므로 약속을 지키지 못했다.

효경제는 난을 진압하기 위해 태위太尉(무관) 조후儵侯 주아부周亞夫와 곡주후曲周侯 역기, 난포欒布, 대장군 두영에게 반란군을 격퇴하도록 각각의 임무를 주었다. 대장군 두영은 떠나기 전에, 오나라 재상이었던 원앙을 효경제에게 천거하였다. 황제가 그를 불러 묘책을 물으니, 원앙이 아뢰었다.

"원컨대 좌우 신하를 물리쳐 주십시오."

황제가 신하들을 물리치고 어전에는 어사대부 조조만이 남았다. 원앙이 말했다.

"신이 지금부터 말하고자 하는 것은 오직 황상께서만 아셔야 합니다."

그러자 황제는 조조를 물러나게 했다. 조조는 빠른 걸음으로 어전을 물러 나오면서 속으로 원앙을 몹시 원망했다. 비로소 원앙이 계책을 말했다.

"오·초 등 7국이 반란을 일으킨 것은 다 조조의 머리에서 나온 영지 삭감 정책 때문이었습니다. 그러니 조조를 참형에 처하고 사신을 보내서 오·초를 용서하고 그들의 영지를 되돌려준다면 반란군은 곧 해산될 것입니다."

황제가 오랫동안 침묵을 지키다가 입을 열었다.

"천자인 짐이 한 사람의 목을 베어 천하에 사과하는 방법밖에 없단 말이오?"

"황공하옵게도 이것 외에 다른 계책은 없습니다. 황상께서는 깊이 헤아려 주십시오."

10여 일 뒤, 조조는 동쪽 저잣거리에서 관복 차림으로 참형을 당했다.

반군이 가장 겁내는 것은 반군 속의 반군

황제는 원앙을 사신으로 보내 오왕 비를 설득하게 했다. 그러나 원앙은 오히려 오왕 비의 포로로 잡히게 되었다. 오왕은 원앙을 장수로 쓰려 했지만, 원앙은 틈을 엿보다 도망하여 조정으로 돌아왔다. 황제는 조후에게 오·초 진압을 명했다. 조후는 아버지 강후 주발의 문객이었던 등도위鄧都尉의 묘책을 받아들여 오·초와 싸울 만반의 준비를 했다.

오왕은 막 출병하려 할 즈음 신하 전녹백田祿伯을 대장군으로 삼았다. 전녹백이 오왕에게 말했다.

"군대가 한곳에 모여 있으면 한꺼번에 궤멸되기 쉽습니다. 신에게 5만 병사를 주시면 회남과 장사를 점령한 뒤 무관으로 들어가 대왕과 합

| 오왕 비 |

류하겠습니다. 이 또한 하나의 계책입니다."

그러나 오왕의 태자가 반대했다.

"명분상 어찌됐든 왕의 군대는 반군입니다. 반군의 군대를 남에게 빌려줄 수는 없습니다. 남에게 빌려주어 오히려 배반을 당하면 어찌 할 것입니까? 또 병권을 나누어주면 다른 이해관계가 생길 것입니다. 결과적으로 보면 손해가 될 뿐입니다."

오왕은 전녹백의 계책을 받아들이지 않았다. 오나라의 젊은 장수인 환장군桓將軍은 이런 계책을 올렸다.

"오나라는 보병이 많아 험난한 지형에서 전투에 능하지만, 한나라는 전차와 기병이 많아 험난한 지형에서는 불리합니다. 그러므로 우리가 서쪽으로 가서 낙양의 무기고를 점령하고 오창의 양곡을 먹으면서 험난한 지형에 의지하여 제후들에게 명령을 내린다면 승리를 차지할 수 있을 겁니다. 만약 성 함락에 집착해서 싸운다면 그 사이에 한나라의 전차와 기병이 달려올 것이고, 그리하면 거사는 실패할 것입니다."

그러나 오왕은 환장군의 계책을 따르지 않았다. 오왕은 환장군과 반대되는 늙은 장군들의 계책에 따라 성을 함락하는 데 시간을 허비했다. 그래서 하비성만 함락했을 뿐 양나라에서 양왕의 군대와 소모전을 펼치다 이때에 들이닥친 조후의 군대에게 패해 동쪽 월로 도망치게 되었다.

결국 오왕은 동월東越의 군사들의 창에 맞아 일생을 마쳐야 했다. 이에 초나라 왕 무戊가 자살했다. 얼마 후 교서왕도 스스로 목숨을 끊고, 교동왕·치천왕·제남왕도 죽으니, 반란을 일으킨 왕들의 나라는 다 해체되고 한나라에 편입되고 말았다. 목숨을 건진 제북왕은 옮겨져 치천왕이 되었다.

처음 오왕이 제일 먼저 배반하여 초나라·제나라와 연합하여 군사를 일으킨 것이 정월이고, 3월에 한나라에 의해 함락되었으니, 2개월 만에 난이 진압된 것이다. 홀로 조나라만이 뒤에 함락되었다.

오왕 비가 반란을 일으키다 멸족을 당한 것은 자신의 자식이 황태자와 장기를 두다 장기판에 맞아 죽은 일에서 비롯되었다. 조조는 국가의 먼 장래를 염려하여 무리한 계책을 세웠다가 도리어 화를 입었다. 원앙은 권모에 능하고 언변이 뛰어나 처음에는 총애를 받았으나 훗날에 치욕을 당했다. 그래서 옛날에 제후의 땅은 백 리를 넘지 않았고, 산과 바다가 있는 곳에는 제후를 봉하지 않았다.

'오랑캐를 가까이하여 혈족을 소원히 하지 마라'고 한 말은 아마 오나라 같은 경우를 두고 한 말이리라. 또한 '권모의 우두머리가 되지 마라. 도리어 그 재앙을 받으리라'고 한 말은 아마 원앙과 조조 같은 사람의 경우를 두고 한 말일 것이다.

| 오왕 비 |

울창한 나무는 스스로 길을 만든다

이광

장군은 난세와 위기에 더 이름을 날린다

장군 이광李廣의 집안은 대대로 활을 잘 쏘았다. 이광은 문제 때 흉노를 치는 데 공을 세워 중랑中郎이 되었고, 800석의 녹봉을 받았다. 임금이 사냥 갈 때 이광이 호위해 모셨는데, 이때에 이광은 맹수를 맨손으로 때려잡았다. 이를 보고 문제가 이렇게 말했다.

"참으로 안타깝도다. 만약 그대가 고제(유방) 때 살았더라면 만호萬戶로도 그대의 공을 덮기에는 부족했으리라!"

경제 때 이광은 농서·북지·안문·대군·운중의 태수가 되었는데, 가는 곳마다 흉노와 싸워 이름을 드날렸다. 흉노가 상군上郡으로 침입하자, 경제는 총애하는 환관을 보내 이광과 함께 흉노를 무찌르도록 했다.

그런데 환관이 흉노의 명사수에게 활을 맞고 부상을 당하자, 이광은 기병 백여 명만 이끌고 흉노의 적진으로 들어가 환관을 쏘았던 세 명의 흉노를 활로 쏘아 두 명을 죽이고 한 명은 생포했다. 이때 흉노의 수천 기병이 이광을 향해 달려왔다. 그러나 이광이 태연히 걸어가니 흉노들은 유인병이라 생각하고 오히려 후퇴해 산으로 달아나 진을 쳤다.

이광이 흉노족을 공격하려고 기병들에게 전진하라고 명했으나, 부하 기병들은 흉노족이 두려워 달아나려고 했다. 이광이 이렇게 소리쳤다.

"우리는 본진과 수십 리 떨어져 있다. 우리가 달아나려고 한다면 흉노는 우리의 상황을 눈치채고 당장 뒤쫓아와 다 죽이고 말 것이다. 하지만 우리가 계속해서 태연한 행동을 취한다면, 흉노는 우리를 대군의 유인병이라 여기고 감히 공격하지 못할 것이다."

이광의 부하 기병들이 명령대로 흉노를 향해 전진했다. 흉노의 진지 2리 앞까지 오자 이광은 다시 명령했다.

"모두 말에서 내려 안장을 풀어라."

그러자 기병들이 불안해하며 물었다.

"오랑캐들이 바로 코앞에 있습니다. 어떻게 하시려고 그럽니까?"

"이렇게 해야만 저 오랑캐들을 속일 수 있다. 우리가 달아나지 않는다는 것을 보여주면, 그들은 우리를 정말로 대군의 유인병이라고 믿을 것이다."

과연 오랑캐 군대는 이광의 기병들을 공격하지 못했다. 오랑캐 장수가 진에서 나와 자신의 부하들을 정돈하고 있을 때, 이광은 곧바로 말을 타고 달려가 오랑캐 장수를 활로 쏴 죽이고 다시 부하들에게 돌아왔다.

그리고 부하들에게 말안장을 풀게 한 뒤 땅바닥에 드러누워 휴식을 취하게 했다. 이때 마침 날이 저물자, 오랑캐 군사는 눈앞에 펼쳐진 광경이 괴이하게 여겨져 감히 한나라 군을 공격하지 못했다. 밤이 되자 오랑캐 군사들은 한나라 본대의 기습이 있을 줄 알고 서둘러 철수해버렸다. 이광은 부하들을 수습해 군대의 본진本陣으로 돌아왔다.

대비되는 두 유형의 명장

세월이 흘러 경제가 붕어하고 태자가 즉위하니 그가 바로 무제다. 이광은 상군 태수로 있으면서 미앙궁의 위위衛尉가 되었고, 정불식程不識 또한 위위로서 장락궁을 지켰다. 그런데 두 사람은 여러모로 대비가 되었다.

오랑캐를 칠 때 이광은 군 행렬을 다소 느슨하게 풀어주며 행군하게 했고, 주둔할 때는 풀이 있는 곳에서 쉬게 하면서 군법을 엄격히 지키지 않았다. 또 막사 안에서는 문서와 장부 같은 격식 따위는 생략했다. 이에 반해 정불식은 군 행렬을 엄격히 지키며 행군하게 했고, 군법 또한 엄수하도록 군대를 감독하니 병사들은 휴식할 틈이 없었다. 정불식은 군대를 다스릴 때 이광과 큰 차이가 있음을 인정하고 이렇게 말했다.

"이광의 군대는 지극히 간략하여 오랑캐가 기습하면 방어하기가 어렵다. 그러나 군사들은 이광을 전적으로 신뢰하기 때문에 그를 위해 죽는 것을 아까워하지 않는다. 내가 군대를 다루는 법은 번잡하지만, 이 때문에 오랑캐가 침범하지 못하는 것이다."

이광과 정불식은 변방을 지키는 명장으로서 이름을 날렸다. 그러나 흉노는 이광의 지략을 두려워했다. 사졸들 또한 이광의 휘하에서 종군하는 것을 즐겨하고, 정불식의 휘하에서 종군하는 것을 부담스러워했다. 정불식은 경제 때에 바른 말을 자주 하여 태중대부의 벼슬에 오른다. 그는 사람됨이 청렴하고 규칙과 법령을 엄격히 적용했다.

이광은 위위의 신분으로 장군이 되어 흉노를 쳤다. 그러나 싸움에 져서 생포되었다가 탈출하여 한나라로 되돌아왔다. 조정에서는 패전의 책임을 물어 이광을 형리에게 넘겼다. 형리는 이광이 많은 부하를 잃고 적에게 사로잡혔으므로 참형에 처해야 한다고 판결하였으나, 이광은 속죄금을 내고 평민이 되었다(이 당시에는 참형을 받은 자는 속죄금을 내면 형을 감면받았다).

천부적 재능인가, 끊임없는 훈련의 소산인가?

세월이 지나 이광이 집에 은거한 지 몇 년이 흘렀다. 이광이 영음후 관영의 손자와 함께 초야에서 사냥이나 하며 지낼 때의 일이었다.

어느 날 밤, 이광이 시종 한 명을 데리고 외출하였다가 마음에 맞는 사람과 야외에서 술을 마셨다. 집에 돌아오는 길에 패릉정覇陵亭(패릉은 한문제漢文帝의 묘)에 이르렀을 때 정위亭尉가 술에 취해서 이광이 가는 길을 막으며 술주정을 했다. 이광의 시종이 말했다.

"이분이 그 유명한 이광 장군이시다."

그러자 정위가 비아냥거렸다.

"이 밤중에 무슨 장군 나들이인가? 현직 장군도 밤에는 돌아다니지 못하거늘 옛날의 장군이 이곳을 무사 통과할 수 있단 말이냐?"

그리고는 이광을 역정驛亭에서 밤을 새우게 했다. 이 일이 있은 후 얼마 되지 않아 흉노가 침입했다. 무제는 이광을 우북평右北平 태수로 삼았다. 이광은 곧 패릉 정위의 목을 베어 죽였다.

어느 날 이광이 사냥을 나간 일이 있었다. 갑자기 숲속에서 호랑이가 나타난 듯하여 이광이 활을 쏘아 맞혔는데, 확인해보니 화살촉이 풀 숲에 있는 돌에 깊숙히 박혀 있었다. 그래서 뒤로 물러나 다시 쏘았으나, 화살촉이 돌에 박혀 더는 들어가지 않았다. 이광은 자기가 부임한 고을에 호랑이가 나타났다는 소문을 들으면, 직접 찾아가 활을 쏘기도 했다. 언젠가는 호랑이가 이광에게 덤벼들어 상처를 입힌 적이 있지만, 이광이 호랑이를 쏘아 죽인 적도 있었다.

이광은 청렴하여 상을 받으면 번번이 부하들에게 나눠주었고 음식도 군사들과 함께 먹었다. 그뿐만 아니라 식량이 부족할 때는 부하들이 다 먹고 남은 것이 있으면 먹고, 없으면 굶었다. 또한 물이 부족할 때도 부하들이 다 마시고 나서야 비로소 마셨다. 사람됨이 너그럽고 원만하여 군사들은 그의 밑에서 일하기를 좋아하고 즐거워했다.

이광은 죽을 때까지 40여 년 동안 2,000석의 녹을 받는 관직에 있었으나 집에는 남은 재산이 없었다. 그러나 이에 대해 이광은 불평 한 마디 하지 않았다. 그는 말이 어눌했고 말수도 적었다. 그리고 키가 크고 원숭이 같은 긴 팔을 지녔다. 그는 선천적으로 활쏘기에 능했다.

평소에는 활쏘기로 술내기를 하는 등, 오로지 활 쏘는 것으로 유희를 삼다 일생을 마쳤다. 이광은 수십 보 안에 적이 들어왔을지라도 명중할 자신이 있을 때에만 화살을 날렸다. 이 때문에 사졸들과 함께 적에게

한나라 경제와 무제 때의 장수인 이광의 활쏘기에 대한 일화는 유명하다. 어두운 밤, 호랑이인 줄 알고 온 힘을 다해 활을 당겼는데 알고 보니 바위였다는 것이다. 화살이 바위를 뚫고 들어갈 정도이니, 정신을 집중하면 가능하지 못할 일이 없음을 시사한다.

| 이광 |

자주 포위되거나 곤욕을 당했고, 맹수에게 부상을 당하기도 했다.

불운한 벼슬길, 운명인가? 자신의 과오 때문인가?

이광이 낭중령이 되어 박망후博望侯 장건張騫과 함께 연합작전을 펴며 흉노를 공격할 때의 일이었다. 이광이 중과부적으로 거의 생포될 위기에 처했을 때 장건 군대의 도움으로 간신히 목숨을 건지고 조정으로 돌아왔다. 조정에서는 적시에 흉노를 공격하지 못한 죄를 물어 장건을 서민으로 전락시키고, 이광의 공은 눈부시나 부하를 전멸시킨 과오가 있기에 이광에게는 상을 주지 아니했다.

이광은 벼슬 운이 없었다. 이광의 벼슬은 고작 구경九卿에 불과하였는데, 그보다 명성이나 공로 면에서 훨씬 뒤떨어진 그의 사촌동생은 열후가 되고 지위가 삼공三公에 이르렀다. 게다가 이광의 부하들 가운데 후작에 봉해진 사람도 있었다. 이광이 점술가 왕삭王朔과 이야기하다가 이런 말을 했다.

"이 몸은 흉노를 물리치기 위한 싸움에 참전하지 않은 적이 한 번도 없었습니다. 그런데 나보다 공이 모자란 자들이 제후가 된 자가 수십 명이나 됩니다. 내가 이렇게 벼슬 운이 없는 것이 무슨 까닭일까요? 내 인상이 제후가 될 수 없는 상입니까, 아니면 본래부터 나의 운명이 그런 것입니까?"

왕삭이 말했다.

"장군께서 스스로 생각하시기에 회한스러운 일은 없었습니까?"

"예전에 농서군의 태수로 있을 때, 내가 오랑캐를 달래 항복을 권한 일이 있었습니다. 그런데 살려준다는 투항조건을 지키지 않고 그 오랑캐를 죽이고 말았습니다. 지금까지 그 일이 매우 후회스럽습니다."

"바로 그것입니다. 이미 항복한 자를 죽이는 것보다 큰 과오는 없습니다. 이것이 장군이 제후가 되지 못한 까닭입니다."

원수元狩 4년, 이광의 몸은 점차 쇠약해져 조정에서는 그를 흉노의 싸움에서 제외시켰다. 그러자 이광이 자청하여 대장군 위청 휘하의 선봉부대의 장군이 되었다. 그런데 이광이 젊은 날의 용맹만 믿고 흉노와 싸우다 길을 잘못 들어 위청의 작전을 지연시켰다. 위청이 이광을 심문하여 죄를 밝히려 하자, 이광이 이렇게 절규했다.

"내 부하들은 죄가 없다. 길을 잃어버린 것은 다 내 죄다. 나는 어린 시절부터 흉노와 70여 차례의 크고 작은 싸움을 했다. 이제 몸은 늙었으나 마지막 전투로 생각하고 이 전투에 참가한 것이다. 그런데 대장군 위청이 선봉부대의 장군인 나를 선봉에 세우지 않고 내 부서를 옮겨 길을 멀리 돌아가게 하였고, 그래서 길을 잃기까지 하였다. 이것이 과연 하늘의 뜻이 아니겠는가! 이제 내 나이가 예순을 넘었으니, 내 한갓 미천한 벼슬아치의 심문에 답변하지 않겠다."

그리고는 칼을 빼어 스스로 목숨을 끊었다. 이광이 거느리던 문관과 무관의 관리와 온 군대가 통곡하였다. 이 소문을 들은 백성들도 늙은이건 젊은이건 할 것 없이 모두 이광을 위해 눈물을 흘렸다.

옛말에, '자신의 몸가짐이 바르면 명령하지 않아도 행해지고, 자신의 몸가짐이 바르지 않으면 비록 명령할지라도 따르지 않는다'고 했다. 이것은 이광을 두고 한 말일 것이다.

이광은 활쏘기에 능하고 용맹하여 70여 차례나 흉노족과 싸워 큰 공을 세웠다. 그러나 이광이 죽었을 때, 백성들은 그의 공로 때문이 아니라 그의 부하를 사랑하는 마음 때문에 슬퍼했다.

이광은 시골사람 같고 말을 잘할 줄 몰랐다. 그가 죽는 날 천하의 사람들은 그를 알든지 모르든지 모두 슬퍼했다. 그의 충실한 마음을 사대부들이 진실로 믿었기 때문이다. 세상 말에 '복숭아나무나 오얏나무는 말이 없지만, 그 아래에는 저절로 길이 생긴다'고 한다. 이 말은 비록 사소한 것이지만 큰 이치를 설명하는 데 적절한 비유이다.

위청 · 곽거병

어머니 성을 따라 출세한 위청

대장군 위청衛青은 원래 정씨다. 그의 아버지 정계鄭季가 황상(무제)의 여동생인 평양공주平陽公主(원래는 양신장공주陽信長公主라고 불렸으나, 평양후에게 시집갔으므로 평양공주로 불리게 되었다)의 집안일을 하며 신임을 받던 중, 평양후平陽侯의 첩 위온과 정을 통하여 청青을 낳고 이 사실을 숨기려고 청의 성을 위씨로 바꾼 것이다. 위온의 소생 자식으로는 청의 형인 위장자衛長子와 맏누이인 위자부衛子夫가 있었는데, 그들은 황상(무제)과 평양공주의 특별한 총애를 받았다.

위청은 평양후의 집에서 종살이를 하다가, 소년이 되어 아버지에게 돌아갔다. 아버지가 위청에게 양을 치게 했는데, 아버지의 소생인 형들이 청을 종으로 부리고 형제로 대하지 않았다. 위청이 일찍이 감천궁 안의 감옥을 지나친 적이 있었는데, 한 죄수가 위청을 보고 이렇게 말했다.

"귀인의 상이로다. 벼슬이 봉후에 이를 것이다."

위청이 웃으며 말했다.

"종 팔자로 태어났으니 매맞고 구박이나 당하지 않으면 원이 없겠소. 봉후라니, 가당치도 않소."

그후 어머니 소생인 맏누이가 황상의 총애를 받게 되자, 이 덕에 위청의 어머니의 소생 자식뿐만 아니라 위청도 자연히 황상의 총애를 받아 시중侍中(황제의 측근 고문)이 되었다. 그후 위청의 지위가 날로 높아져 귀한 몸이 되었다.

원삭 원년 봄, 위부인(위자부)이 아들을 낳아 황후가 되었다. 그 해 가을에 위청은 거기장군車騎將軍이 되어 안문군에서 기병 3만 명을 이끌고 나가서 흉노와 싸웠다. 이광 등 다른 장수들은 군사를 거의 잃고 공이 없었던 반면, 그는 적의 머리를 베고 사로잡은 적수만 해도 수천 명이었다.

그 다음해에는 서쪽으로 고궐까지 이르러 드디어 하남 땅을 점령하고 농서군으로 진격했다. 이때도 위청이 목을 베고 포획한 흉노가 수천 명이었다. 위청의 공격에 백양의 왕과 누번의 왕은 사막 깊숙이 달아났다. 위청은 드디어 하남 땅에 삭방군을 두었다. 황상은 위청에게 식읍 3,800 호를 주고 장평후長平侯로 봉했다. 그리고 위청이 고궐에서 흉노의 우현왕 군대를 물리치고 만여 명의 흉노병과 수만의 가축을 노획하고 돌아왔을 때는 천자가 위청을 대장군으로 승진시키며 이렇게 말했다.

"위청이 출정하여 대승을 거둬 흉노의 왕 10여 명을 포획했다. 위청에게 6,000호를 더 봉하노라. 그리고 위청의 아들 강을 의춘후宜春侯에 봉하고, 불의不疑를 음안후陰安侯에, 등登을 발간후發干侯에 봉한다."

그러나 위청은 사양하며 공로를 휘하 장수들에게 돌렸다. 황상은 위청의 주청대로 휘하 장수들의 벼슬과 녹봉도 올려주었다.

대장군 위청은 모두 7회 출정해서 5만 흉노의 머리를 베고 포획했다. 또한 하남 일대의 땅을 손에 넣은 뒤 삭방군을 설치하였다. 이 공으로 두 차례 봉읍을 더하니 모두 1만 1,800호였으며, 위청의 세 아들 또한 후에 봉해져 각 후마다 1,300호를 받았으니, 이들 부자의 식읍지를 합하면 모두 1만 5,700호였다.

완곡하고 부드럽게 아첨하는 방법

대 땅에 침입한 흉노를 정벌할 때의 일이었다. 대장군 휘하의 흉노 출신 전장군前將軍 조신이 배반하고 우장군右將軍 소건마저 군사를 모두 잃고 본대로 돌아왔다.

본영 안에서는 패전의 책임을 물어 본보기로 소건을 처형해야 한다는 의견과 관대하게 용서해 다시 싸울 기회를 주자는 의견으로 대립되었다. 위청이 그들의 논쟁을 중지시키고 이렇게 말했다.

"나는 다행히도 '폐부지친(황제의 외척)'의 연분으로 대장군의 인印을 차게 되었소. 그러나 나는 위엄 때문에 한 장수를 베고 싶지는 않소. 또 황상의 총애를 받아 장군을 벨 수 있는 높은 권한을 내게 주었다고 하나, 황상이 계시지 않는 이곳에서 내 맘대로 처단할 수는 없소. 우선 이 상황을 황상께 자세히 보고하여 하명을 내리실 때까지 기다릴 것이오. 천자의 신하로서 감히 권력을 농단하지 않는다는 것을 보여줌이 옳지 않겠소?"

군관들은 이에 찬성했다. 그래서 소건을 행재소行在所(천자가 거동할 때에 임시로 머무는 곳)로 보냈다.

대장군 위청은 어질고 착하고 겸손하여 완곡하고 부드러운 방법으로 천자에게 아첨했다. 그러니 천하에는 그를 칭찬하는 이가 없었다. 훗날, 대장군 위청은 표기장군驃騎將君 곽거병이 죽은 지 10여 년 뒤에 죽었는데 시호를 열후烈侯라고 했다.

여인이 은총을 입으면 그 가족은 귀하게 된다

위청의 맏누이의 아들 곽거병은 나이 18세로 천자의 총애를 입어 시중이 되었다. 그는 활쏘기를 잘하여 대장군 위청의 휘하에 들어와 종군하게 되었다. 그리하여 싸움에 나가서 적을 베고 생포한 것이 수천 명이었다. 이에 천자는 곽거병에게 1,600호를 주어 관군후冠軍侯로 봉했다.

흉노가 농서에서 소란을 일으키자 천자는 곽거병을 표기장군으로 임명하여 나가서 싸우게 하였다. 곽거병은 흉노 8,000여 명의 머리를 베고 포획해서 돌아왔다. 이에 천자는 2,000호를 봉했다. 그 해 여름에 표기장군 곽거병은 비장裨將(대장군 휘하에서 대장군을 돕는 장군)으로 소속된 장건·이광과 함께 출정했다.

무제는 흉노를 정벌하기 위해서 젊고 유능한 장수들을 등용했는데, 그 중에서 위청과 곽거병의 활약은 대단했다. 위청은 5만여 명의 적을, 곽거병은 11만여 명의 적을 베었다고 하니, 실로 놀라운 일이다.

| 위청 · 곽거병 |

낭중령 이광은 4,000명의 기병을 이끌고 흉노와 맞섰으나 길을 잃고 말아 중과부적으로 공을 세우지 못했으나, 곽거병은 국경의 요새 밖까지 깊숙이 침투하여 추도왕을 생포하고 3만여 명의 흉노병들을 포획해 돌아왔다. 그리하여 황상은 곽거병에게 5,000호를 더 봉했다.

표기장군 곽거병이 홀로 공을 세운 데에는 남다른 이유가 있었다. 표기장군이 거느린 군사가 정예병들인데다 그 자신이 항상 선봉에 서서 과감히 적진 깊숙이 들어갔기 때문이다. 그러했기에 그의 군대는 하늘의 도움을 받아 곤궁에 빠진 적이 한 번도 없었다. 이에 반해 노련한 장수들은 항상 용기 부족으로 머뭇거리다 일을 그르쳤으며, 나중에는 죄를 받고 비참한 최후를 맞이했던 것이다.

표기장군은 날로 신분이 상승하여 대장군 위청과 같은 대열에 서게 되었다. 황상은 대사마大司馬란 벼슬을 증설하여 대장군과 표기장군을 대사마로 삼았다. 그리고 표기장군의 녹봉을 대장군과 같게 했다.

이후부터 대장군 위청의 권세는 날로 퇴조되고 표기장군은 더욱더 귀하게 되니, 대장군의 휘하 사람들이 표기장군의 휘하로 들어오게 되었다. 표기장군은 입이 무겁고 말이 적어 비밀을 누설하지 않았으며, 강단 있게 일을 추진했다.

어느 날, 천자가 그에게 오자·손자의 병법을 가르치려고 하자 표기장군이 이렇게 대답했다.

"옛날의 병법을 배울 필요는 없습니다. 오로지 실전에 신경 쓸 뿐입니다."

한번은 천자가 그를 위하여 저택을 수리해준 뒤 한 번 가보라고 하니, 표기장군이 이렇게 대답했다.

"흉노가 아직 멸망하지 않았는데, 집이 무슨 소용 있겠습니까?"

이런 곽거병을 천자는 더욱더 소중히 여기고 총애했다. 그러나 그는 너무 젊은 나이에 높은 지위에 올랐기 때문에 휘하 사람들을 잘 보살피지 않았다. 그가 출정할 때, 천자의 하사품을 수레에 가득 싣고 떠났는데, 돌아올 때도 하사품이 수레에 그대로 있었다. 그 수레에는 좋은 쌀과 고기가 남아돌 정도였다. 군량이 모자라 전투 중에 병사들은 체력이 쇠한 나머지 창을 잡지 못할 지경이었지만, 표기장군은 땅을 정리하고 구역을 정한 뒤 공차기를 즐겼다. 그에게는 이와 비슷한 예가 많았다.

표기장군 곽거병은 모두 6회에 걸쳐 출정했다. 그 중 네 번은 자신이 직접 장군으로 나간 것인데, 적의 목을 베거나 생포한 합계가 총 11만여 명이라는 전과를 올리고 돌아왔다.

표기장군은 마침내 국경의 요새 밖 하서 주천의 땅을 점령하고 개척하니 서방의 오랑캐는 활동 근거지를 잃게 되었다. 이 공으로 표기장군은 네 번 봉읍을 더하여 모두 1만 5,100호나 받았다. 그의 부하 중에는 무장으로서 공이 있어서 후가 된 자가 모두 6명이고, 장군이 된 자는 2명이다.

장차 성스러운 천자의 통업統業은 오직 장수와 재상을 가려서 일을 맡기는 데 달렸을 뿐이로다! 어떤 대장군은 '신하란 국법을 받들고 직책을 준수하면 그뿐이다. 무엇하러 어진 선비들을 초빙하는가!'라고 하였다. 표기장군 곽거병도 이런 마음가짐이었을 것이다.

공손홍

임금이 총애하면 아첨도 중용으로 보인다

승상 공손홍公孫弘은 젊었을 때 옥리로 있다가 죄를 짓는 바람에 파면
되고 말았다. 그후 집이 가난하여 해변에서 돼지를 기르며 살았다. 그
가 춘추잡가의 학문을 배울 때는 그의 나이 40여 세였다. 그는 계모가
살아 있을 때는 극진히 봉양했고, 계모가 죽고 나서는 3년간 상복을 입
었다.

공손홍은 도량이 크고 식견이 높은 사람이었다. 그는 평소 주장하기
를 '임금의 병은 도량이 크지 못한 데 있고, 신하의 병은 검소하고 절약
할 줄 모르는 데 있다'고 했다. 그는 베로 이불을 만들어 덮고, 두 가지
이상의 고기 반찬을 상에 올리지 않았다.

건원 원년에 그는 어질고 현명한 사람으로 추천되어 박사가 되었다. 이때 공손홍의 나이 60세였다. 그는 천자의 심기를 건드려 두 번이나 파면됐다가 복직되었다.

조정에서 회의를 할 때면, 공손홍은 찬반의 장단점만을 진술하고 자기의 의견은 내놓지 않고 천자가 스스로 선택해서 결정하기를 유도했다. 그는 천자께 직간하거나 신하들과 논쟁하는 것을 좋아하지 않았다. 오히려 천자는 공손홍의 이러한 태도가 말과 행동에 여유가 있으며 법률 업무 전반에 정통할 뿐만 아니라 유학의 몸가짐을 익힌 자세라 하여 매우 좋아했다.

공손홍은 좌내사左內史에 2년 동안 있었다. 그는 이때도 조정에서 천자가 윤허하지 않은 일에 대해 불가하다고 주청한 적이 한 번도 없었다. 항상 한가한 때를 틈타 주작도위主爵都尉(작위를 봉하는 관직) 급암과 함께 알현을 청한 뒤 아뢰었는데, 급암이 먼저 얘기하면 뒤에서 미는 식이었다. 천자는 기뻐하며 공손홍이 말하는 것은 다 들어주었다. 공손홍은 날로 천자의 총애를 받게 되었다.

한번은 이런 일도 있었다. 공경들과 함께 주청을 하기로 약속하고 천자를 알현했다. 그런데 공손홍은 약속을 어기고 천자의 뜻에 순종했다. 급암은 조정에서 공손홍을 힐책했다.

"공손홍은 진실됨이 없습니다. 처음에 신 등과 약속하고서 이제는 그것을 배반하니 불충하기만 합니다."

그러자 공손홍은 이렇게 변명했다.

"신을 아는 사람은 신을 충신으로 생각합니다만, 신을 모르는 사람만 신을 불충하다고 여깁니다."

이 말을 듣고 천자는 공손홍을 충신이라고 칭찬했다. 좌우의 중신들이 공손홍을 헐뜯을 때마다 천자는 더욱더 그를 총애했다.

미소 속에 비수를 품었던 이중인격자

원삭 3년에, 공손홍은 어사대부가 되었다. 이때 중국은 서남의 오랑캐와 교류하고, 동쪽에는 창해군을 두었으며, 북쪽에는 삭방군을 설치하고 성을 쌓았다. 이에 공손홍은 자주 직간했다.

"쓸모없는 변방의 땅에다 힘을 쏟는 것은 조정을 피폐하게 만들 뿐입니다. 원컨대 중지하십시오."

그러자 천자는 주매신을 시켜서 공손홍을 비난하고 변방에 군을 두는 것이 유익하다는 계책 10가지를 제출하게 했다. 그랬더니 공손홍은 그 중 하나도 논박하지 않고, 오히려 자신의 일을 사죄하며 이렇게 말했다.

"신은 산동의 촌구석에 있던 사람이라 그 이익이 그토록 큰 줄 몰랐습니다. 그러니 삭방군을 다스리는 일에 주력하는 것이 지당하다고 생각합니다."

이를 지켜보던 급암이 한마디했다.

"공손홍의 지위가 삼공에 있고 녹봉 또한 매우 많습니다. 그런데도 베 이불을 덮고 지내니 이것은 거짓된 행동입니다."

천자가 공손홍에게 물으니 그가 금방 사죄했다.

"급암의 말이 옳습니다. 급암은 구경九卿 중에서 신과 가장 사이가 좋으니 저의 결점을 잘 압니다. 오늘 신의 행동은 급암의 말처럼 이름을 탐하려고 한 것에 지나지 않습니다. 듣건대, 지난날 관중은 세 곳에 각각 부인을 두어 거처를 마련하여 사치하기가 패자 제환공과 비견되고 또한 그의 권세는 임금과 같게 되었습니다. 이에 반해 경공 때의 재상 안영은 검소하고 겸양하기가 이를 데 없어 제나라는 잘 다스려졌습니다. 이것은 백성의 생활처럼 안영이 검소했기 때문에 가능한 것입니다. 지금 신은 어사대부의 지위에 있으면서 베 이불을 덮음으로써 구경에 서부터 아전에 이르기까지 차등이 없어져 버렸습니다. 이것이 급암이 말한 신의 죄입니다. 이 또한 급암의 충성이 없었다면 폐하께서 어떻게 이런 말을 들을 수 있겠습니까?'

천자는 공손홍의 말을 겸양의 말로 여기고 더욱더 그를 우대했다. 마침내 공손홍은 승상이 되고 평진후로 봉해졌다. 공손홍은 속으론 남을 시기했으나 겉으론 관대한 체했다. 그는 자신과 뜻이 맞지 않는 사람들에 대해서는 위해주는 척하면서 남몰래 보복했다.

주보언主父偃(제나라 사람으로, 처음에는 전국시대의 합종과 연횡의 술을 배웠으나, 만년에는 《역》·《춘추》·제자백가의 학설을 배웠다. 주보언이 귀한 신분이었을 때는 빈객들이 수천 명이나 되었으나, 그가 멸족당하자 선비들은 다투어 그의 악행을 이야기했다)을 **죽이고 동중서**董仲舒(한대의 유학자. 진나라에 의해 시작된 중국의 통일과업은 한나라 때에 완성되었다. 이때 본격적인 통일제국시대를 뒷받침할 사상적 작업을 이룩한 핵심인물이 바로 동중서이다. 그는 유교의 사상적 폭을 더욱 넓히는 동시에 유교의 국교화를 추진했다)를 **교서로 귀양 보낸 것도 다 공손홍이 꾸민 일이었다.** 그러면서도 거친 현미로 밥을 지어 먹고 옛 친구나 친한 사람들의 부탁이면 재산을 모두 털어 도와주었다. 이렇

| 공손홍 |

듯 눈에 보이는 선행 때문에 공손홍은 세상의 선비들한테는 현사라고 칭송받았다.

일을 이룬 뒤에는 문文을, 위기에는 무武를 존중히 여긴다

회남왕과 형산왕이 반란을 일으켜 천하가 어지러울 때 공손홍은 중병을 앓고 있었다. 자신이 재상의 직책에 있을 때의 일이므로 책임을 느끼고 천자에게 상서를 올려 사퇴의 뜻을 아뢰었다.

"신이 들으니, 천하에는 변하지 않는 다섯 가지의 도가 있고, 이것을 실행하는 방법으로 세 가지가 있다고 합니다. 군신·부자·형제·부부·장유의 질서 이 다섯 가지는 변하지 않는 도입니다. 그리고 지智·인仁·용勇 이 세 가지는 변하지 않는 덕으로 그것을 실행하게 하는 방법입니다. 그런 까닭에 묻기를 좋아하는 것은 지에 가깝고, 실행에 힘쓰는 것은 인에 가깝고, 부끄러움을 아는 것은 용에 가깝다고 합니다. 이 세 가지를 알면 자기 몸을 다스릴 수 있으며 또한 남을 다스릴 수 있습니다. 스스로 다스릴 수 없으면서 남을 다스릴 수 있는 자는 천하에 아무도 없습니다. 이것은 백 대가 지나도 변하지 않는 도입니다.

지금 폐하께서는 몸소 하·은·주 3대의 왕을 거울로 삼아 도를 세워 문무를 겸비하고 계시면서, 어진 선비를 격려하여 녹을 주고 능력을 헤아려 벼슬을 주십니다. 그런데 신 홍은 재능도 없으며 땀흘려 싸운 공로도 없는데도 폐하의 총애를 입어 열후가 되고 지위가 삼공에 이르렀던 것입니다. 그러나 삼공을 맡기에는 신 홍의 능력과 공이 모자랍니

공손홍은 말과 행동이 달라 곡학아세曲學阿世하는 인물로 평가되었다. 절대 왕의 비위를 건드린 적이 없는 공손홍이지만, 재상으로 있을 때 책임감을 느끼고 천자에게 사퇴의 상서를 올린 바 있다.

다. 평소부터 지병이 있어서 목숨을 바쳐 충성을 다하기 전에 먼저 쓰러져 성덕에 보답하지 못함을 두려워했습니다. 그런데 황공하옵게도 그 순간이 다가오고 말았습니다. 이제 후의 인印을 반납하여 현자에게 길을 비켜주고자 하니 윤허해주십시오."

천자가 글을 내려 다음과 같이 회답했다.

"옛날부터 공이 있는 자를 상주고 유덕한 자를 드러내어 기렸으며, 이전 사람들이 이룬 사업을 지키고 문文을 숭상하고, 난세에는 무武를 존중했다. 이것은 불변의 법칙으로 짐 또한 이것을 따르고자 한다. 짐은 그동안의 그대의 노고를 잊은 적이 없다. 그런데 그대는 불행하게도 나이가 들어 병에 걸렸으니 어찌 짐이 근심하지 않겠는가. 그대가 병에 걸렸다 해서 스스로 사퇴의 뜻을 밝히니 이것은 짐의 부덕함을 드러내는 것이다. 이제 일이 조금 한가해졌으니 그대는 걱정을 그만두고 정신을 맑게 하고 의약으로 몸을 보하는 데에만 신경써라."

그리고 천자는 공손홍에게 휴가를 주면서 쇠고기와 술과 여러 종류의 비단을 하사했다. 그로부터 두어 달 후 공손홍은 치유되어 다시 나랏일을 보았다.

원수 2년에 공손홍은 병이 들어 마침내 승상의 현직에서 일생을 마쳤다.

한나라가 일어난 지 80여 년, 천자가 바야흐로 학문을 진작시키려고 할 때에 공손홍은 때를 잘 만나 승상의 현직에 있다가 일생을 마쳤다. 그가 때를 만나지 못했다면 여전히 돼지나 양을 치면서 살아야 했을 것이다. 반면 공손홍처럼 재주는 있었으나 때가 다 되어 명성이 떨어지고 처참히 목숨을 잃은 사람들도 많았다. 선비들은 그들이 높은 직위에 있을 때는 칭찬했으나 명성을 잃고 사형을 당하자 다투어 이들을 악평했다. 참으로 슬프기 짝이 없는 일이로다!

청렴하고 엄격하게 법을 다스렸던 관리들

손숙오 · 자산 · 공의휴

법을 만들지 않고도 정책을 따르게 할 수 있다

손숙오孫叔敖가 초나라의 재상이 되었을 때의 일이다. 초나라 장왕莊
王은 화폐(당시에는 조개껍질로 만듦)를 무겁게 바꾸었다. 백성들은 그것
이 너무 불편해 생업에는 쓰지 않았다. 시장의 관리가 재상에게 이를
보고했다.

"조정에서 정한 화폐 단위와 점포에서 계산하는 화폐 단위가 달라 민
생고가 말도 못할 정도로 큽니다."

손숙오가 말했다.

"물러가라, 내 화폐 단위를 원상 복귀시키겠노라."

닷새 후에 손숙오가 시장 관리에게 약속한 대로 장왕에게 아뢰니, 장

왕은 손숙오의 말대로 화폐 단위를 예전대로 돌려놓았다.

초나라 백성들은 바퀴가 작고 본체가 낮은 수레를 선호하였다. 그런데 말들이 낮은 수레를 끄느라 쉬이 지쳐버렸다. 이를 보고 왕이 명령을 내려 수레를 높이려고 했다. 그러자 손숙오가 말했다.

"옳지 않습니다. 법령을 자주 변경하시면 백성들은 어찌 할 바를 모릅니다. 왕께서 꼭 수레를 높이시려면 신에게 맡겨주십시오. 신이 마을의 문지방을 높이도록 유도하겠습니다. 수레를 타는 사람은 모두 군자입니다. 군자는 자주 수레에서 오르내릴 수 없으므로, 자연히 백성들은 수레를 높일 것입니다."

왕이 그렇게 하도록 허락했다. 반년이 지나자 백성들은 모두 스스로 수레를 높였다.

이것은 나라가 백성을 가르치지 않아도 백성 스스로 깨닫고 정책을 따른 좋은 본보기라 할 수 있다. 가까이 있는 자는 이것을 직접 보고 배우고, 멀리 있는 자는 이것을 듣고 모방하게 되는 법이다. 그래서 손숙오는 세 번이나 재상이 되었어도 기뻐하지 않았는데, 이는 자신의 뛰어난 능력으로 그 자리에 오를 수 있었다고 여겼기 때문이다. 또한 세 번이나 재상을 그만두었어도 후회하지 않았는데, 그것은 자신의 죄가 아님을 알기 때문이었다.

관리가 바뀌면 나라가 바뀐다

자산子産은 정나라의 대부大夫 중 한 사람이다. 그가 재상이 되기 전에는 나라가 문란하여 위아래가 긴밀하지 못하고, 아버지와 아들이 화합하지 못했다. 그러나 그가 재상이 된 지 1년 만에 더벅머리 아이들이 농짓거리를 하며 버릇없이 구는 행동이 없어지고, 노인네들은 무거운 것을 들고 다니지 않았으며, 어린아이들이 밭갈이하는 일이 없어졌다. 2년째가 되자 시장에서는 물건값을 깎는 일이 없어졌다.

3년째에는 밤에 문을 닫는 일이 없어졌고, 길에 떨어진 물건을 줍는 사람이 없어졌다. 4년이 지나자 농부들이 밭일을 끝내고 집으로 돌아갈 때도 농기구를 가지고 가지 않았고, 5년이 지나자 선비는 군대에 동원되지 않았으며, 상복을 입는 기간을 나라에서 강요하지 않아도 저절로 지켜나갔다.

자산이 정나라를 다스린 지 26년 만에 그가 죽으니, 장정들은 통곡을 하고 노인들은 어린아이들처럼 흐느끼며 말했다.

"자산이 우리들을 버리고 죽다니, 백성들은 장차 어디에 의지한단 말인가!"

부자가 써야 가난한 사람이 혜택을 입는다

공의휴公儀休는 노나라의 박사博士였다. 그는 재능과 덕망이 뛰어나 노나라의 재상이 되었다. 몸소 법을 받들고 도리를 따르며 변경하는 일이 없었으므로, 백관들은 스스로 바르게 되었다. 남의 녹을 먹는 자는 일반 백성들과 이익을 다투는 일이 없어지고, 고위직이 하위직의 녹을 빼앗는 일 또한 없어졌다.

어떤 빈객이 재상에게 생선을 보냈으나 받지 않았다. 다른 빈객이 말했다.

"재상께서 생선을 좋아하신다는 말을 듣고 생선을 보냈는데, 무슨 까닭으로 받지 않으십니까?"

재상이 말했다.

"생선을 좋아하기 때문에 받지 않은 것이오. 내가 생선쯤은 쉽게 구할 수 있는데, 생선을 받고 뇌물죄로 파면된다면 나에게 생선을 대줄 자가 누가 있겠소."

재상은 자기집 밭에서 나는 야채를 먹어보더니 맛이 좋자 그 밭의 채소를 모두 뽑아버렸다. 또 자기집에서 짜는 베가 품질이 좋은 것을 보고는 얼른 베틀을 불태워 버리고 이렇게 말했다.

"난 채소나 베틀쯤은 구입할 수 있는 여력이 있다. 내가 이를 사주지 않는다면 채소장수와 베 짜는 여자들은 뭐 먹고 살꼬!"

효와 충 사이에서 죽음을 택한 법관

석사石奢는 초나라 소왕 때의 재상이었다. 그는 강직하고 청렴하고 엄정하여 아첨하거나 회피하는 일이 없었다.

어느 날 석사는 현을 순시하다가 길에서 살인을 목격하게 되었다. 재상이 뒤쫓아가 보니 살인자는 바로 자기 아버지였다. 재상은 아버지를 놓아주고 조정에 돌아와 자기를 결박하게 하였다. 그리고는 왕에게 아뢰었다.

"살인자는 신의 아비올시다. 아비에게 형을 적용하는 것은 불효이고, 법을 버리고 죄를 용서하면 충이 아닙니다. 신은 불충을 저질렀으니 죽어 마땅합니다."

왕이 말했다.

"열 사람의 포졸이 한 사람의 도둑을 못 잡는 법이오. 그대가 벌을 받는다는 것은 가당치 않소. 그대는 직무에 힘쓰시오."

석사가 아뢰었다.

"아비에게 정을 두지 않으면 효자가 아니며, 주군의 법을 받들지 않는다면 충신이 아닙니다. 왕께서 죄를 용서하심은 임금의 은혜이지만, 죄의 대가를 청하는 것은 신하의 직분입니다."

그리고는 왕의 명령을 따르지 않고 스스로 목숨을 끊었다.

녹을 나눠주지 않으면 책임도 전가할 수 없다

이리李離는 진晉나라 문공文公 때의 재판관이었다. 그가 거짓말을 듣고 판결을 잘못하여 무고한 사람을 죽게 하자, 스스로 죄인으로 만들어 사형당하려 했다. 문공이 말했다.

"벼슬에는 귀천이 있고, 벌에는 무거움과 가벼움이 있소. 하급 관리에게 잘못이 있으니, 그대의 죄가 아니로다."

초나라의 재상 손숙오는 화폐 단위를 고쳐 민생고를 해결했고, 정나라의 대부 자산은 재위기간 26년 동안 백성들이 스스로 법을 지킬 수 있도록 유도했다. 노나라의 재상 공의휴는 사소한 생선, 야채 등의 뇌물도 일절 받지 않고 친히 법을 준수함으로써 백성의 좋은 본보기가 되었다. 초나라 재상이던 석사는 자신의 아버지가 살인하는 장면을 목격하고 스스로 그 죄를 묻고 자결하였다.

이리가 말했다.

"신은 관직에 있은 지가 오래 되었습니다만 하급 관리에게 자리를 양보하지 않았으며, 많은 녹을 받았으나 하급 관리와 이익을 나누지도 않았습니다. 그런데 지금 신이 잘못 판결하여 사람을 죽이고 하급 관리에게 전가하는 것은 옳지 않습니다."

이리는 사양하고 명령을 듣지 않았다. 문공이 말했다.

"그대는 스스로 유죄라고 생각하는데, 그렇다면 과인에게도 죄가 있는 것이 아닌가?"

이리는 대답했다.

"관리에게는 지켜야 할 법이 있습니다. 형벌을 잘못 내렸으면 자신이 형벌을 받아야 하며, 사형을 잘못 판결했으면 자신이 사형을 받아야 하는 것입니다. 임금께서는 신이 법에 정통하여 재판을 잘할 것이라고 여겨 신을 법관으로 임명하신 것인데, 신이 잘못 재판하여 사람을 죽였으니 죽어 마땅합니다."

이리는 결국 문공의 명령을 듣지 않고 칼에 엎드려 자결하였다.

급암

무위無爲의 학문으로 정치를 했던 급암

급암이 동해군의 태수로 있을 때였다. 급암은 황제黃帝와 노자의 도를 배웠기 때문에 평소 관청과 백성을 다스릴 때 조용하고 깨끗한 것을 좋아했다. 그래서 그는 속관과 서기만 자신이 직접 임명하고 그들의 큰 허물만 질책할 뿐 자질구레한 일까지 감독하거나 가혹하게 부리려 들지 않았다. 이렇게 1년이 지나자 급암이 다스리는 동해군에 대한 평판이 자자했다. 효무제는 이 소문을 듣고 급암을 불러 주작도위에 임명하고, 구경의 반열에 오르게 했다. 그는 업무를 처리할 때 대략의 핵심만 찔러 해결할 뿐 법률의 구애를 받으면서 처리하진 않았다.

급암의 사람됨은 거만하여 인사치레가 적었고, 잘못한 사람이 있으면 그 면전에서 매정하게 힐난했다. 자신의 뜻에 합당한 자는 잘 대해주지만 그렇지 않은 자는 마주치려고도 하지 않았다. 선비들 역시 이런 까닭으로 급암을 잘 따르지 않았다. 그러나 급암은 배우기를 좋아하고 협객의 정신을 본받아 지조와 절개에 맞게 행동했다. 평소의 행실이 깨끗하고 직간을 좋아하여 수시로 천자의 안색을 무안케 했다.

천자가 문학을 하는 선비들을 초빙하여 이런 말을 했다.

"나는 성군 요와 순 같은 정치를 하고 싶소."

급암이 말했다.

"폐하께서는 겉으로 인의를 베푸시는 척하면서 속으로는 욕심이 많습니다. 그러할진대 어떻게 요와 순의 정치를 본받으려고 하십니까?"

효무제는 이 말을 듣자마자 격노하여 당장 조회를 파했다. 공경들은 모두 급암의 신변을 걱정하였다. 효무제는 측근 신하를 따로 불러 말했다.

"너무 심하도다, 급암의 우직함이여."

여러 신하들 중에 급암을 나무라는 사람도 있었다. 급암이 이렇게 말했다.

"삼공과 구경이란 벼슬은 천자를 보필하는 데에 존재 의의가 있소. 공경의 신하된 몸으로 어찌 그 뜻을 저버리고 아첨으로 천자를 불의에 빠뜨리게 하겠는가! 지위에 연연하여 보필을 제대로 하지 못해 조정을 욕되게 할 순 없소."

급암은 원래 고질병이 많았다. 효무제가 여러 번 휴가를 주었으나 병은 끝내 낫지 않았다. 병이 치유할 수 없을 정도로 악화되자 장조莊助라는 신하가 급암의 휴가를 대신 청하였다. 효무제가 장조에게 물었다.

"급암은 어떤 인물인가?"

"급암에게 일을 맡긴다 해도 그의 업적이 다른 사람들보다 눈에 띄게 돋보이지는 않습니다. 그러나 그가 젊은 군주를 보필하고 기존의 업적을 견고하게 지키는 데는 적격의 인물입니다. 그는 유혹해도 오지 않고 손짓해도 가지 않는 뜻이 굳은 사람입니다. 옛날의 맹분孟賁이나 하육夏育 같은 힘있는 자라도 결코 그의 뜻을 굽히게 할 수는 없을 것입니다."

무제가 동감했다.

"그렇소. 급암은 종묘 사직과 존망을 같이하는 신하라고 할 수 있을 것이오."

무제는 급암을 대하는 것을 두려워했다. 무제는 아무리 공이 많은 신하라 해도 약간 무례하게 대했지만 급암에게는 어림도 없었다. 대장군 위청이 궁중에서 효무제를 모실 때도 무제는 침상에 걸터앉아 그를 대했고, 승상 공손홍이 주청을 드릴 때도 무제는 관을 쓰지 않는 채 맞이할 때가 있었다. 그러나 급암이 배알할 때는 무제는 관을 쓰지 않고는 만날 엄두를 못 냈다.

한 번은 무제가 무장武帳(천자가 머무는 곳으로, 비상사태를 대비하여 무기를 장막으로 가려 놓았다) 안에 있을 때 급암이 주청을 드리러 온 적이 있었다. 이때도 무제는 평상시처럼 관을 쓰지 않고 있다가 멀리서 급암을 보고는 얼른 자리를 피했다. 그런 후 측근 신하를 시켜 그의 보고를 듣게 했다. 이처럼 급암은 천자도 그 앞에서는 예를 갖추게 했던 인물이다.

이 무렵 한나라의 대외 관계는 정벌 정책이었다. 그러나 급암은 화친 정책을 펴야 한다고 주청했다. 효무제는 공손홍, 장탕 등의 주장에 귀를 기울여 정벌 정책을 계속 추진하니 천하가 소란하고 조정에 일이 많

급암은 한무제조차 그 앞에서 예를 갖출 정도로, 성격이 강직하고 직언하길 좋아했다. 급암이 다스리는 동해군은 1년이 지나자 정치가 올바로 설 정도로 번성했다. 그러나 왕 앞에 아첨을 잘하는 공손홍과 장탕과 달리, 급암은 왕 앞에서 직언을 서슴지 않아 좌천을 면치 못했다.

아졌다. 무제는 공손홍과 장탕을 총애하고 급암을 멀리했다. 그러나 급암의 강직함은 수그러들 줄 몰랐다. 그는 조정의 권력을 쥐고 있던 태후의 동생인 전분과 황제의 처남인 위청 장군 앞에서도 굽실거리지 않고 꼿꼿하게 대했다.

이러한 강직함 때문에 그의 벼슬은 날로 깎이고, 그가 구경에 있을 때 낮은 관리에 지나지 않았던 공손홍이나 장탕 등의 지위는 날로 높아져 급암보다 위에 있게 되었다. 이 일을 계기로 급암은 사소한 일에도 원망을 자주 품었으며, 마음이 날로 편협해져갔다.

급암이 천자를 배알하고 아뢰었다.

"폐하께서는 땔나무 단을 쌓는 일처럼 신하들을 등용시킵니다. 뒤에 온 자가 먼저 온 자보다 위에 있으니 말입니다."

효무제는 잠자코 듣고 있다가 급암이 물러가자 이렇게 말했다.

"사람은 배움이 없어서는 안 된다. 급암의 말을 살펴보면 날이 갈수록 편협해지니 말이다."

이후 급암은 선비들뿐만 아니라 천자와도 조정 일에 대해 사사건건 대립하니 그의 지위와 권세가 날로 쇠약해질 수밖에 없었다. 얼마 뒤 급암은 대수롭지 않은 법에 저촉되어 벌을 받아야 했으나 천자의 특사령으로 석방되는 대신 관직에서 해임되었다. 그 이후, 급암은 전원에서 은거하며 살았다.

천하를 위한 정당한 발언을 비로소 깨우쳤도다

급암이 은거한 지 몇 해 지나서였다. 오주전(한나라의 화폐)을 초나라에서 가장 많이 위조하자, 이를 다스리려고 효무제는 급암을 회양의 태수로 임명했다. 급암은 수차례 벼슬을 사양하다 마지못해 받아들였다. 급암은 부임지로 떠나는 길에 대행 이식을 찾아가 이렇게 말했다.

"이 몸은 지방으로 좌천되니 조정의 논의에 참여할 수 없게 되었소. 그런데 어사대부 장탕의 간사한 지혜는 직간을 막고 자신의 비리를 변호하는 데 능숙합니다. 그는 자신의 사욕을 채우려 교묘한 말만 입 밖에 내고 천하를 위한 정당한 발언을 하지 않습니다.

또한 전적으로 그는 군주의 뜻에 맞는 아첨만 입 밖에 내고 있습니다. 군주가 하고 싶지 않은 일이 있으면 이것을 눈치채어 군주와 반대되는 의견을 가진 신하를 헐뜯고, 군주가 하고 싶은 일이 있으면 이것을 눈치채어 군주를 찬양하는 말로 아첨합니다. 이뿐만이 아닙니다. 그는 소란을 일으키는 정책을 즐겨 쓰고 법률을 마음대로 주무르며, 안으로는 사욕을 충심으로 가장하여 군주의 마음을 자기 마음대로 조종하고, 밖으로는 금품을 탐하는 벼슬아치를 수하에 두고서 사욕을 채웁니다. 공은 구경의 지위에 있으니 빨리 이를 말하여 바로잡지 않는다면, 공도 그들과 함께 같은 욕을 받게 될 것이오."

그러나 이식은 장탕을 두려워하여 급암의 말을 천자께 보고하지 않았다. 급암은 회양군을, 이전의 동해군 태수로 있을 때처럼 다스렸다. 그러다보니 회양군의 정치는 올바로 서고 투명해졌다.

뒤에 과연 장탕은 몰락했다. 비로소 효무제는 급암이 말하는 바를 깨우쳐 급암을 재상으로 대우하며 회양군에 있게 하였다. 그로부터 7년 후 급암은 죽었다.

급암이 세도가 있을 때엔 빈객이 금방 넘쳤다가 세도가 없어지면 그렇지가 못했다. 슬기로운 급암도 이것을 막지 못했으니 다른 무리들은 일러 무엇하랴.

적공이란 사람은 이렇게 말했다.

"내가 정위가 되자 빈객들로 문이 미어졌으나, 관직에서 물러나자 문 밖에 가히 참새 그물을 칠 정도였다. 일사일생─死─生으로 교제하는 정을 알게 되고, 일빈일부─貧─富로 교제하는 태도를 알며, 일귀일천─貴─賤으로 교제하는 정을 깨우쳤도다."

이는 바로 급암을 두고 한 말이니 어찌 슬픈 일이 아닌가.

장탕 · 왕온서 · 두주

법을 너무 엄격히 적용하면 백성은 오히려 시달린다

공자는 이렇게 말했다.

"법령으로써 인도하고 형벌로써 다스려 바로잡으려고 한다면, 백성들은 법망을 뚫고 형벌을 면하는 것을 수치로 여기지 않는다. 덕으로써 인도하고 예로써 다스려 바로잡으려 한다면, 백성은 잘못을 수치로 알아 바르게 된다."

노자는 또 이렇게 말했다.

"덕이 높은 사람은 스스로 덕이 없다고 여기므로 덕을 지니게 되는 것이요, 덕이 낮은 사람은 덕을 잃지 않을까 걱정하므로 덕을 갖지 못한다. 법령이 늘어날수록 도적은 많아진다."

사마천은 말한다.

"참으로 진리로다! 성현의 이러한 말들은. 법령이란 것은 통치의 도구일 뿐 맑고 흐림을 조절하고 다스리는 근원은 아니다. 일찍이 천하의 법망은 엄밀했다. 그런데도 간악함과 거짓 술수가 우후죽순처럼 일어나 절정에 다다르자, 관리들은 책임을 회피하고 백성들은 법망을 빠져나가 구제할 수 없는 지경에 이르렀다. 그 당시 관리들의 정치는 마치 불을 끄고 끓는 물을 퍼내는 것처럼 조급해보였다. 꼿꼿하고 엄격한 자가 아니라면 어찌 그 소임을 견디어 내며, 유쾌하게 감당해낼 수 있었겠는가? 그래서 도덕을 논하는 자는 법의 집행자로서 소임을 감당해내지 못했던 것이다.

한나라가 초기에는 모난 것을 깨뜨려 둥글게 만들고, 조각한 장식을 깎아 소박하게 만들었으며, 법망은 배를 삼킬 만한 큰 고기도 빠져나갈 수 있을 정도로 관대했다. 그렇게 하였더니 관리들의 정치는 순수하고 단순하여 간악한 데에 이르지 않았고, 백성들은 태평하고 안락함을 느꼈다. 이를 바탕으로 관찰하면, 백성을 다스리는 근본은 가혹한 법령에 있는 것이 아니라 도덕에 있는 것이다."

혜제의 시대부터 경제의 시대까지 가혹한 관리로는 후봉侯封, 조조, 질도, 영성寧成, 주양유周陽由가 있었다. 그들은 모두 법을 엄격하게 집행하였으므로 적이 많아 대부분 말로가 좋지 않았다. 그들이 법을 엄격하게 적용하면 할수록 백성들의 생활은 어려워졌고, 백성들이 법망을 피하려 할수록 이를 막기 위해 다른 법률이 추가되어 조정에 일이 많아졌다.

이중인격자의 계산된 겸손

장탕張湯은 두현杜縣 사람으로 그의 아버지는 장안의 현승縣丞이었다. 하루는 아버지가 외출하면서 어린 장탕에게 집을 잘 보라고 했다. 그런데 아버지가 집에 돌아와 보니 쥐가 고기를 훔쳐간 것이었다. 아버지는 장탕을 심하게 매질하였다. 화가 난 장탕은 쥐구멍에서 쥐를 잡아 심하게 매질한 뒤, 영장을 발부하여 진술서를 만들었다. 그런 후 쥐를 판결대로 신체를 찢어 죽이는 형벌인 책형에 처했다.

아버지가 아들이 하는 꼴을 보고 작성한 문서를 살펴보니 노련한 재판관이 작성한 글과 같았으므로 몹시 놀랐다. 그래서 아들에게 재판에 관한 공부를 하도록 했다. 아버지가 죽은 후 장탕은 재판에 대한 일로 관리와 사귀면서 조정에 등용되었다. 장탕은 무안후 전분의 추천으로 어사로 임명되었다. 이때 장탕은 황실 내분 사건을 철저하게 규명한 공으로 태중대부에 오르게 되었다. 그후 장탕은 벼슬이 올라 정위가 되었다.

그는 자신의 법 지식을 동원해 애꿎은 사람을 법망에 빠뜨렸으며, 천하의 이름난 사대부들을 자기편으로 끌어들이면서 마음속으로 이들을 좋아하지 않아도 겉으로는 따르는 척했다.

이 무렵 효무제는 유학에 관심을 기울이고 있었다. 그래서 장탕은 중대한 사건을 판결할 때면 박사의 제자들 가운데 유학에 정통한 자를 가려 정위의 사史로 임명하고 법령의 의심스러운 부분을 해결하게 하였다. 장탕이 효무제에게 말을 아뢸 때는 먼저 박사 출신들의 자문을 받아 아뢰었다. 만약 주상이 장탕의 말을 듣고서 옳지 않다고 하면 이렇게 말했다.

어린 장탕은 쥐를 잡아 영장을 발부하고 진술서를 작성하였다. 이를 본 아버지는 장탕이 법관의 기질을 가졌다고 생각했다.

"그들이 제시한 건의는 주상의 의향과 같았습니다. 그런데 신이 그 건의를 받아들이지 않은 것이니, 이는 전적으로 신의 과실입니다."

그리고 주상이 옳다고 하면 이렇게 말했다.

"이 같은 일은 신의 능력으로는 할 수 없습니다. 신의 박사들이 자문한 대로 아뢴 것뿐입니다."

그는 이처럼 관리를 천거하고 사람의 장점을 들어 칭찬하며 과실은 덮어주었다. 황상은 이런 장탕을 깊이 신임했다.

그런데 그는 같은 범법자라도 주상의 눈 밖에 난 사람이면 법을 엄격하게 적용하는 법관에게 넘겼고, 주상의 총애를 받는 사람이면 법을 관대하게 적용하는 법관에게 넘겼다. 만일 재판에 회부된 자가 세력이 있는 호족이면 법조문을 교묘하고 가혹하게 적용하여 죄를 다스렸고, 가난하고 벼슬이 없는 평민일 경우에는 황상께 이렇게 아뢰었다.

"비록 법조문에 저촉되긴 하오나 주상께서 참작하여 살펴주시기 바랍니다."

그럴 때마다 황상은 장탕의 말대로 죄인을 풀어주었다.

장탕은 벼슬이 높아지자 품행을 스스로 조심하여 빈객과는 교제하고 옛 친구와는 음식을 나누었으며, 친구의 자제로 관리가 된 사람이나 가난한 형제는 후하게 돌봐주었다. 그리고 추위와 더위를 가리지 않고 여러 공경들을 찾아가 문안을 드렸다. 이러한 까닭에 장탕은 비록 법률의 적용이 혹독하고 시기심이 강하고 공평하지 않았으나 명성을 얻었던 것이다.

법이 많을수록 민심은 흉흉해진다

장탕은 황상의 신망이 높아져 어사대부에 오르게 되었다. 그는 황상의 뜻을 받들어 나라에 청원해서 오주전을 만들어 국가의 재정을 채웠고, 소금과 철을 국가 전매사업으로 하여 이익을 국고로 거두어들였다. 장탕의 신임은 대단하여 그가 주청을 드릴 때에 황제는 식사마저 잊은 채 귀를 기울였다. 승상은 그저 이름뿐인 존재가 되었고 조정의 중대한 대사는 모두 장탕에 의해 결정되었다.

그러나 조정의 흉노 정벌 정책으로 생업을 잃은 백성들이 소요를 일으켜 민심이 흉흉했다. 조정에서는 민심을 잡기 위해 법률을 제정했는데, 간악한 관리들이 법률을 시행한다는 명목으로 백성들의 재산을 착취했다. 이 또한 엄격한 법률로 다스렸으나 별 효과가 없었다. 그러자 위로는 공경에서부터 아래로는 서민에 이르기까지 모두 장탕을 손가락질했다.

그럼에도 장탕에 대한 황상의 신뢰는 절대적이었다. 조정 회의에서 모든 중신들이 입을 모아 아뢴 내용이라도 장탕이 홀로 반대하는 내용을 올리면 황상은 장탕의 의견을 채택했다.

흉노가 화친을 요청해오자 정벌이냐, 화친이냐를 놓고 조정에서 회의가 벌어졌다. 먼저 박사 적산狄山이 화친 정책을 주장하자 효무제가 장탕에게 의견을 물었다.

장탕이 말했다.

"화친은 정세에 어두운 선비의 어리석은 생각일 뿐입니다."

이에 적산이 장탕을 거짓 충언만 일삼는 신하라고 비난하자 황제의 안색이 변하기 시작했다. 황제가 직접 적산에게 물었다.

"정 그렇다면 내가 그대를 군의 태수로 임명하겠다. 그러면 그대가 오랑캐의 약탈을 원천 봉쇄할 수 있겠는가?"

"할 수 없습니다."

"현의 현령으로 임명한다면?"

"그래도 할 수 없습니다."

그러자 황제가 적산에게 다시 물었다.

"그렇다면 요새의 수비대장으로 임명한다면?"

계속되는 황제의 질문에 적산은 여기서 곰곰이 생각지 않을 수 없었다. 이 같은 질문이 계속되다간 답변이 궁지에 몰릴 것이고, 또한 그 결과로 형리에게 넘겨져 죄를 받게 될 것이 뻔했으므로 마지못해 할 수 있다고 대답했다.

그래서 황제는 적산을 요새의 수비대장으로 임명했다. 적산은 부임한 지 한 달이 지나자 흉노에 의해 머리가 베어졌다. 이런 일이 있은 뒤로 군신들은 몸을 떨며 장탕을 두려워했다.

장탕은 자신과 원수진 사람이 있으면 음모를 꾸며 법망에 빠뜨리게 한 뒤 가혹한 법을 적용해 제거하기도 했다. 또한 현재의 지위만 믿고 옛날 상관들을 푸대접하고 무시해서 사방에 적을 많이 만들었다. 그러자 결국 조정 중신들을 벌벌 떨게 만들었던 그의 권세도 기울기 시작했다.

장탕에 의해 억울하게 죽은 사람의 가족이 장탕의 비리를 폭로하자, 그동안 장탕과 원수졌던 사람들이 작당하여 일제히 장탕을 공격하니, 효무제도 그를 의심할 수밖에 없었다. 효무제는 장탕의 옛 동료인 조우에게 장탕을 문책하게 했다.

조우가 장탕에게 말했다.

"그대의 혹독함으로 많은 사람들이 억울하게 피눈물을 흘리고 있다는 증거가 여럿 확보되어 있다. 그대를 옥에 가두지 않는 것은 그대가 스스로 알아서 결단을 내리도록 하라는 천자의 뜻이 있어서이다. 어찌 여러 말로 심문에 답변할 필요가 있겠는가?"

장탕은 최후가 왔음을 알고 다음과 같은 사죄의 글을 써 내려갔다.

"신은 아무런 공도 없으면서 하찮은 신분으로 폐하의 총애를 받아 삼

| 장탕 · 왕온서 · 두주 |

공의 지위에 이르렀습니다만, 평소 그 책임을 다하지 못해 송구스러웠습니다. 그러나 지금 저의 죄는 사람들이 날조한 것입니다."

그리고 그들의 이름을 적은 뒤 자살하고 말았다.

장탕이 죽자, 그의 집에 남은 재산이라곤 500금밖에 없는 것이 밝혀졌다. 그것도 모두 녹봉이나 하사물일 뿐 다른 재산은 일절 없었다. 그 형제와 여러 아우들이 장탕을 후하게 장사지내려고 하자, 장탕의 어머니가 말했다.

"장탕은 천자의 대신으로 있다가 더러운 악평을 듣고 죽었다. 성대한 장사라니, 당치 않은 말이다!"

그래서 그의 유해는 소가 끄는 수레에 실려 관도 제대로 갖추지 못한 채 땅 속에 묻혔다. 이 사실이 보고되자 효무제는 감탄했다.

"어미의 품행으로 봐 그 아들은 무죄임이 틀림없도다!"

그리고는 다시 조사를 하게 하니 모든 진상이 밝혀졌다. 장탕을 모략했던 사람들은 죄의 대가를 받고 모두 처형되고 말았다.

범법자 출신들을 끄나풀로 이용했던 왕온서

왕온서는 양릉현陽陵縣 사람이다. 그는 젊었을 때 살인을 저지른 범법자였는데, 장탕을 만나 정위의 부관이 되었다. 그후 승진하여 광평군廣平郡의 도위가 되었다. 그는 범법자 출신들을 자신의 심복으로 만들어 도적을 잡는 끄나풀로 이용했다. 그래서 그가 잡고 싶은 도적이 있으면 그들을 통해 잡았다.

하지만 끄나풀이 되기를 원치 않았던 범법자들에게는 죄를 물어 그 일가족까지도 죽였다. 이 때문에 제나라와 조나라의 근교에 있는 도적들은 감히 광평군 부근에 얼씬도 하지 못했다. 그래서 광평군에서는 길에 떨어진 물건도 줍지 않는다는 소문이 자자했다. 황제는 이 보고를 듣고 왕온서를 하내군의 태수로 임명했다.

그는 태수로 임명되자마자 지방 호족들을 법망에 빠뜨려 처형시켰는데, 죽은 자의 피가 마을 10여 리의 땅을 적셨다. 그러자 3개월도 안 되어 하내군에서는 감히 불평하는 자가 없고, 밤에 나다니는 자가 없었으며, 들에는 개를 짖게 하는 도둑도 없어졌다. 왕온서는 용케 법망을 피해서 도망간 도둑일지라도 인근 나라까지 쫓아가서 이들을 잡아왔다.

12월이 다 가고 입춘이 되자, 왕온서는 발을 구르며 탄식했다.

"아, 겨울이 한 달만 더 길었어도 내 방식대로 일을 해치울 수 있었을 텐데!"

왕온서는 이처럼 살상殺傷하며 위세 부리기를 즐겼으며 사람을 사랑할 줄 몰랐다. 천자는 이 보고를 받고 왕온서를 유능한 인물로 여겨 중위로 임명했다. 그는 여전히 하내군에서 하던 방식대로 교활한 관리들을 불러 모아 함께 일했다. 그러면서 자신보다 세력 있는 자에게는 아첨하여 법 적용을 관대하게 했고, 세력이 없는 자에게는 법 적용을 가혹하게 했다. 그후 한 차례 해임되었으나 다시 복직되어 중위의 임무를 수행했는데, 역시 법 적용을 하는 것은 예전과 마찬가지였다. 게다가 투서함을 설치하여 범법 조짐이 있으면 고발하도록 했다.

그러나 결국 왕온서 자신도 법에 걸려들게 되었다. 오랑캐 정벌을 위한 병사 징집 때 친분이 있는 부호의 자제를 징집에서 면제시켜 준 일

왕온서는 한때 살인을 저지른 전적이 있는 범법자로 장탕을 만나 출세가도를 달린다. 광평군 도위가 되면서 범법자 출신들을 끌어모아 도적을 잡기 시작하는데, 그의 법망을 피할 자는 아무도 없었다.

| 법을 가혹하게 적용해 정치를 퇴보시킨 관리들 |

과 그로 인한 수뢰 혐의로 고발된 것이다. 이 죄는 한 가족을 멸하는 죄에 해당하므로 왕온서는 자살하고 말았다. 그때 그의 두 아우와 두 인척 집도 역시 각기 다른 죄에 걸려들어 다섯 가족이 멸족되었다.

대궐 출입을 감독하는 벼슬자리에 있던 서자위徐自爲가 이렇게 말했다. "슬픈 일이로다. 왕온서의 죄는 삼족을 멸하는 형벌도 부족해 오족까지 멸하는 결과를 낳았구나."

왕온서가 죽었을 때 그의 집에서 수천 금의 재산이 발견되었다. 그로부터 몇 년 뒤 윤제라는 가혹한 관리도 재직 중에 병들어 죽었다. 그런데 그의 집 재산은 50금에도 미치지 못했다. 그러나 윤제에 의해 희생된 자들의 가족들이 그의 시체를 태우려고 했으므로, 윤제의 가족들은 그의 시체를 가지고 몰래 고향으로 돌아가 장사를 지내야 했다. 이렇듯 가혹한 관리에 대한 백성들의 원성은 대단했다.

왕온서 등이 악랄한 방법으로 정치를 한 이래로 군수, 도위, 제후, 2,000석 녹봉을 받는 관리들이 정치를 하는 데 모두 왕온서의 방법을 모방했다. 그리하여 관리와 백성은 법을 범하는 것을 더욱 가볍게 여겼고 도적은 갈수록 많아졌다.

천자는 천하의 도적들을 잡으려고 관리를 임명하고 법을 만들고 또한 군사를 동원하여 토벌하고, 도적을 소탕하지 못한 관리들에게 책임을 물었으나, 결과적으로 더욱더 많은 도적들이 양산되어 도적떼까지 생겨났다. 이에 관리들은 도둑들을 체포하지 못하면 처벌될 것이 두려워서 서류를 위조하여 도적이 없다고 보고하는 등 그 책임을 회피했다.

법이란 바로 천자의 말씀

두주 역시 선배 혹리(가혹한 정치를 편 관리)들에 의해 추천된 인물인데, 장탕이 그를 섬겼다. 장탕이 두주를 황제께 천거하니, 황제가 그를 어사로 임명했다. 그후 두주는 중승中丞을 지냈는데, 정사에 대한 보고가 황제의 뜻에 잘 맞았으므로 10여 년 동안 벼슬자리를 지킬 수 있었다.

그는 법 적용을 조급하게 하지 않고 무겁고도 빈틈없이 했다. 표면적으로는 관대하면서 내면적으로는 법을 운용하는 것이 날카로워 사람의 뼈에 사무칠 정도였다. 대체적으로 그는 장탕을 모방하여 정치를 했다.

두주는 법 적용에 앞서 황제의 마음속을 잘 살폈다. 그래서 황제가 실각시키고 싶어하는 자를 황제의 뜻대로 죄의 구렁텅이에 몰아넣었고, 황제가 용서하고자 하는 자는 다음 명령이 있을 때까지 옥에 가두어 놓았다가 자주 그의 억울함을 내비쳤다. 한 빈객이 이런 그를 꾸짖어 말했다.

"당신은 천자의 법관으로 있으면서 법에 따라 운용하지 않고 자의적으로 판결을 하는데, 사법관이란 것이 본디 이와 같은 것인가?"

두주가 반박했다.

"법이란 대체 어디에서 나온 것이오? 이전의 군주가 옳다고 하여 제정한 것을 법률이라 하고, 후대의 군주가 옳다고 하여 기록한 것을 법령이라 하오. 즉, 그 시대의 상황에 맞는 것이 옳은 것이오. 어찌 옛날의 법에만 의존할 수 있겠소?"

두주는 벼슬이 정위에 이르렀다. 두주 또한 장탕과 왕온서처럼 법 적용을 가혹하게 하여 수많은 범법자들을 양산해냈다. 그가 정위로 있을 때 칙명에 의해 다스린 죄수는 6~7만 명에 이르고 연루자로 옥에 가둔 숫자만 해도 10여 만 명이나 되었다.

두주는 한 차례 면직되었다가 뒤에 집금오(근위대신)를 맡게 되어 도둑을 추격하여 체포하는 일을 했다. 이때 황제의 외척들을 체포하여 다스렸는데, 이들에게도 예외없이 가혹한 법을 적용하여 죄값을 물게 했다. 천자는 오히려 이런 두주를 사심 없는 인물이라 여기고 어사대부로 삼았다.

두주의 두 아들은 황하를 사이에 두고 하남군과 하내군의 태수로 있었다. 그들은 포악하고 혹독한 정치를 펼쳤는데 왕온서를 능가할 정도였다. 두주가 처음 정위의 부관으로 임명되었을 때 그의 재산이라곤 말 한 필뿐이었다. 그것도 온전한 말이 아니었다. 그러나 오랫동안 옥사를 집행하여 삼공의 지위에 오르고, 자손 또한 높은 관직에 있게 되자 재산이 수만 금으로 불어났다.

혹리 중 장탕은 자신의 지혜를 동원하여 갖은 방법으로 황제의 비위를 맞추긴 했으나, 때로는 일의 옳고 그름을 정확히 판단하여 국가에 도움을 주었다. 두주는 아첨은 했으나 말수가 적고 믿음직해 보여 중용되었다.

장탕이 죽은 후 법망이 조밀해지면서 대부분 많은 관리들은 사람의 죄를 다스릴 때 엄격할 수 있었으나, 정치는 도리어 쇠퇴하고 백성은 피폐해졌다. 구경九卿들 거의 대부분이 구차하게 자신들의 직책을 받들 뿐, 천자의 과실을 구할 힘이 없었으니 법령 이외의 일을 논할 여지가 있었겠는가!

그러나 여러 혹리 중에서 청렴한 자는 모범으로 삼을 만하고, 탐욕스러운 자는 경계로 삼을 만하다. 법으로 가르치고 금지한 것이 빛을 발했던 것은 그 바탕에 문무文武가 있었기 때문이다. 가혹한 관리들이 비록 참혹하기는 했으나 그 지위에 충실한 인물이었다.

곽해

군자는 말과 행동이 일치하는 덕을 지닌다

한비자는 말했다.

"선비는 문文으로써 법을 어지럽게 하고, 유협遊俠은 무武로써 금기된 법을 범한다."

이것은 선비와 유협 둘 다 비난한 말이다. 그러나 학문하는 선비는 흔히 세상에서 인정받고 있다. 학술로써 재상이나 경대부의 지위를 얻어 군주를 보필하여 공적과 명성을 역사 위에 빛낸 선비는 말할 수 없이 많다. 그런데 공자의 제자인 계차季次나 원헌原憲 같은 촌구석 출신의 선비인 경우에는 말과 행동이 일치하는 군자의 덕을 지녔지만, 그들의 뜻은 진실로 시대에 맞지 않았으며, 시대 또한 이들을 비웃었다. 그래서 계차, 원헌은 일생을 마칠 때까지 가재 도구 하나 없는 집에서 거친 베옷과 나물밥을 먹으며 살았지만 불만이라곤 없었다. 그들이 죽은 지 400년이 지났건만, 제자들은 그 뜻을 기리며 본받기를 게을리하지 않고 있다.

그런 반면 유협들은 행동이 비록 정의에 어긋난다 하더라도 말에는 믿음이 있고 행동은 과감하다. 한 번 허락한 일은 반드시 성실하게 이행하며, 자신의 몸을 돌보지 않고 위급한 상황에 처한 남부터 해결해주고, 생사 존망의 어려움을 겪었어도 자신의 능력을 뽐내지 않으며, 그 덕을 자랑하는 것을 부끄럽게 여긴다. 이런 점은 높이 평가될 만하다. 사람에게는 위험한 상황은 항시 일어날 수 있는 일이다.

나라를 훔친 자는 제후가 된다

옛날 순임금은 우물을 파다가 매장될 뻔했고, 은나라의 재상 이윤은 솥과 도마를 짊어지고 다니며 요리를 했다. 또한 부열은 부험傅險이라는 동굴에 몸을 숨겨야 했고, 여상은 극진棘津이라는 나루터에서 곤궁하게 살았다. 제나라의 관중은 족쇄와 수갑을 찬 적이 있고, 진나라의 재상 백리해는 노예의 몸이 되어 소를 먹이기도 했다. 공자는 광匡이라는 땅에서 난을 당하여 진陳·채蔡 사이에서 굶주려 기력이 쇠한 적이 있었다.

이들은 모두 선비들로서 이른바 도가 있는 어진 사람들이다. 그럼에도 이 같은 재난을 만났으니, 하물며 평범한 인간들이야 어지럽고 혼탁한 세상을 건너기가 얼마나 힘들겠는가? 그들이 만나는 재앙에 대해 어찌 이루 다 말할 수 있겠는가? 어떤 백성이 이런 말을 했다.

"어찌 인의를 알 필요가 있으랴? 이익을 챙길 수 있게 해준다면 그가 바로 덕 있는 사람이다."

그래서 주나라를 추악하게 여긴 백이와 숙제는 수양산에서 굶어 죽었지만 이 때문에 문왕이나 무왕이 왕위에서 물러나진 않았으며, 도척과 장교는 포악했지만 그들 스스로 의리 있다고 서로 칭송했다. 이것으로 보건대, 띠의 장식을 훔친 자는 사형을 당해도 나라를 훔친 자는 제후가 되고, 제후의 문하에는 인의仁義가 존재한다는 말이 거짓이 아니다.

지금 학문에 얽매이거나 작은 의리를 간직하며 오랜 세월 세상과 고립되어 살아가는 것이 어찌 논조를 더럽게 하고 세속에 맞추어 행동하고 세상에 빌붙어 영예로운 이름을 취하는 것만 못하겠는가?

그러나 평민의 무리로서 은혜와 의리에는 반드시 보답하고, 허락한 일은 반드시 이행하며, 천 리 먼 곳에서도 신의를 지켜 죽음을 두려워하지 않고, 세상의 평판을 돌아보지 않는다면, 이 또한 유협 무리의 장점이며 구차한 삶보다 낫다. 그래서 행세깨나 하는 선비들도 위험한 지경에 몰렸을 때는 그들에게 의탁해 목숨을 구한다. 그들이야말로 어찌 사람들이 말하는 '어질고도 뛰어난 인물'이 아니겠는가?

만일 민간의 유협들과 계차·원헌의 역량과 권세와 재능을 비교하여 우열을 논하여 공적을 평가한다면, 그 당시 공로의 측면에서는 이들과 같이 논할 수 없을 것이다. 그러나 신의와 믿음의 측면으로 평가한다면 유협의 신의가 어찌 적은 것이겠는가!

옛날의 서민 협객에 대해서는 들은 바가 없다. 근대의 연릉·맹상

　　　　　　　　| 곽해 |

군·춘신군·평원군·신릉군 등은 모두 왕족들로 땅을 가지고 경상卿
相에서 부유함을 누렸다. 그들은 천하의 현자들을 초청하여 제후들 사
이에 그 이름을 드러냈다. 이 어찌 어질지 않은 자라고 말할 수 있겠는
가. 그러나 명성이 높았던 것은 비유컨대, 명성이 바람에 실려간 것과
같은 이치이다. 즉, 그들의 명성은 큰 권세에 힘입은 것뿐이다.

이에 반해 민간의 협객과 같은 경우에는 행실을 닦고 이름을 닦아서
명성이 천하에 널리 알려진 것이니, 어질다고 일컫지 않는 자가 없다.
이렇게 행실과 이름을 닦아서 천하에 명성을 날리는 것은 매우 어려운
일이다. 그런데도 유가나 묵가에서는 이를 배척하여 기록에 올리지 않
았다. 진나라 이전의 서민 협객에 대한 기록은 사라지고 알 길이 없으
니, 나는 이를 매우 유감으로 생각한다.

내가 들은 바로는 한나라 건립 이후에 주가朱家·전중田中·왕공王
公·극맹劇孟·곽해郭解 등의 협객이 있었다. 비록 당시의 법에 저촉되
는 일을 범했으나 그들의 의리와 청렴, 겸손은 칭찬할 만하다.

이름이란 헛되이 알려지는 것이 아니며, 선비들을 까닭 없이 추종했
을 리 없다. 유협의 무리들은 큰 세력을 이루고 부를 형성하여 가난한
자를 부리고 약한 자를 업신여기며 욕심을 마음껏 채우는 것을 수치로
여긴다. 나는 세상 사람들이 그들의 속뜻을 살피지 못하고 주가·곽해
의 무리를 포악한 무리와 같은 부류로 여기고 비웃는 것을 슬퍼한다.

유협은 조정을 위협하는 존재다

곽해는 지현 사람이다. 그의 외할아버지는 관상을 잘 보았으며, 그의
아버지는 협객이라는 이유로 효문제 때 사형에 처해졌다. 그는 키가 작
았지만 용감했으며 술은 마시지 않았다. 젊었을 때에는 사람을 해코지
하고 강도질하고 죽이는 등 수많은 악행을 저질렀다. 곽해는 나이를 먹
으면서 이전의 성질을 죽이고 검소한 생활을 했으며 덕으로써 원한에
보답하며, 은혜를 베풀면서도 보답을 별로 바라지 않았다.

그러나 의협심을 실천하는 것만은 즐겨 행하여, 사람의 목숨을 구해
주고도 그 공을 자랑하지 않았다. 그렇지만 잔혹한 심성은 마음속에 남
아 있어, 화가 폭발하면 예전과 같은 악행을 저질렀다고 한다. 소년들
에게 그는 흠모의 대상이 되었다.

곽해의 누이에게는 아들이 있었는데, 곽해의 힘을 믿고 술좌석에서
까불다가 상대방의 칼에 찔려 죽었다. 곽해의 누이가 아들을 죽인 사람
이 도망친 걸 알고 노여워하며 말했다.

"가족 중에 유협이 있는데도 내 아들을 죽인 도적을 못 잡다니!"

그리고는 아들의 시체를 길 위에 버려둔 채 장사를 지내지 않았다.
곽해의 얼굴에 먹칠을 하려는 의도였다. 곽해는 심복을 시켜 은밀히 살
인자의 행방을 알아냈다. 살인자는 숨을 곳이 없음을 알고 제 발로 걸
어와 곽해에게 자초지종을 고했다.

그러자 곽해가 말했다.

"당신이 그 아이를 죽인 것은 마땅한 일이오. 잘못은 내 조카에게 있
소."

그는 살인자를 돌려보냈다. 곽해의 누이가 아들의 잘못을 인정하고 시체를 거두어 장사지내니, 사람들은 곽해의 의협심을 칭찬하며 더욱 더 따랐다.

이후에도 곽해는 자신의 일이건 타인의 일이건 몰래 일을 성사시켜 놓고, 항상 타인에게 그 공을 돌렸다. 이러한 일로 해서 곽해의 명성은 이웃 고을까지 널리 퍼져 어른 아이 할 것 없이 흠모의 대상이 되었다. 그리하여 곽해의 세력 안에 모여드는 사람들은 더욱 많아졌다.

한나라 무제가 왕권 강화 차원에서 지방 부호들을 무릉茂陵으로 강제 이주시킬 때의 일이었다. 곽해는 당시 부호는 아니었지만, 세력이 너무 커 이주 대상에 속해 있었다. 이때 장군 위청이 곽해를 위해 황제에게 진언했다.

"곽해는 집이 가난하므로 이주 대상에서 제외시켜야 합니다."

무제가 말했다.

"미천한 자의 이름이 장군의 입에 오르내린다면, 그것은 이미 가난한 자가 아니오."

마침내 곽해의 집도 마을을 떠나게 되었다. 이때 곽해를 전송하는 수많은 인사들이 전별금을 냈는데, 천여 만 전이나 되었다. 이 무렵 지 땅에 사는 사람인 양계주楊季主의 아들이 현의 속관으로 있었는데, 곽해를 이주시켜야 한다고 주장했다. 곽해의 형의 아들이 양가楊哥의 목을 베었다. 이때부터 양씨와 곽씨는 원수지간이 되었다.

곽해가 함곡관 안으로 들어서자, 관중關中의 어진 이와 호걸들이 그를 본 적이 없음에도 그 명성만 듣고 다투어 교제하려고 하였다.

그 후 지 땅에서 양계주마저 살해되었다. 이에 양씨 집안 사람 중에

의로운 협객에 대한 흠모의 마음은 중국 사람도 매 한가지인 모양이다. 사마천조차도 곽해의 의로움과 명성에 대해 칭찬을 아끼지 않았다. 공손홍의 간언으로 곽해를 비롯한 그 일가가 사형에 처해졌지만, 모든 사람들은 곽해의 명성을 사모했다.

서 황제께 상서上書를 바치려고 했던 자가 있는데, 그 사람마저 살해되고 말았다.

마침내 이 사실을 알게 된 무제는 곽해를 체포하라고 명했다. 곽해는 그 어미와 처자와 함께 도망쳤는데, 얼마 후 잡히고 말았다.

곽해의 문제를 두고 조정에서 내려온 관리와 지 땅의 선비가 마주앉아 의논하고 있었다. 이때 곽해를 따르던 식객이 그를 칭찬하자, 선비가 꾸짖어 말했다.

"곽해는 나라의 법을 어긴 죄인일 뿐이오. 어찌 그를 어진 사람이라고 할 수 있소?"

이 말에 곽해의 식객이 선비를 죽이고 그의 혀를 잘라버렸다.

관리가 그 일로 곽해를 추궁했으나, 곽해 역시 죽인 사람에 대해 아는 바가 없었으며, 죽은 자 또한 말이 없어 자백을 받아낼 수 없었다. 관리는 하는 수 없이 곽해에겐 죄가 없다고 황제께 아뢰었다. 그러자 어사대부 공손홍이 이렇게 따졌다.

"곽해는 서민의 신분으로 협객 노릇을 하며 권력을 휘둘렀으며, 사소한 감정으로 사람을 죽였습니다. 곽해가 비록 죽인 자를 알지 못한다 하나, 그 죄는 직접 살인한 것보다도 큽니다. 대역무도의 죄에 해당합니다."

이렇게 하여 곽해 일족은 모두 사형에 처해졌다. 이 뒤로 협객 노릇을 하는 자가 많았으나 진정으로 손꼽을 만한 자는 없었다.

곽해는 용모와 허우대가 보통 사람보다 볼품없었고, 말도 변변치 않았다. 그러나 천하에서 현명한 자나 현명하지 않은 자, 아는 자나 모르는 자의 구별 없이 모두 곽해의 명성을 사모했으며, 협객에 대해 말하는 자들은 모두 그의 이름을 내세웠다.

속담에 이르기를, '사람이 영예로운 명성으로 얼굴을 삼는다면, 어찌 스러지는 일이 있겠는가?'라고 하였다.

아첨으로 임금의 총애를 받은 신하

등통

여자만이 색을 가지고 아첨하는 것이 아니다

"농사에 힘쓰는 것은 운이 좋은 해의 풍년을 만나는 것만 못하며, 충성하는 것은 임금의 총애를 받는 것만 못하다"라는 속담이 있다. 이는 헛된 말이 아니다. 여자만이 미색으로 아첨하는 것이 아니라 선비나 환관들도 이와 같이 한다.

적籍이라는 소년은 고조의 사랑을 받았고, 굉이라는 소년은 효혜제의 사랑을 받았는데, 이 두 소년은 눈치 빠르게 아첨을 하여 총애를 받아 황제와 같이 기거하였다.

효문제 때에 궁궐 안에서 총애를 받은 신하로 등통鄧通이란 자가 있었다. 등통이 총애를 받게 된 데에는 이런 사연이 있었다.

어느 날 문제는 꿈을 꾸었는데, 그 꿈의 내용은 이러하였다.

하늘로 오르려고 했으나 오를 수가 없었다. 이때 어떤 황두랑黄頭郎(배 운행을 관리하는 관원)이 나타나 문제의 등을 밀어주어 하늘로 오를 수 있었다. 문제가 뒤돌아보니 그 황두랑의 등뒤의 옷솔기가 터져 있는 것이 눈에 들어왔다.

문제는 잠이 깬 뒤 누각으로 나갔다. 둘러보니 마침 등뒤의 옷솔기가 터져 있는 사람이 눈에 띄었는데, 그 모습이 황두랑의 차림새와 똑같았다. 그래서 불러와 물어 보니 성은 등씨요, 이름이 통이었다. 문제는 기뻐하며 이후로 등통을 총애하게 되었으며, 등통 또한 문제를 섬기는 일에만 정성을 쏟았다. 그는 궁궐 밖 사람들과 사귀기를 좋아하지 않았으며, 휴가를 받아도 외출하려 하지 않았다. 이리하여 문제는 등통에게 수만 금의 상을 하사했는데, 무려 열 번 가까이나 되었고 벼슬은 상대부에 이르게 되었다.

문제는 때때로 등통의 집으로 놀러 갔다. 그러나 등통에게는 별다른 재능이 없었고, 유능한 인사를 천거할 능력도 없었으며, 오직 스스로 몸을 삼가며 황제의 비위를 맞출 뿐이었다.

어느 날 문제가 관상을 잘 보는 자에게 등통의 상을 보게 했다. 관상쟁이가 아뢰었다.

"가난해서 굶어 죽을 상입니다."

문제가 말했다.

"등통이 아무리 가난하더라도 짐이 부유케 만들 것이다. 어찌 가난해서 굶어 죽겠는가!"

문제는 곧 등통에게 촉군 엄도현嚴道縣에 있는 구리 광산을 식읍으로 내려주어 마음대로 돈을 만들어 쓸 수 있게 하였다. 이렇게 해서 등씨전鄧氏錢이란 돈이 천하에 널리 사용됐으니, 등통의 부유함이 천하에 제일이었다.

병자에게는 효도보다도 아첨이 특효약이다

문제가 종기로 몹시 앓고 있었다. 등통은 황제를 위하여 항상 입으로 종기의 고름을 빨아내었다. 어느 날, 문제가 얼굴에 수심이 가득하여 등통에게 조용히 물었다.

등통은 이렇다 할 재능도, 능력도 없이 오로지 황제의 비위를 맞추며 살다가, 결국 빈털터리가 되어 굶어죽는 사람이다. 그는 문제의 종기를 입으로 빨아줄 정도의 충성을 보여 문제의 아들의 미움을 사기도 했다.

"이 세상에서 누가 가장 나를 사랑할까?"

등통이 대답했다.

"신하들이 아무리 충성을 바쳐도 태자의 마음에는 미치지 못할 것입니다."

잠시 후 태자가 문병하러 들어오자, 문제가 태자에게 종기의 고름을 빨게 했다. 그런데 태자는 얼굴을 찡그리면서 마지못해 종기를 빨았다. 얼마 뒤 태자는 등통이 황제의 종기를 늘 빨아낸다는 얘기를 듣고 마음속으로 부끄럽기도 했지만, 이로 인해 등통을 미워하게 되었다.

문제가 붕어하고 태자가 즉위하니 그가 바로 경제다. 등통은 경제의 하명이 있기도 전에 먼저 벼슬을 그만두고 집에 들어앉았다. 얼마 안 있어 등통의 죄상을 알리는 상소가 조정에 올라왔다. 그가 나라의 법령을 어기고 주조한 돈을 몰래 변경 밖으로 유출시킨다는 내용이었다. 이에 경제가 벼슬아치를 보내어 문초케 했는데, 사실 그대로였다. 마침내 조정에서 등통의 가산을 모조리 몰수했는데, 그러고도 등통에게 수만 금의 부채를 물게 했다.

이런 등통을 불쌍히 여겨 장공주長公主(경제의 누이)가 등통에게 재물을 내렸다. 그러나 이 재물도 중간에서 관리에게 몰수당하여 등통은 완전히 빈털터리가 되었다. 이를 알고 장공주가 빌려준다는 명목으로 등통의 끼니거리를 대주었다. 등통은 끝내 돈은 한 푼도 만져 보지 못하고 관상쟁이의 말대로 남의 집에 빌붙어 살다가 죽고 말았다.

임금의 사랑과 미움은 수시로 변하는 것이다. 임금의 총애가 식어 하루아침에 버림받았던 미자하彌子瑕의 말로를 보고 경계삼으라.

엄숙한 조정에 웃음을 선사한 신하들

순우곤 · 우맹 · 동방삭

3년 동안 날지도 않고, 울지도 않는 새

제나라 순우곤은 키가 7척도 안 됐지만 익살스럽고 말재주에 능했다. 그래서 순우곤은 여러 번 사신의 자격으로 제후들을 만나러 갔으나, 자신의 뜻을 굽힌 적이 없고 그렇다고 욕된 일을 당한 적도 없었다. 간언을 해도 제후들의 심기를 거스르지 않는, 비유적인 말로 간했기 때문이다.

제나라 위왕威王 때였다. 위왕은 원래 음탕한데다 호색 · 호주가였다. 그는 주색에 탐닉하며 나랏일은 경대부에게 맡겼다. 그리하여 나라의 기강이 문란해지고, 제후들이 모두 침범하여 하루아침에 나라가 위태롭게 되었다. 그런데도 측근의 신하들은 감히 간하지 못했다. 이때 순우곤은 위왕이 수수께끼를 좋아하는 것을 알고 이런 문제를 냈다.

"나라 안에 큰 새가 있는데, 대궐 뜰에 멈추어 있으면서 3년이 되어도 날지 않으며 울지도 않습니다. 왕께서는 이것이 무슨 새인지 아시겠습니까?"

위왕은 순우곤이 비유하는 바를 깨우치고 이렇게 말했다.

"이 새는 한 번 날기 시작하면 곧 하늘 끝까지 오를 것이고, 한 번 울기 시작하면 모든 사람을 놀라게 할 것이다."

그 이후로 위왕은 직접 정사를 챙겼다. 조정 백관을 소집하여 간언한 신하에게 상을 주고 아첨한 신하에게는 벌을 주었다. 그리고 군사를 정돈하여 다른 나라에 출정하여 빼앗겼던 제나라 땅을 모두 되돌려 받았다. 이로써 위왕의 위엄이 제후들 사이에 드날렸다.

위왕 8년에 초나라가 대병력을 이끌고 제나라를 침입했다. 위왕이 조나라에 구원병을 청하려고 순우곤에게 황금 100근과 사두마차 10대를 예물로 주어 사신으로 가게 했다. 순우곤이 하늘을 우러러 크게 웃는 바람에 관의 끈이 모두 끊어졌다. 위왕이 물었다.

"선생은 이것이 적다고 웃는 것이오?"

순우곤이 대답했다.

"어찌 감히 그럴 수 있겠습니까?"

"그런데 왜 웃는 것이오?"

"신이 이곳으로 오는 도중에 길가에서 풍작이 되기를 비는 자를 보았습니다. 그 자는 돼지 족발 하나를 바치고 술 한 잔을 올리면서 '고지대의 밭에서는 광주리에 가득, 저지대의 밭에서는 수레에 가득, 오곡이여 풍성하게 익어서 우리 집에 넘쳐라' 하고 말했습니다. 신은 그렇게 하찮은 것을 바치면서 원하는 바가 그처럼 사치스러운 것을 본 적이 없기 때문에 웃은 것입니다."

제나라 위왕은 순우곤이 말하는 바를 깨닫고 황금 천 일溢, 백벽白璧(백옥) 10쌍, 사두마차 100대로 예물을 늘려주었다. 얼마 후 과연 순우곤은 조나라에서 구원병 10만 명, 전차 천 대를 이끌고 돌아왔다. 초나라가 이 말을 듣고 밤중에 군대를 철수하여 돌아갔다.

즐거움이 극도에 이르면 슬퍼진다

위왕은 크게 기뻐하며 순우곤을 위해 후궁에 술자리를 마련했다. 위왕이 순우곤에게 술잔을 내려주면서 물었다.

"선생은 어느 정도 술을 마셔야 취합니까?"

순우곤이 대답했다.

"신은 한 말을 마셔도 취하고, 한 섬을 마셔도 취합니다."

위왕이 의아해 물었다.

"주량이 한 말인 사람이 어찌 한 섬을 마실 수 있단 말이오?"

순우곤이 대답했다.

"대왕께서 마련해주시는 술자리에서는 법을 집행하는 관원이 옆에 있고 어사가 뒤에 있어, 신이 두려워 엎드려 마시기 때문에 한 말을 마시지 않아도 곧 취하게 됩니다. 만일 어버이의 귀한 손님을 대접하는 술자리에서는 신이 옷깃을 바르게 하고 꿇어앉아 어른과의 술자리에서 지켜야 할 예를 다하므로 두 말 정도면 곧 취하고 맙니다. 만약 옛날에 사귀던 벗과의 술자리라면 즐겁게 회포를 풀게 되므로 대여섯 말을 마셔야 취하게 됩니다. 그러나 마을 모임의 술자리라면 주량이 많이 늘어나게 됩니다.

남녀가 한자리에 앉아 서로 상대방에게 술을 돌리고, 장기와 투호 놀이를 벌여 짝을 짓고, 남녀가 손을 잡아도 벌을 받지 않고, 추파를 던져도 말리는 사람이 없으며, 앞에 귀걸이가 떨어지고 뒤에 비녀가 어지러이 흩어지는 상황이라면, 신도 이런 것을 즐겨하여 여덟 말 정도를 마셔야 취기가 약간 돕니다. 날이 저물어 술자리가 파하면 술통이 한쪽에 밀려나고, 남녀가 자리를 좁혀 동석하고, 신발이 서로 뒤섞이며, 술잔과 그릇이 어지럽게 흩어져 있는 가운데 마루 위의 촛불이 꺼집니다. 주인 여자가 신만을 따로 머물게 하고 다른 손님은 보냅니다. 어느새 신의 손이 그녀의 엷은 비단 속옷으로 들어갑니다. 이런 상황이라면 신의 기쁨이 최고조로 달하여 한 섬의 술도 마실 수 있을 것입니다. 그러므로 '술이 극도에 이르면 어지럽고, 즐거움이 극도에 이르면 슬퍼진다'고 하는데, 모든 일이 이와 같습니다."

순우곤의 말은 '일이란 극도에 이르도록 추구하면 안 되며, 극도에 이르면 반드시 쇠한다'는 이치를 완곡하게 말하여 잘못을 깨닫게 한 것이다. 위왕이 말했다.

"좋은 말씀이오."

위왕은 그날 이후 밤새워 술 마시는 것을 일절 하지 않고, 순우곤을 제후를 접대하는 총책임자에 임명했다. 그후 왕실의 주연에는 언제나 곤이 왕을 곁에서 모셨다.

| 손우곤 · 우맹 · 동방삭 |

말이 죽으면 가축으로 장사지내야 한다

그로부터 100여 년이 흐른 뒤, 초나라에 우맹優孟이란 사람이 있었다.

우맹은 본래 악사樂士였다. 키가 8척이며, 말재주에 능해 언제나 웃고 즐기는 가운데 슬며시 남의 잘못을 깨닫게 했다.

초나라 장왕莊王에게는 애마가 있었는데, 병적으로 그 말을 좋아했다. 그는 자신의 애마에게 아름다운 비단 옷을 입히고 화려한 집의 침대 위에서 자게 하고, 대추와 마른 고기를 먹였다. 그러다 보니 말이 비만병에 걸려 죽고 말았다. 장왕은 신하들에게 죽은 말의 관을 갖추어 대부大夫의 예로써 장사지내라고 명했다. 이 말을 듣고 있던 신하들이 부당하다고 간하자, 왕이 다음과 같은 엄명으로 신하들의 입을 막았다.

"감히 말 문제로 간하는 자가 있다면, 사형에 처할 것이다."

우맹이 이 말을 듣고 내궐문 안으로 들어가 하늘을 우러러보며 크게 곡했다. 왕이 놀라 그 까닭을 물으니, 우맹이 이렇게 대답했다.

"말을 대부의 예로써 장사지내는 것은 격에 맞지 않습니다. 천하를 호령하는 패권국의 군주가 애지중지하시던 것이니 마땅히 대왕의 예로써 장사지내시기를 청합니다."

"어떻게 하면 되겠는가?"

"우선 옥을 다듬어서 속널을 만들고, 무늬 있는 가래나무로 바깥널을 만들며, 단풍나무·녹나무 등 좋은 목재로 횡대를 만드십시오. 그런 뒤 군사를 동원하여 무덤을 파고, 노인과 아이들에게는 흙을 져 나르게 하십시오. 그리고 제나라와 조나라의 사신을 앞에 서게 하고, 한韓나라와 위나라의 사신을 그 뒤에서 호위하게 하십시오. 또한 후세까지 길이 제

초나라 장왕이 죽은 애마를 사람처럼 장사지내려 하자, 우맹이 가축의 예로써 장사지낼 것을 아뢰었다.

사를 지낼 수 있도록 1만 호의 땅을 마련하여 사당을 세우십시오. 천하
제후가 이 소식을 듣는다면, 모두 대왕께서 사람을 천히 여기고 말을
귀하게 여긴다는 것을 알게 될 것입니다."

그제야 왕이 깨닫고 말했다.

"그런 결과도 생각지 못하고 일을 벌이려 했던 건 다 과인의 잘못이
로다. 이제 어떡하면 좋겠는가?"

예상된 질문이었다는 듯 우맹의 대답은 막힘이 없었다.

"가축의 예로써 장사지내시옵소서. 이것이 진실로 대왕을 위하는 길입니다. 아궁이를 바깥널로 삼고, 구리로 만든 가마솥을 속널로 삼으십시오. 생강과 대추를 섞은 뒤 땔나무를 때어 볏짚으로 제사지내고, 이글거리는 불빛으로 옷을 입힌 뒤 사람의 창자 속에 장사지내시옵소서."

왕은 우맹이 말하는 바를 곧 깨닫고 말을 음식을 담당하는 벼슬아치에게 넘겨 처리하도록 했다.

후대까지 삶을 보장해줘야 관리가 충성한다

초나라 재상 손숙오孫叔敖는 생전에 우맹을 잘 대우했다. 손숙오가 죽자 그 아들은 땔나무를 팔아 끼니를 해결할 정도로 가난하게 살았다. 손숙오의 아들은 가난을 견디다 못해 우맹을 찾아갔다. 손숙오가 생전에 아들에게 가난을 면할 수 없거든 우맹을 찾아가라고 당부했던 것이다.

손숙오의 아들을 보자 우맹은 이렇게 말했다.

"일단 물러나 있으시게. 그러나 멀리 가 있지 말게나."

그 이후, 우맹은 손숙오의 생전 복장을 하고 손숙오의 행동거지와 똑같이 행동하였다. 장왕의 곁에서 이렇게 하길 1년 남짓, 장왕은 이런 우맹을 손숙오의 화신으로 여기고 그를 재상에 임명하려 했다. 우맹이 말했다.

"돌아가 아내와 상의해보겠습니다. 사흘만 시간을 주십시오."

사흘 뒤 우맹이 다시 말했다.

"제 아내가 초나라 재상이 되지 말라고 극력 반대합니다. 아내는 이렇게 말했습니다. '손숙오와 같은 재상도 충성을 다하고 청렴하게 초나라를 다스려 초나라 왕을 패자로 만들었지만, 아들 대에선 송곳을 꽂을 만한 땅도 없으며, 땔나무를 져서 겨우 먹을 것을 마련하고 있습니다. 만약에 손숙오와 같이 된다면 차라리 목숨을 끊느니만 못합니다.'"

그리고는 탐관오리들은 후대까지 영화를 누리지만 청렴한 충신의 아들은 비참한 생활을 하고 있다는 내용의 노래를 불렀다. 장왕은 우맹에게 사과하고, 손숙오의 아들을 불러 침구寢丘(초나라의 읍)의 땅 400호를 봉해 아버지의 제사를 받들게 하였다. 이후 10대 동안 가문이 번성했다.

진실한 은자는 대궐을 은둔지로 여긴다

효무제 때 동방선생東方先生이라는 제나라 사람이 있었는데, 이름을 삭朔이라 했다. 동방삭은 고서와 경술을 좋아했으며, 외서外書의 기록도 두루 읽었다.

동방삭이 처음 장안에 들어와 공거公車(공문서를 처리하는 부서)에서 글을 올렸다. 그 글은 무려 3,000장의 주독奏牘(황제에게 상소할 때 쓰던 나뭇조각)에 쓴 것으로, 공거에서 두 사람이 겨우 들어 황제께 바칠 수 있었다. 황제가 동방삭의 글을 다 읽기까지 중간에 붓으로 표시하길 여러 번, 무려 두 달이라는 시간이 걸렸다.

황제는 조서를 내려 동방삭을 낭郞에 임명했다. 동방삭은 항상 측근에서 황제를 모셨다. 그가 보고를 할 때에 황제가 기뻐하지 않은 적이

| 손우곤·우맹·동방삭 |

동방삭은 황제에게 무려 3,000장의 주독奏牘을 올려 황제가 그 글을 읽는 데만도 무려 두 달이 걸렸다는 기록이 있다. 동방삭은 황제에게서 받은 돈과 비단 등의 하사품을 미녀 부인을 맞이하는 데 탕진했다. 주위에서는 그를 '미치광이'라 비웃었지만, 황제는 그런 신하들을 꾸짖었다고 한다.

한 번도 없었다. 때로 천자는 어전에서 동방삭에게 먹을 것을 하사했는데, 동방삭은 자신이 먹을 분량만 먹고 나머지는 항상 품에 넣어 가지고 물러났으며, 황제가 내려준 비단도 어깨에 메고 나갔다. 그는 이렇게 하사받은 돈과 비단을 장안에서 제일 예쁜 미녀를 부인으로 맞아들이는 데 탕진했다. 그리고 한 해 정도만 지나면 다시 새 여인을 맞이하곤 했다.

황제 좌우의 낭관들은 그를 '미치광이'라고 불렀다. 그런데도 황제는 동방삭을 두둔했다.

"너희들은 그와 같은 하사품을 받을 능력이 없다. 그러니 어찌 동방삭이 하사품을 쓴 것을 갖고 왈가왈부할 수 있으랴."

어떤 낭이 동방삭에게 말했다.

"사람들이 모두 선생을 미친 사람이라고 합니다."

동방삭이 태연히 대답했다.

"옛 사람들은 깊은 산속에서 속세를 피했지만, 나는 조정에서 속세를 피하고 있는 것이오."

그는 술좌석에서 거나하게 취하면, 두 손을 땅에 짚고 이런 노래를 불렀다.

세속에 젖어 살며 세상을 금마문金馬門에서 피하네.
궁전 안에서도 은둔하여 몸을 온전히 할 수 있는데
왜 하필 깊은 산속, 쑥대 움막만을 찾아드는가!

금마문이란 환서宦署(환관을 관리하는 부서)의 문을 말한다. 문 옆에 동

銅으로 만든 말이 세워져 있으므로 '금마문'이란 이름이 붙여졌다.

난세가 아니라면 성인도 재능을 발휘할 수 없다

어느 날 동방삭이 여러 박사와 담론을 하고 있는데, 박사들이 입을 모아 동방삭을 비방했다.

"선생은 스스로 소진·장의보다도 학문이 뛰어나다고 자부합니다. 그런데 그들의 벼슬은 재상에 이르렀고 공로는 천하를 뒤덮고 이름은 후세까지 퍼졌지만, 선생은 수십 년 동안 벼슬 없이 지내다가 이제 겨우 시랑侍郎이라는 말직을 얻었을 뿐입니다. 대체 무슨 잘못이 있었길래 이렇게 된 것입니까?"

동방삭이 의연하게 대답했다.

"그대들은 하나만 알고 둘은 모르오. 소진·장의가 활약하던 시대와 지금의 시대가 다르기 때문이오. 그들이 활약하던 시대는 난세라 각 제후들은 패권을 차지하려고 옥석을 가리지 않고 인재를 등용시키려 했소. 인재를 얻는 자는 강성하고 인재를 잃는 자는 멸망했기 때문에 소진 같은 이들도 별 어려움 없이 출세할 수 있었던 것이오. 그러나 지금은 그렇지 않소. 성스런 황제가 위에 있어 덕이 천하에 흐르고, 제후들은 복종하여 나라의 위엄이 사방의 오랑캐 땅까지 멀리 떨치고 있소. 이렇게 천하가 평화스러운 시대에는 아무리 유능한 인재라도 계획과 절차에 따라 등용되는 것이오. 소진과 장의도 내가 살고 있는 시대에 태어났다면 장고掌故 자리조차 얻지 못했을 것이오. 어찌 감히 상시常侍

나 시랑侍郞 자리 등 임금 측근의 벼슬을 바랄 수 있단 말인가! 옛말에 '천하에 재난이 없다면 비록 성인이라도 그 재능을 발휘할 수 없고, 상하가 질서 있게 화합한다면 비록 어진 이라도 공을 세울 수 없다'고 했소. 시대가 다르면 일 또한 다른 것이오.

그러나 비록 그러하다고 해서 수양을 게을리해서는 안 되지 않소? 《시경》에 이르기를, '궁중에서 종을 치면 그 소리가 밖에까지 들리고, 학이 깊은 물가에서 울면 그 소리가 하늘까지 들린다'고 했소. 진실로 수양에 힘쓰면 언젠가는 영화롭고 귀하게 되는 법이오. 태공망 여상은 몸소 인의를 행하다 72세에 문왕을 만나 자신의 뜻을 펼친 끝에 제나라에 봉해져, 700년 동안이나 그것이 끊어지지 아니했소. 이것이 바로 선비가 밤낮으로 부지런히 학문을 닦고 도를 행하는 까닭이오. 오늘날 나와 같은 처사들은 비록 이 시대에 쓰이지는 못하더라도, 지조를 지키고 고독하게 자적하며, 은둔자로 유명한 허유와 접여를 본받고, 계책은 범려와 같으며, 충성심은 오자서에 비유되나, 천하가 태평스러워 수양에 힘쓰는 것뿐이오. 그런데 어찌 그대들은 나를 의심하는가?"

이에 여러 선생들은 아무런 대답도 할 수 없었다.

익살꾼도 죽을 때에는 엄숙해진다

어느 날 건장궁 후각의 이중 난간 안으로 이상한 동물이 나타났는데, 그 모양이 고라니와 비슷했다. 경술에 통달한 학자들도 이 동물의 정체에 대해 아는 바가 없었다. 이때 동방삭이 아뢰었다.

"신은 이 동물에 대해 알고 있습니다. 우선 신에게 좋은 술과 기름진 쌀밥을 내려주신다면 아뢰겠습니다."

황제가 동방삭의 뜻대로 해주었다. 그런데 다른 요구를 하는 것이었다.

"신에게 좋은 땅과 고기를 기르는 연못과 갈대밭 몇 이랑을 주신다면 아뢰겠습니다."

이 또한 황제는 들어주었다. 그때서야 동방삭이 아뢰었다.

"추아騶牙(전설 속의 동물)라는 짐승입니다. 이것은 곧 멀리 있는 나라가 조정에 귀순할 징조입니다. 추아의 이는 앞뒤가 하나같이 가지런하며 어금니가 없습니다. 그래서 이것을 추아라고 부르는 것입니다."

과연 한 해가 지난 후, 흉노의 혼야왕이 10만 명의 무리를 거느리고 한나라에 투항했다. 그래서 황제는 동방삭에게 수많은 돈과 재물을 또 하사했다.

동방삭이 늙어 죽음을 앞두게 되었을 때 마지막으로 이렇게 간했다.

"《시경》에 이르기를, '윙윙거리며 파리가 떼지어 울타리에 앉네. 화락한 군자여, 참언에 귀 기울이지 마라. 그것은 끝도 없으며 나라를 어지럽힌다네'라고 했습니다. 그러니 폐하께서는 간신을 멀리하시고 참소하는 말을 물리치소서."

황제가 말했다.

"동방삭이 이렇게 좋은 말을 많이 할 줄 몰랐도다."

그러면서 황제는 '어째서 요즘 들어 동방삭이 좋은 말을 많이 하는가?'라고 괴이하게 여겼다. 얼마 후 동방삭은 병들어 죽었다.

옛말에 '새가 죽을 때에는 울음소리가 구슬프고, 사람이 죽을 때에는 하는 말이 착하다'하고 했다. 이는 바로 동방삭을 두고 한 말이리라.

군자는 말言을 주고받고, 소인은 재물을 주고받는다

효무제가 행재소行在所(황제가 임시 거처하는 곳)에 있을 때 북해군 태수가 알현하는 기회를 잡게 되었다. 그때 문학졸사文學卒史(문서를 담당하는 관리)로 있던 왕선생王先生이라는 자가 태수를 따라가고 싶다고 요청하며 이렇게 물었다.

"천자께서 태수께 '어떻게 북해를 다스려 도적을 없앴는가?'라고 하문하시면 뭐라고 대답하시겠습니까?"

태수가 말했다.

"'어진 인재를 가려 뽑아 그 능력에 맞게 일을 맡기고, 상은 공에 따라 등급을 달리하고 악한 자를 벌하여 다스렸습니다'라고 대답할 것이오."

왕선생이 정색을 하며 말했다.

"그와 같이 대답한다면 이는 곧 자기를 칭찬하고 스스로 공을 자랑하는 것이 되오니 안 됩니다. 태수께서는 '이는 신의 힘이 아니라 모두 폐하의 하해와 같은 덕과 태산과 같은 위엄에 힘입은 것입니다'라고 대답하십시오."

태수가 고개를 끄덕거렸다. 드디어 태수가 황제를 알현하게 되었다. 황제가 조서를 내려 물었다.

"어떤 방법으로 북해군을 다스려 도적이 일어나지 않게 하였는가?"

태수가 머리를 조아리며 아뢰었다.

"신의 힘이 아니오라 폐하의 하해와 같은 덕과 태산과 같은 위엄에 힘입은 것이었습니다."

| 손우곤 · 우맹 · 동방삭 |

효무제가 크게 웃으며 말했다.

"훌륭한 대답이로다. 분명 장자長子의 자문을 받고 말한 것이렷다. 그 장자가 누군가?"

"문학졸사가 일러주었습니다."

"지금 어디 있는가?"

"행재소 문 밖에 대기하고 있습니다."

황제는 조서를 내려 왕선생을 불러 수형승水衡丞(수형도위에 속한 관원)에 임명하고, 북해 태수를 수형도위水衡都尉(상림원을 관장하는 관리)로 승진시켰다.

옛말에 "아름다운 말言은 사람에게 팔 만하고, 높은 행실은 사람에게 베풀 만하다. 군자는 서로 말을 주고받고, 소인은 서로 재물을 주고받는다"라고 했다. 이는 왕선생을 두고 한 말이리라.

계연 · 범려 · 백규

농 · 공 · 상업이 활발해야 백성의 삶이 풍요롭다

산서 · 산동 지방과 용문 · 갈석의 북쪽 지방엔 자원과 특산물이 풍부하고 다양했다. 중국 사람들은 이 자원과 특산물로 옷을 해 입고, 먹을 것을 구하며, 죽은 자를 장사지내는 도구로 쓴다. 그러므로 농부들이 양식을 재배하고, 산림관은 채벌하고, 도공들은 공산품을 만들고 장사꾼은 이를 유통시킨다. 이것이 어찌 조정에서 강제적으로 시행한다고 해서 이루어지는 일인가. 사람들이 제각각 능력대로 하고 싶은 일을 한 결과일 뿐이다.

그러므로 물건값이 싸면 비싼 데에 팔고, 비싸면 싼 데서 사들이며, 각각 생업에 힘쓰고 자신의 일을 즐거워하는 것은 마치 물이 아래로 흐르는 것과 같아 밤낮으로 끊이지 않고 계속된다. 물건은 부르지 아니하여도 절로 유통되며, 구하지 아니하여도 생산되는 것이다. 이 어찌 도道에 일치하고 자연법칙의 징험이 아니겠는가?

《주서周書》에 이런 글이 있다.

'농업이 부진하면 식량이 부족해지고, 공업이 부진하면 공산품이 모자라며, 상업이 침체하면 삼보三寶(식량·자재·상품)의 유통이 끊어지고, 산림관의 활동이 활발하지 못하면 자재가 모자란다. 자재가 모자라면 산림이나 택지는 개발되지 않는다.'

실로 이 네 가지는 백성이 입고 먹는 것의 근원이다. 이 근원이 활발하면 백성들의 삶은 풍요하고, 근원이 침체되면 궁핍해진다. 또 위로는 나라를 부강하게 만들고, 아래로는 가정을 부유하게 만든다. 빈부라는 것은 누가 빼앗거나 주어서 결정되는 것은 아니다. 교묘한 자는 여유를 누리고 졸렬한 자는 궁핍에 빠지게 마련이다.

창고가 꽉 차야 예절을 안다

이전에 태공망(呂尙)이 영구營丘에 봉해졌을 때, 그곳 땅은 염분이 많고 백성들이 적었다. 이에 태공망은 어업과 제염업을 진작시켜 유통시키고 부녀자들의 길쌈을 권장하니 사람들이 모여들고 물자가 남아돌았다.

그리하여 제나라는 의복과 장신구를 천하에 공급하였고, 동해와 태산 근방의 제후들이 부강진진 제나라를 찾아와 경의를 표했다. 그뒤 제나라는 한때 쇠하기도 했으나 관중이 경제를 일으켜 환공을 패자가 되게 하였다. 관중 또한 몸은 신하의 지위에 있으면서도 부는 열국列國의 군주를 능가했다.

그러므로 "창고가 꽉 차야 예절을 알고, 옷과 음식이 풍부해야 영욕을 안다"는 말이 나왔다. 예라는 것은 재산이 있으면 생기고 없으면 사라지는 것이다.

그런 까닭으로 군자가 부유하면 덕을 베풀기를 즐겨하고, 소인이 부유하면 자신의 능력에 맞게 행동하려 한다. 연못이 깊어야 고기가 살고 산이 깊어야 짐승이 뛰놀듯이, 사람은 부유해야만 인의가 따르는 법이다. 부자가 세력을 얻으면 더욱 유명하게 되지만, 세력을 잃으면 문객들이 모두 떠나고 아무도 따르지 않게 된다. 하물며 오랑캐 족속들이야 오죽하겠는가?

속담에 '천금千金을 가진 부호의 자식은 저잣거리에서 죽지 않는다'고 했는데, 이는 빈말이 아니다. 그러므로 "천하 사람들이 이익 때문에 기쁜 마음으로 찾아오고, 이익 때문에 분분하게 떠난다"라고 하는 것이다.

천승千乘의 마차를 지닌 왕, 1만 가家를 가진 제후, 100실室을 소유한 대부도 오히려 가난함을 근심했는데, 하물며 보통사람이나 서민들이야 말해 무엇하랴.

부자가 되면 즐겨 덕을 베푼다

옛날에 월나라 왕 구천이 오나라에 패해 회계산에서 고통을 당할 때, 범려와 계연(범려의 스승)이 왕을 모셨다. 계연이 구천에게 계책을 올렸다.

"전쟁이 일어날 것을 안다면 미리 방비를 해야 하고, 때와 쓰임을 안다면 어떤 물건을 준비해야 하는지 압니다. 이 두 가지를 정확하게 알면 모든 재물의 실정을 제대로 알게 됩니다. 쌀값만 해도 그렇습니다. 쌀값이 너무 싸면 농민을 병들게 하고, 너무 비싸면 장사꾼을 병들게 합니다. 장사꾼이 병들면 유통이 안 되고, 농민이 병들면 농지가 황폐해집니다. 그러므로 쌀값을 농민과 장사꾼이 만족할 수준으로 적절하게 조절하면 농민과 장사꾼이 다 함께 이득을 보게 됩니다. 쌀값을 안정시키고 물자의 유통을 고르게 하여 관문이나 시장에 물자가 결핍되지 않게 하는 것이 나라를 다스리는 길입니다. 물자를 축적하는 원칙은 물건을 온전하게 보관하는 데에 있지 장기간 쌓아두는 데에 있는 것은 아닙니다.

물자는 적절한 시기에 방출하여 유통시켜야 합니다. 물자의 흐름을 막아서는 안 되며, 고가의 물건일수록 빨리 유통시켜야 합니다. 물자의 과잉과 부족 현상을 잘 파악하면 가격을 예상하는 것은 쉽습니다. 가격이란 극도로 치솟아 오르면 다시 떨어지고, 극도로 떨어지면 다시 올라가게 마련입니다. 값이 오르면 미련 없이 팔아 치우고 떨어지면 주저없이 사 두어야 합니다. 이렇게 돈과 물자는 흐르는 물처럼 원활하게 유통시켜야 합니다. 이것은 쌀값에만 적용되는 것이 아니라 바로 사물의 도리이니 이를 바탕으로 하여 나라를 다스리면 국고는 넘쳐나고 군사는 강성해집니다. 부디 이 이치대로 나라를 다스리십시오."

구천이 계연의 계책을 받아들여 실천에 옮긴 지 10년, 정말로 나라가 부유해지고 군사들은 후한 상을 받게 되었다. 군사들은 목마른 자가 물을 구하러 가는 것같이 날아오는 화살을 뚫고 적을 향해 용감하게 뛰쳐나갔다. 드디어 구천은 오나라에 보복하여 최후의 승자가 되어 오패五霸(춘추시대의 다섯 제후)로 불리게 되었다.

범려는 회계산의 치욕을 씻고 패자의 위용에 스스로 취해 있는 구천의 모습을 지켜보고는 이렇게 탄식했다.

"계연의 일곱 가지 계책 중에서 구천은 다섯 가지를 써서 패권을 차지했다. 나라에서는 이미 써 보았으니, 나머지는 집에서 써 보리라."

그리고는 조각배를 타고 강호를 떠다니며 성과 이름을 여러 번 바꾸었는데, 제나라에서는 치이자피라 하고 도陶 땅에서는 주공朱公이라 하였다.

범려가 도 땅을 택한 데에는 나름의 이유가 있었다.

'도는 천하의 중심으로 사방 여러 나라와 통해 있기 때문에 무역 중계지로서 최적의 장소다.'

그리고 장사를 시작하여 물자를 축적했다가 시세의 변동에 따라 비싼 값에 팔아 이익을 챙겼는데, 결코 상대에게 손해를 끼치는 일은 하지 않았다. 주공은 19년 동안에 무려 세 번이나 천 금을 벌었다.

주공은 장사해서 번 돈을 두 차례나 가난한 벗과 먼 형제들에게 나눠주었다. 그야말로 "부자가 되면 즐겨 덕을 베푼다"라는 옛말의 표본이 된 셈이다. 나중에 노쇠해지자 자손에게 일을 맡겼는데, 자손들이 생업을 관리하고 재산을 늘려 수만 금을 축적했다. 그런 까닭에 후세에 부를 말하는 자는 모두 도주공을 제일 먼저 입에 올렸다.

시세에 따라 맹수나 새처럼 민첩해야 부자가 된다

백규白圭는 주나라 사람이다. 위문후魏文侯 때, 이극李克은 토지의 생산력을 증대시키는 데 힘을 기울였으나, 백규는 시세의 변화에 따른 물가변동에 관심을 가졌다. 그는 풍년이 드는 해와 흉년이 드는 해를 잘 관찰했다. 풍년이 드는 해에는 작물을 구입했다가 흉년이 드는 해에 팔았다. 이처럼 사고파니 해마다 재산이 두 배로 늘어났다.

돈을 불리려고 곡식을 구매할 때는 싼값으로 사들이고 비싼 종자를 사들여 수확을 늘렸다. 그러면서 자신은 거친 음식을 먹고, 기호품엔 입맛을 들이지 않았으며, 의복을 검소하게 입고 하인들과 고통과 즐거움을 함께했다. 그러나 시세에 따라 행동해야 할 때는 마치 맹수나 새처럼 민첩했다. 그는 자신의 행동에 대해 이렇게 말했다.

"내가 산업을 다스리는 이치는 이윤과 여상이 계책을 쓰듯이, 손자孫武와 오기가 병법을 부리듯이, 상앙이 법을 시행하듯이 하였다. 이런 까닭으로 임기응변의 조치를 취할 지혜가 없거나, 일을 결단할 만한 용기가 없거나, 주고받을 만한 어짊이 없거나, 지켜야 할 만한 지조도 없는 사람이라면 비록 나에게 가르침을 청한다 해도 가르쳐 줄 수가 없다."

대체로 천하의 재산 증식법을 논하는 자는 백규를 원조로 친다. 백규는 자신의 고유한 재산 증식법을 가지고 있었는데 자신이 부자가 됨으로써 그것을 증명해냈다.

모든 생업의 제1목적은 바로 부富다

한나라가 천하를 통일한 뒤 치산치수의 법을 제정했다. 이 법에 따라 각지에 관문과 교량이 설치되니 부자 상인들과 대상들이 천하를 두루 다닐 수 있게 되었다. 그리하여 천하 각지에 필요한 물품이 유통 공급되었다.

천하 각 곳은 지세의 특성에 따라 물자가 적은 곳도 있고 많은 곳도 있다. 또한 백성의 풍습도 지역에 따라 차이가 있다. 산동 지방에서는 바다에서 나는 소금을 먹고, 산서 지방에서는 산소금을 먹으며, 영남·사북 지방에서는 소금이 산출된다. 물건과 사람의 관계는 대체로 다음과 같다. 예를 들면 초楚·월越 지역은 땅이 넓고 인구는 적으며, 쌀밥에 생선국을 먹는다. 먹을 것이 풍성해 굶는 사람은 없으나 게으름을 피우며 살아가 가난한 자가 많다. 이런 까닭에 강수와 회수 남쪽으로는 굶어 죽는 사람은 없으나 천 금을 소유한 부자도 없다.

기수·사수와 그 북쪽 지역은 오곡을 심고 뽕나무와 마를 재배하고 가축을 기르기에 적당하다. 그러나 땅이 적고 사람이 많으며 자주 홍수가 나고 가뭄의 해를 입는다. 그곳 백성들은 저축을 좋아한다. 그러므로 진秦·하夏·양梁·노魯 지역에서는 농사를 권장하고 백성을 소중히 여긴다. 삼하三河·원宛·진陳의 땅 또한 마찬가지이나, 이에 더하여 상업에 힘을 쏟고 있다. 제나라·조나라 지역 사람들은 재주를 부리고 교묘한 사기술로 이익을 잡으려 하며, 연나라·대나라에서는 농사를 짓고 목축을 하며 양잠도 한다.

이렇게 지세에 맞는 생업을 택해 좇는 것이 바로 부富다. 현인이 궁궐 깊은 곳에서 계책을 꾸미고 조정에서 의논하고 신의를 지키며 절개에 죽는 것이나, 동굴 속에서 은거하는 선비가 명성을 얻으려는 것은 결국 무엇 때문인가? 바로 부를 위한 것이 아니겠는가. 그러므로 청렴한 벼슬아치는 관직에 오래 있을수록 더욱 부유해지고, 청렴한 장사치도 신용을 얻어 마침내 부유하게 된다.

부富는 사람의 타고난 본성인지라 누가 가르치지 않아도 열심히 추구하게 마련이다. 그러므로 장수가 전투에 임해 목숨을 돌보지 않고 용맹을 발휘하는 목적은 바로 큰 상을 받은 데 있다. 촌구석의 강도가 사람을 해치고 물건을 빼앗는 등 악행을 저지르고, 유협의 무리가 목숨을 벗에게 맡기고 그를 대신하여 원수를 갚아주는 것 또한 재물을 얻기 위해서다.

그뿐이 아니다. 조나라와 정나라의 미녀들이 어여쁘게 화장을 하고 거문고를 손에 들고, 긴소매를 살랑살랑 흔들고 가볍게 발을 놀리며, 눈짓으로 유혹하고 마음을 사로잡기 위해 천 리를 멀다 않고 나가며, 나이가 많고 적음을 가리지 않는 것도 역시 부를 얻으려는 데 목적이 있다.

또한 한가하게 노니는 귀공자들이 관과 검을 장식하고 수레와 말을 끌고 다니는 것 역시 부귀를 과시하려는 것이며, 어부와 사냥꾼들이 새벽과 밤을 가리지 않고 눈보라를 무릅쓰고 깊은 골짜기를 돌아다니는 것 또한 먹고 싶은 고기를 구하기 위함이다.

도박 · 경마 · 닭싸움 · 개싸움에 낯빛을 붉히면서 이기기 위해 소리를 지르는 것은 돈을 따기 위해서이며, 의사나 도사 등의 여러 기술로 먹고 사는 사람들이 열심히 일을 하는 것은 보수를 더 받기 위해서다.

벼슬아치가 문서와 도장을 위조하는 등 갖가지 위법을 저지르다가 형벌을 받는 것도 뇌물의 유혹을 뿌리치지 못해서다. 농 · 공 · 상들이 저축을 하고 이자놀이에 열심인 것은 부를 구하고 재물을 늘리기 위해서다. 이들은 재물을 늘리는 일이라면 무슨 일에든 지혜와 힘을 쏟을 뿐, 결코 벌어들인 재물을 남에게 넘겨주지 않는다.

속담에 "백 리 밖에 나가 땔감 장사를 하지 말며, 천 리 먼 곳에 나가

월나라의 구천 왕은 계연의 계책을 받아들여 10년 후 부유한 국가로 만들었으며, 백규는 풍년이 들면 작물을 구입했다가 흉년이 오면 팔아넘기는 상술을 지녔다. 가장 못난 인간은 가난하면서도 일하지 않는 자다. 모든 생업의 제1의 목적은 바로 '부'임을 잊지 말자.

| 계연 · 범려 · 백규 |

곡식을 팔지 마라"고 하였다. 거리가 너무 멀면 운임이 비싸 별 소득이 남지 않기 때문이다. 또한 1년을 살려거든 곡식을 심고, 10년을 살려거든 나무를 심으며, 백 년을 살려거든 덕을 베풀어라. 덕이란 도덕적인 것을 말하는 것이다.

그런데 관에서 주는 봉록도 없고, 작위에 봉해짐에 따라 받는 식읍의 수입도 없으면서 이것을 가진 사람들처럼 즐겁게 사는 사람들이 있으니, 이들을 '소봉素封'이라고 한다.

봉封이라는 것은 조세 수입으로 사는 것을 말한다. 예를 들어 한 해에 집집마다 200전의 세금을 걷는다고 하면, 1,000호를 가진 군주는 20만 전이나 수입을 거둘 수 있는 것이다.

소봉은 가난한 농·공·상인에게서 이자를 거두는데, 1만 전에 대하여 한 해의 이자가 2,000전이니 백만 전을 갖고 있는 집이면 20만 전의 불로소득이 생긴다.

그들은 이 수입으로 조세를 지불하고 병역을 대신하는 데 쓸 뿐만 아니라 상등의 가축과 전국 산하의 좋은 과실수들을 사들여 재산을 늘리는 원천으로 활용한다. 그들은 호의호식하고 향락적인 생활을 할 수 있는 것이다.

가장 못난 인간은 가난하면서도 일하지 않는 자다

만약 집이 가난한데 어버이는 늙고 처자가 연약하여 제사 때가 되어도 제삿상을 차릴 형편도 안 되고, 음식이 모자라 가족이 모여서 함께 먹지도 못하며, 사람 옷이라고 할 수 없을 만큼 의복이 심히 조악한데도 이를 부끄럽게 여기지 않는 사람은 비교할 대상이 없을 만큼 못난 인간이다.

그러므로 무일푼인 사람은 품이라도 팔아야 하고, 재산이 약간 있는 사람은 지혜를 짜내야 하고, 이미 넉넉하게 재산을 가진 자는 이익을 좇아서 시간을 다투어 일해야 한다. 이것이 재산 증식의 기본이다.

현명한 자는 위험한 방법을 피하고 안전한 길을 택해 생업에 종사한다. 이런 까닭으로 농업을 해서 부자가 되는 것을 상上으로 치고, 상업을 해서 부자가 되는 것을 그 다음, 간교하게 일을 꾸며 부자가 되는 것을 가장 하下로 친다. 동굴에 은둔하는 선비처럼 기이한 행동도 없이 빈천을 면치 못하면서 입으로만 인의를 운운하는 것도 부끄럽기 짝이 없는 일이다.

무릇 서민들은 상대방의 부가 자기보다 10배가 되면 몸을 낮추고, 백배가 되면 두려워하며, 천 배가 되면 부림을 달게 받고, 만 배가 되면 노예가 되고 마는데, 이것은 세상의 이치다.

대체로 가난한 사람들이 부를 구하는 방법에서 본다면 농업이 공업만 못하고, 공업은 상업만 못하다. 그래서 "비단에 수를 놓는 것이 저잣거리에서 장사하느니만 못하다"라는 말이 나왔는데, 이 말은 가난한 자가 깊이 새겨두어야 할 것이다.

사기열전

사마천 지음 · 김민수 편역

발 행 일 초판 1쇄 2008년 3월 5일
　　　　　초판 3쇄 2009년 3월 10일
발 행 처 평단문화사
발 행 인 최석두

등록번호 제1-765호 / 등록일 1988년 7월 6일
주　　소 서울시 마포구 서교동 480-9 에이스빌딩 3층
전화번호 (02)325-8144(代) FAX (02)325-8143
이메일 pyongdan@hanmail.net
ISBN 978-89-7343-272-1 03910

이 도서의 국립중앙도서관 출판시도서목록(CIP)은 e-CIP 홈페이지
(http://www.nl.go.kr/cip.php)에서 이용하실 수 있습니다.
(CIP제어번호: CIP2008000407)

저희는 매출액의 2%를 불우이웃돕기에 사용하고 있습니다.